等待加一 或者不

Our single wedding dress photo stories

我和她們的單人婚紗故事

凱薩琳・孔｜캐서린・공 著

時報出版

引言　我的私生活

我是凱薩琳．孔小姐，今年四十歲。

雖然我已經是大嬸年紀，但是請相信我，見到我本人以後，妳一定會以爲我是三十出頭的女生。

我的學歷有點漂亮，我的經歷有點漂亮，我長得有點漂亮又不會太漂亮，但是我過去的感情路走得很不漂亮。

我的中文名字比男生更像男生，爸媽幫我取了一個非常威武的名字。

很多人說，女命男名，對婚姻很不利，容易遇到沒有擔當的對象，很多應當由男人來做的事情，最後都會落到我這裡，所以從年輕時候開始，陸續碰過好多算命師建議我改名。

可是對我來說，名字是爸媽給我的第一個禮物，而且弟弟的名字和我的名字只差了一個字，說什麼我都捨不得改掉。

後來發現，名字沒改是正確的決定，因爲不管透過東方命理或是西洋星盤來看，我都是晚婚的格局，而且三十七歲以前的感情運注定慘不忍睹，既然命中注定如此，名字有改沒改都一樣，反正三十七歲以後，危機就解除了。

三十五歲那年，去算了幾次命，每個算命師都預言我要等到四十歲以後才會結婚，當時眞的覺得晴天霹靂，我開始擔心，要是以後參加孩子的家長座談會，別人以爲我是孩子的奶奶怎麼辦？我自己丟臉沒關係，孩子一定會很傷心。

三十八歲開始，我徹底換了一顆腦袋，覺得晚婚其實更幸福。

因爲單身的時間拉長了，自己和自己獨處的時間也變多了，比早婚者享受了更多時間、空間、金錢上的自由，生活經驗的累積，也可以幫助我找到更適合一起生活的對象。

我的人生充滿戲劇情節，所有別人身上的不可能，在我這裡都可能了；對於別人來說理所當然的可能，跑到我這裡又通通不可能了。

當年大學聯考放榜，我考得出乎意料的好，除了臺大法律系念不了，還有一些臺大商學院科系念不了，其他幾乎通通都念得了。

塡寫分發志願時，原本我的第一志願首選是政治系，但是當時媽媽對我說：「念政治的女生會嫁不出去。」這讓當時十七歲的我陷入恐慌，只好把政治系這個選項丟掉。

可是把政治系移除之後，我不是很確定自己的志向還能落在哪裡，所以開始參考身邊人的建議。

當時是日本國力最強大的時候，日本A片、日劇、日本偶像、日貨，強勢包圍整個臺灣。那時候好多人說：「選日文系吧，這樣以後出社會不怕找不到工作。」就這樣，我捨棄了外文系，成了日文系的學生。

離奇的是，臺大日文系我念了快五年才領到畢業證書，到現在我一句日文都不會講，五十音也幾乎忘得差不多了。

朋友常常驚問：「爲什麼妳日文都不會還可以畢業？」我都統一回答：「這問題應該請那些留日或日籍的臺大日文系教授來回答比較合適。」

大學畢業後，覺得自己人生完蛋了，好後悔當初誤信別人的建議，現在這下可好了，臺灣第一學府日文系畢業卻一句日文都不會，要怎麼找工作？我連翻譯日本A片的能力都沒有。

後來我花了一年的時間準備，考上政大的傳播學院研究所。這次終於念到了自己有興趣的東西，所以二年時間一到，就準時畢業，我的人生終於重見光明。

也不知道爲什麼，我發現我很排斥日本人，他們其實也沒有對我不好。可是大學時，我就是覺得每一個留日或是日籍的教授都很矯情，每次他們對我笑，我都會覺得不懷好意。

我拒說日文、聽到日本人說話或唱歌會心煩、聽到日本人用日本腔調說中文我也會很焦慮、被日本人追求也會覺得很倒楣、只要吃到日本料理，我有很大的機率當晚會送急診。

前年因爲孝親，招待爸媽參加日本黑部立山豪華團，就算住在高級的加賀屋，我還是每天哭著對媽媽說：「我好想回臺灣。」差點把媽媽逼瘋了。

到底爲什麼會這樣我也不知道，朋友們對於我思想上的「抗日行爲」都覺得很好笑，不過去年我好像找到了解答。

這一年多來因爲創業的關係，生活雖然過得很清苦，但是也認識了一些層次水平更高的人，就連算命都算到了國師等級。

一個神算主動告訴我關於我的前世今生，他神預言了我這輩子跟東北亞方向的國家很有緣，包含學業、事業、婚姻。

他說我上一世是韓國人，在韓國有一個感情深刻的戀人。因爲我上輩子長得太美，不幸被一個日本軍官看上，強行把我帶回日本。回到日本後，他發現今生不論怎樣都只能得到我的人，卻得不到我的心，開始天天虐待我。不管他怎麼羞辱我，我就是不願意開口講話，就這樣一直到死，我都沒有開口說過一句日文。

我帶著上輩子殘留的怨念來到這一世，這一輩子想要復仇，也想找回上輩子的男人。

不管別人信不信，反正我是信了。而且我好難過，我上輩子怎麼那麼慘，日本人怎麼可以這樣對我。

三十七歲以前，愛情一直是我人生唯一死穴。爲了「結婚達成」，談過幾場戀愛，每次都以結婚爲前提交往，就算對方是妖魔鬼怪也無妨，只要可以快點跟我簽字蓋章去拍婚紗去結婚就好。

一路走來，步履闌珊、步步血淚、勞民傷財。重重跌了幾次，驚覺就算再耐摔，也不能繼續這樣虐待自己，爸媽、朋友看了都覺得虐心。

這時我才反問自己：到底爲什麼這麼想結婚？卻想不出所以然。

後來發現，這又是再一次的別人說我該怎樣，我就覺得我應該要怎樣的下場。而且我很嚮往可以拍一組驚爲天人的婚紗，再辦一場豪門等級的世紀婚禮。

可是那些關於婚後的現實生活呢？我好像從來沒思考過。

慢慢地，我的心理狀態起了變化，發現單身生活出奇地愜意自在。蛻變的過程中，我愛上孔劉了。

miss_catherine_gong

710個讚

《그녀의 사생활》=《제 사생활》

追星，就是一場戀愛。

插畫illustrator : @LazyDon.2019

#凱薩琳孔 #캐서린공 #CatherineGong #幸福練習 #ORPHIC #單人婚紗 #單身婚紗 #單身精采 #我所走的每一步都是為了更接近你
#我會成為孔太太 #我是凱薩琳孔小姐 #等待加一或者不 #我和她們的單人婚紗故事
#插畫家illustrator : Don Ho #amagzing _ lazydon #lazydon.2019 @LazyDon.2019 @Amagzing.Amag

欣賞他從來就不是因爲戲劇的關係，「屍速列車」上映前，我還不知道他的存在。本來我也沒打算去看這部電影，因爲我害怕恐怖片觀後的後遺症。可是媽媽主動跟我說，這部片子最近很紅，她想去看，所以我就帶著媽媽進了電影院。

第一次在螢幕上看到孔劉，其實沒什麼感覺，只覺得這個男生很帥，可是在電影裡怎麼這麼無情又自私。不過看著他在車廂裡奔跑的畫面，他的背影，讓我忍不住讚嘆：「怎麼有人可以把簡單的白襯衫穿得這麼好看。」

回家後，我上網 Google 他的資料，開始把他儲存在我的記憶裡。

二〇一六年底，全臺灣開始瘋看「孤單又燦爛的神－鬼怪」，那時候我每天工作超過十六個小時，根本抽不出時間追劇，本來打算農曆過年時趕進度，但是我帶著爸媽去了一趟美國，依舊沒時間看。

後來知道孔劉要來臺灣辦見面會了，雖然也想去湊熱鬧，但是當時我每天依舊被工作纏身，也擔心要是「鬼怪」沒看完的話，到了現場根本就跟局外人一樣，所以最後我沒有去現場跟五千五百名粉絲同歡。

直到韓國「第五十三屆百想藝術大賞」當天，孔劉得到了最佳男主角，我在網路上，同步看到他得獎的畫面。跟一般得獎人的欣喜不同，孔劉從一上臺開始，他拿花、握獎座的手，一直顫抖，臉部持續不自主的抽動，他的神情看起來除了緊張之外，還有一些徬徨、害怕。

當他忍著眼淚說出：「我想對正在家裡，看著直播的媽媽說，媽媽常常感覺我好像是別人家的兒子，偶爾會讓媽媽覺得難過，那是因爲我對媽媽做得不夠好，眞的很對不起，希望爸爸媽媽永遠健康。」

我突然一陣揪心。

這樣的男人雖然有一點多愁善感，但是我本來就是感性象限的人，我特別喜歡敏感細膩的人。他的那段話，深深震撼了我，看完後我也哭了，我的第六感告訴自己：「就是這個男人了。」

所以，我愛上孔劉了，那天是二〇一七年五月三日，故事是從那天開始的。

頒獎典禮後，我終於擠出時間，把「鬼怪」看完。可是他其他過去的戲劇，我幾乎都不看。

「熔爐」我不敢看，我知道看了以後我會低潮很久；「密探」我也不敢看，我看過一些拍攝花絮，知道他爲了拍那部片很辛苦，簡直像玩命；「男與女」我也不敢看，裡頭親熱的畫面大概會讓我臉紅心跳好幾天；其他早期的戲劇我也不看，因爲我還是比較喜歡他現在低調沉穩的樣子。

我從來就不是被孔劉劇裡的人物設定吸引，我透過觀看他的大量訪談，來了解他的價值觀。他曾經有過的一些心理狀態，我也曾經經歷。過去某一段時間，我很討厭鏡子裡的自己，對於當下的生活感到無能爲力，覺得自己是個空殼子，打從心底的不快樂。

雖然在很多人眼裡，他是遠在天邊的大明星，可是從他釋放的脆弱裡，我知道，其實他跟我一樣，我們都是平凡人，一個某些層面，和我很雷同的人。

三十八歲那年，我人生展開了第一次的追星，還直接追到韓國去。

當我把眼光放到頭頂了，我的目光只能看到男神，凡夫俗子再也沒辦法靠近。爲了慶祝我的重生，三十八歲的尾聲，我決定送自己一個很有意義的禮物，迎接三字頭的後一年。就這樣，我人生中第一次一個人旅行，出發到韓國完成自己的「單人婚紗」，也利用那趟旅行，拿著我準備好的禮物，還有寫好的卡片書，親自送到孔劉的經紀公司 SOOP。

這一年多來，我已經出沒在 SOOP 十幾次，謝謝那裡的員工，總是親切的對待我。就連孔劉最貼身的助理弟弟，也從第一次看到我直接跑掉，到後來願意停下來和我對話。

一些人問我，爲什麼要費心準備那些東西，他們都說：「孔劉那麼忙，根本不會看吧。」不管別人怎麼說，我就是篤定相信他一定會看，沒有爲什麼，因爲他是孔劉。

完成「單人婚紗」後，我眞的放下了對於婚姻的執著，因爲我已經先獨自完成我的婚紗夢。

我很感謝自己，終於學會善待自己，也在自己最美的時候留下回憶。

如果說，婚紗照是記錄愛情存在的投射，那麼美好的畫面就不該只有單一公式。在對的人出現之前，可以先和自己熱戀一場，在狀態最好的時候，送給自己一身白紗的幸福。

臺灣很多女生跟我一樣，把「結婚」和「婚紗」綁在一起，一定要快點把自己嫁掉，才能圓夢拍婚紗，所以就算一直在愛情裡浮沉，好幾次差點滅頂，還是堅決不放棄光速把自己嫁掉的念頭。

我的親身體驗證明了，把「婚紗」從「結婚」裡抽離，是唯一可以改變這個現況的方法，所以我決定開始經營「單人婚紗」，以韓國線爲主體。

韓國婚紗可以讓每個女生看見比最美還要更美的自己，而且當妳有勇氣把自己從舒適圈抽離，獨自遠赴海外完成屬於自己的單人婚紗，一個人的旅行可以讓妳發現「一個人，其實也很好」。

所以後來我跑了好多趟韓國，和一些studio接觸聯繫，最後終於串起了「單人婚紗」服務。

因爲想要更接近孔劉，所以我把「麵包」和「愛情」結合在一起，發展了韓國相關的事業。就算是用烏龜的速度前進也沒關係，至少我知道，我正走在正確的道路上。

我也開始學韓文，一開始遇到了幾個不適合的老師，耽誤了一些時間。後來我費了一些功夫，找到之前孔劉來臺灣的翻譯老師李相美，寫信給她，告訴她我想跟她學韓文，也幸運地收到了老師的回信。

在試圖聯繫相美的過程中，意外得知，在我畢業後，臺大日文系加開了韓文課程，聘請相美教授韓文。後來沒有任何原因，莫名其妙把相美解聘了，因爲相美的教學評鑑一直都滿分，所以學弟妹發起了「還我相美運動」。知道這個事件後，我和日本人之間的仇恨又多了一樁，因爲相美眞的是教學認眞的好老師，我完全搞不懂日本人在搞什麼鬼。

雖然相美很嚴厲、講話很直接，但是我很喜歡她的眞性情。而且她非常厲害，講中文時一點韓國腔都沒有，我要向她看齊，未來努力達到講韓文也沒有中文腔的境界。

我的人生，因爲孔劉，起了很大的改變。因爲他，我開始開心學韓文；因爲他，我開始追星；因爲他，我去韓國完成了自己的單人婚紗；因爲他，我把單人婚紗變成了我的事業；也因爲終於見到他，也近距離跟他說話，我開始相信只要善用吸引力法則搭配行動力，這世界上再也不存在任何不可能的事情。

因爲他，我活出了完全不一樣的人生。

回顧過去，其實我人生中單身的時間很長，每一段感情都是濃縮版的故事，精彩而慘烈，每一次的悲劇都是被

miss_catherine_gong

1025個讚

我喜歡首爾，因為首爾有你。

插畫illustrator : @LazyDon.2019

#凱薩琳孔 #캐서린공 #CatherineGong #幸福練習 #ORPHIC #單人婚紗 #單身婚紗 #單身精采 #我所走的每一步都是為了更接近你
#我會成為孔太太 #我是凱薩琳孔小姐 #等待加一或者不 #我和她們的單人婚紗故事
#插畫家illustrator : Don Ho #amagzing _ lazydon #lazydon.2019 @LazyDon.2019 @Amagzing.Amag

想結婚的念頭，害慘了自己。

經營「單人婚紗」這一年多來，接觸了很多女生，她們也都曾經跟我一樣，爲了讓自己快點進入婚姻，吃盡了苦頭。很開心在她們完成屬於自己的「單人婚紗」之後，重新愛上自己。

「單人婚紗」並不是宣揚不婚，而是希望每個在愛裡迷途的女生，重新找回自己。

結婚這件事，不該有時間表、不該追趕跑跳碰、不該列在人生待完成事項、不該爲了卵子來一顆少一顆而焦急趕進度。

現在不能結婚又怎樣？明天不能結婚又怎樣？要很久以後才會結婚又怎樣？永遠都不會結婚又怎樣？只要把自己過好，有沒有結婚都不會怎麼樣；如果沒有把自己過好，不管跟誰結婚，日子都不會好。比起已婚的不幸婦女，大齡勝女的生活，眞的快樂多了。

我把書的內容都完成後，才開始著手書寫整本書的開頭和結尾，很巧的是，今天是二〇一九年的五月三日。

親愛的孔劉：

愛上你的兩週年快樂。

謝謝你，讓我的人生開始盛開綻放。

從兩年前的今天起，不管晴天或雨天，我的心裡永遠都是湛藍的晴空。

希望我們會再見，我知道我們一定會再見。

單人婚紗養成記

單人婚紗養成 Chapter 1. 謝謝你，沒娶我

生命中總有些人，曾經是妳故事裡的主角
後來他走了，也把妳的童話，還有某些美好帶走

多年後回頭看
早已記不得當初深深愛過的模樣

但是妳可以有態度的穿上白紗
對著鏡頭笑靨如花，快樂自信地對他說：

「謝謝你，沒娶我。」

●三十歲
●並不是洗了上百個碗，你的媽媽就會喜歡我

我想是因為年輕時常常衣不蔽體的關係，也可能長相所害，我的第一眼印象經常被歸類在玩咖組。偏偏我已經把二十歲痛快地活了兩回，卻連一次夜店也沒去過。

出生時我是包膜寶寶，羊膜沒破，生下來像顆球一樣。對於我過去的穿著打扮，媽媽下了這樣的評論：「妳該脫衣服時，不脫衣服；該穿衣服的時候，又不好好穿衣服。」她甚至還說：「妳捐給育幼院的那些衣服，連小朋友

穿了都會感冒。」

雖然打扮如此狂放，我的日常生活卻乏善可陳。到居酒屋、熱炒店，點的永遠是可樂。這兩年常跑韓國後，開始愛上眞露的味道，可是只要兩口，就會感覺飄飄欲仙，靈魂出竅。

當別人週末夜晚在外面狂歡、或者脫衣尋找高潮時，我總是在家拼拼圖。我完成的拼圖，多到可以掛滿一整間屋子。

三十歲當年的男友，非常有交往誠意，在一起沒幾天就把我帶回家認識他的家人，也讓我完全融入他的生活圈。很多時候我們會聊到結婚的話題，那時候有一種隨時可能閃婚的錯覺。當時心想，如果可以準時在三十歲把自己嫁掉，婚姻成就這一項就可以完美解鎖。

而且星座書上都說，和天蠍座最適合的就是巨蟹座和雙魚座了，這回來了一個雙魚男，根本就是神的旨意。當時我曾經閒來無事，在紙上列出結婚時打算邀請的親朋好友名單，一口氣很霸氣地列滿十五桌。結婚這件事情經過我的腦補之後，幾乎變得一蹴可幾。

再回到我的外在形象，就算我一直覺得「外包裝標示」和「實際內容物」不符的商品，非常難能可貴，可是我這樣想，別人媽媽不見得這麼想。

還記得第一次跟這個前男友的媽媽請安時，阿姨只看了我一眼，就轉頭過去繼續盯著電視螢幕上的政論節目。幾秒鐘之後，她開口對我說了第一句話：「妳是藍的還是綠的？」

她對我提出的第一個問題，讓我更加肯定那個普遍存在於臺灣的眞實：許多的愛情關係裡，都逃不開政治。兩個人在一起，不只彼此要政治正確，最好連雙方的家族，也一起落在相同的政治光譜。

生活中已經很多不容易，爲什麼還要爲了政治的事情搞得不開心？兩個人信仰同一個政黨，不等於就是幸福的保證；就算對於政治有不同的看法，也不能拿來當做彼此嘲諷或是爭執的原因。

雖然當時我的答案讓她很滿意，但是她打從一開始就沒辦法喜歡我。

她認爲我看起來沒有前女友乖巧，一副愛玩的樣子，不是理想的結婚對象。

爲了得到他媽媽的認同，我很努力地改變衣著，夏天也盡量把自己包得跟阿拉伯人一樣。

當時的男友對我總是愛的鼓勵，希望我可以繼續努力再努力，總有一天他媽媽一定會喜歡我，於是每天下班，他都會接我到他家報到，用餐完畢後，換我上場乖乖洗碗。一家五口總是五菜一湯，每頓飯用掉的碗盤多到可以堆積木。

在家從來不用做家事的我，跑到別人家裡天天洗碗。就算洗到手粗成了菜瓜布，他媽媽還是對我沒好感，依舊無法正眼看著我說話。

唯一一次對我笑得燦爛如花，是她使喚她兒子做事時，誤把「你幫我洗衣服」說成了「你幫我洗澡」，當時我不知道是被鬼附身了還是怎樣，竟然說出：「阿姨，妳不可以這樣，他都還沒有幫我洗過澡，不能先幫妳洗。」阿姨可能是對於他兒子的守身如玉感到欣慰，所以對我感動地笑了。

這男友說眞的沒什麼不好，是很安全的基本款，學歷高、收入不差、長得也算中上。而且他很會做家事也會煮飯，對於完全不會家務的我來說，根本是首選天菜。

我們的相處通常是三人行，他總是拉著我和他一起待在家裡，陪著他媽媽一起看電視。而他最常帶我從事的離家休閒活動，就是去全聯福利中心採買家用品。日子雖然過得挺無趣的，但是我總是安慰自己，反正婚後的日子都是如此而已。

因爲他希望每天都要回家吃媽媽煮的晚飯，我們之間的娛樂除了步行到離他家只有五分鐘距離的電影院看電影之外，就沒有其他。

在一起的兩個月後，碰到了中國情人節，我買了一支當時貴到爆的Nokia8600當做情人節禮物送給他。不知道他哪裡不對勁，學習操作新手機時搞到生氣，於是我們起了小爭執，後來他被阿姨叫到房間裡，我站在門外，聽到阿姨對著他一直數落我的不是。

當時不知道是吃了哪個牌子的熊心豹子膽，我敲敲門走進去，哭著問：「阿姨，爲什麼妳不喜歡我？我很努力，爲什麼妳還是討厭我？」

接著，故事秒殺結束，我被甩了，原因是我對他的媽媽不禮貌。

分手後我過了長達兩個月行屍走肉的生活，每次想起他都一陣難過，因爲好像只差一點點就可以結婚了。

我責怪自己爲什麼當時不再更努力一點，搞不好只要再努力一些，他媽媽就可以敞開心胸接受我。

多年後回想起來，我都好欽佩自己當時的洗碗機體質。都怪當時太天眞，以爲洗碗的數量可以跟別人媽媽喜歡我的程度成正比。事實是，不喜歡妳就是不喜歡妳，用力討好是徒勞無功的。

我從共同朋友口中得知他媽媽一直沒辦法對我有好感的原因，裡頭除了混雜了阿姨潛在的自卑之外，還有她在面對自己唯一的希望時，說什麼都不能輕易妥協的堅持。

當時男友的爸媽在傳統市場做雞肉生意，而我的爸媽都在教育界工作，阿姨覺得兩個家庭有差距，所以當時她曾經對男友說：「你前女友出身單親家庭，跟我們比較合適。」

知道這些的當下我很難過，我從來都沒有在意過叔叔阿姨的職業，我的爸媽也沒有，媽媽還對我說，她覺得叔叔阿姨很了不起，雖然在菜市場工作，一樣可以把孩子栽培到臺大畢業。

另外還有一個很關鍵的原因，阿姨生了三個兒子，大兒子因爲有過一些犯罪前科，已經跟家裡失聯很久；二兒子也很優秀，不過應該是沒有出櫃的顯性同志。阿姨心裡應該有底，對於第三代，只剩下小兒子可以期待，所以她把所有希望都壓在小兒子身上，說什麼都要挑個讓她打從心底喜歡的媳婦才可以。

分手後的那個禮拜，我曾經在電話裡對著當時的男友口出惡言，罵他：「你這個媽寶，永遠只知道要聽媽媽的話。」可是現在回頭想想，要不是他這麼保護他媽媽，當時他也不會懂得如何對我好，阿姨曾經對我說，三個兒子裡面，小兒子最乖也最孝順，三歲時，就會乖乖蹲在菜市場幫她洗雞腸子。

他很早就養成了善待女生的習慣，但是當兩個女人同時出現時，一個是養了他三十年的媽媽，一個是才交往兩個月的女生，他肯定會左右爲難，慌了陣腳。對於他最後選擇了媽媽，其實不是太意外。

這幾年聽了很多朋友跟婆婆纏鬥的故事，我不禁感謝前男友媽媽的智慧，她可能早就看出我如果嫁進去會水土不服，溫馨家庭喜劇可能被我搞成三立鄉土劇，所以當時才那麼努力阻止悲劇發生。

戀愛可以是兩個人的事情，但是婚姻絕對不行。他對我再好，他再愛我，只要他的家人不喜歡我，關係就很難長久，再多的委曲求全都沒有用。

很多女生沒有領悟這一點，所以婚後面臨嚴重的婆媳問題，最後甚至結束了婚姻。現在想起來，眞的很謝謝當初他果斷結束關係，他完全救援了兩個女人的一生。

這段關係是我三十歲後，傷害最小的一段過去。雖然我們早已經不是朋友，但是我偶爾還是會在 Facebook 的動態時報上，因爲共同朋友留言或是按讚，得知他的近況，很開心看到他過得很好，找到一個很適合他的妻子，還生了一個很可愛的女兒。

如果有機會再次見到他，說什麼我都會微笑地對他說：

「謝謝你，沒娶我，我們現在才能彼此都幸福著。」

單人婚紗養成 Chapter 2. 謝謝我，沒嫁給你

曾經只差那麼一點點，我就會嫁給你
然後過著離幸福快樂很遠很遠的日子

可能因為五歲的差距
讓你一直沒把我當成女友疼愛，我成了你的另外一個媽

那兩年多的日子裡
我心中藏的那個需要被保護疼愛的小女孩
一直覺得很孤單、很無助

回頭看看當時常常偷哭的自己，再看看現在驕傲的自己
我一點懷疑都沒有地對自己說：

「謝謝我，沒嫁給你。」

● 三十二歲

● 並不是我擁有哆啦A夢使命必達的超能力，你就可以善待我

「敗犬女王」播完後，我趕流行交了一個小我五歲的男友。本來以爲小鮮肉都應該純情浪漫又可愛，後來發現有那種迷思根本好傻好天眞。

他是一個對外形象走溫良恭儉讓的人，但是對身邊的人卻完全不是這麼回事。

他說，因爲我年紀大，所以我要照顧他；因爲我年紀大，所以我多付出一點很合理；因爲我年紀大，所以他所有的不成熟我都應該呑下，那才是成熟女生的表現。

所以當他嫌我胖、說我年紀大、笑我臉大時，我通通不能生氣，必須笑臉盈盈，才符合他心目中完美姊姊的樣子。

交往後的第二個月，他就拿到臺積電的聘書，跑去新竹當他的科技新貴，薪水瞬間比我高。從他南下新竹開始，找房子、準備生活用品、清理打掃，我通通一手搞定。

爲了滿分扮演我心目中「理想的姊姊女友」該有的德性，我可以打扮超時尚，卻扛了一臺電風扇再手提水桶和拖把，搭乘 9003 客運到新竹當女傭，幫他打造舒服的居住環境。

原本以爲做這麼多，他就會打從心底愛死我，因爲不管他有什麼不合理的要求，我從不曾讓他失望，就跟哆啦A夢一樣，永遠使命必達。

可惜他不是像大雄一樣性格善良的主人，他是胖虎，習慣用高壓姿態還有祈使句來對付我。

跟小弟弟交往眞的非常不有趣，他常常會突不期然出手用力打我一下，讓我痛得哇哇大叫；上樓梯時如果走在他前頭，他一定會狠狠攻擊我的屁股，想看我跌個狗吃屎；一次情人節出遊時，他拿出一張白紙，告訴我那是我的卡片，打開後我瞬間變臉，上面寫著：「我好爽啊，哈哈哈。」

他是一個對金錢很在意的人，說好聽是節儉，實際上是小氣，而且非常小氣。生日或節日永遠別奢望有大餐或小禮物，但是他卻從不吝嗇讓我知道他想要的禮物清單。

他曾經半開玩笑半認眞地對我說：「以後求婚戒指用租的就好，不要浪費那個錢。」我曾經問他爲什麼不能善待我，他說：「我的大方還有我的好，是未來老婆專屬的。」意思是，在我升級到老婆等級之前，必須先通過地獄的磨難，之後就可以上天堂。

他的邏輯我不是很懂，交往時如果一直沒有善待另一半的習慣，婚後要轉性談何容易？因爲他到外地工作的關係，我們每個禮拜只有假日可以碰面。但是交往的前六個月，我幾乎每個禮拜都只能看到他兩個小時，其他時間他都拿去跟朋友玩樂。

我曾經嘗試跟他溝通這個問題，他卻對我說：「妳不要這麼自私好不好，我難得回到臺北，當然要跟朋友一起玩。」後來當他那群朋友們一個一個脫離單身，六日再也沒辦法和他瞎混，這時他才轉過來黏著我。老實說，交往後期，我開始對於每個假日都要跟他綁在一起感到厭倦，潛意識裡產生抗拒。

他總是讓我覺得，我的存在讓他蒙羞。他嚴格管制我 Facebook 上的發言，和他有關的文章不能發，也不能上傳和他的合照，他希望我低調再低調，否則就會收到分手的警告。

他看不慣我好多時候的樣子，包含我笑的方式、我說話的文法，甚至我說某些單字時候的嘴型，他通通不滿意。一年的農曆過年，他帶我去他家跟所有親戚長輩拜年，結束後，我問他當天的表現還可以吧？他竟然說：「五十八分，因爲妳說錯了一句話，妳那句話應該……講才對。」

不只一次，當我們兩人單獨在百貨公司的電梯裡時，他總會一邊照著鏡子一邊對我說：「我長這麼帥，妳跟我在一起，妳賺，我虧。」當時我很努力吞下他的各種言語霸凌，現在回過頭看，這個人眞的非常有事，長相很普通不說，個性上也一堆瑕疵。而且他又不是什麼名人，哪裡來的包袱要那樣嚴格限制另一半的一言一行？

雖然說愛情裡沒有條件論，但是如果我以牙還牙，開口去問一百個人，肯定會有一百個人覺得是他配不上我，而不是我高攀他。

就算他看不起我，可是當他需要我替他效勞時，他又會矛盾地認爲我有超能力，總會丟出各種難題來考驗我的能耐。說白了，我不是他的愛人，我只是萬能工具人。

二〇一二年他生日當天，正好是總統大選的前一天，他硬是把政黨傾向和他完全不同的我，帶去選前之夜的造勢現場，希望我高喊「XXX動蒜」，在上萬人群裡，我有一種被眾人言語凌遲的難受。

他也曾經開車開到一半看到彩虹，強逼完全沒有宗教信仰的我喊出「哈利路亞」，我不服從，他又把車子折回原地，逼我一定要喊出來。對於他的行爲我完全無法理解，因爲他根本不是基督徒，他的前女友才是。

一次陪他去辦事，後來他開車送我回公司，爲了貪圖方便，他竟然要放我在中山北路二段以及市民高架橋下方的十字路口正中間下車，因爲他嫌麻煩，不想浪費時間迴轉。這段經歷我一直無法釋懷，因爲他的行爲背後說明了他的價值觀，他認爲他的時間寶貴，我的生命只是糞土。

他創了一個「公錢包制度」，兩人定期都要丟進相同金額的錢。一起出去所產生的費用，通通拿公錢包支付，反正什麼都講一人一半就對了。關於這點我也覺得無所謂，彼此經濟獨立，個人造業個人擔。而且我從來就不貪他的錢，就算當時的他比我有錢，但是我也不窮。

交往過程滿是悲慘血淚史，兩年後，他身邊的朋友一對一對都準備結婚，就他沒有動靜。於是我下了「如果不結婚就分手」的最後通牒，於是我們展開爲期半年多的看房子行程。

房子終於買到了，離他爸媽家很近，卻離我原生家庭很遠。

當時覺得距離結婚好像很近，就只差拍婚紗、辦婚禮而已。但是期待以久的浪漫情節通通沒發生，緊接而來的，是金錢觀還有價值觀問題。

他希望婚後我一個月可以給他三萬元用來負擔房貸，但是每個月的房貸明明只有三萬六千元左右。而且婚前購屋，掛他名下，我理性面覺得這樣很不妥，要是以後步上離婚，法律上來說，不只房子認定歸他所有，我過去所支付的那些房貸，只要他不認帳，我半毛錢都拿不回來；可是感性面又想著，要是再不快點達成結婚這個任務，我就要變成大齡剩女了，以後生小孩還要羊膜穿刺好恐怖。

基於這兩個理由，我覺得什麼都無所謂，他說什麼都強逼自己吞下，我告訴自己，反正以後都是家人了，不需要分太清楚。

爸爸媽媽知道他提出這些要求後，一直很擔心，特別是媽媽強烈反對，還讓她持續失眠了好久。

可是他並沒有因爲我願意接受他提出的所有要求，對我有一點感恩的心，反而進一步加碼，要求以後每個月除了房貸之外，還要再提撥一些錢出來，放進三個公錢包裡：一個是生活雜支公錢包、一個是未來小孩教育基金公錢包、一個是旅遊基金公錢包。

我願意吃下這麼多的不平等條約，他卻對我的一些要求嗤之以鼻。當我強烈表達我真的害怕使用瓦斯筒的住家，能不能牽條天然氣管線？而且平日一到四他在新竹，我在臺北，一個女生單獨在家面對瓦斯送貨員，心裡多少會害怕。他卻說我有公主病，他外婆用了八十幾年的瓦斯筒都可以，為什麼我不可以？

我告訴他免治馬桶是我的生活必需品，以後家裡可不可以添購一座？他也認定我有公主病。

故事終結的場景是 IKEA 敦北店的地毯區，當時他又慣性嘴賤地說：「要是我們現在買的家具我下一個女朋友不喜歡怎麼辦？妳又不一定是房子的女主人。」

瞬間，我理智線完全斷裂，痛哭崩潰提出分開一陣子。

他又把這次事件歸咎於我脾氣不好，他說他只是開玩笑而已，我幹嘛反應那麼大？可是那句話不知道怎麼了，就在我心裡生了根，抹不去了。

因為我當時的念頭都是快點結婚，所以曾經犯賤回頭找他，但是老天保佑，分手後的一個多月，他已經閃交了一個小我十歲的新女友。

分開後一年多，某天，朋友轉貼了一篇批踢踢「marriage 版」上的熱門文章給我，文裡哀嘆現任女友有多難搞，還沒結婚就要求他把房子過戶到她的名下，之後薪水也通通要交給她管，也要求他再買一間位在她娘家附近的房子。而且那女生完全不接受他訂下的公錢包制度，她認為男生幫女生付錢天經地義。他發文想問問網友們他該怎麼辦？

我看了幾行，馬上認出來是他。人家是換了位子換了腦袋，他是換了女友換了命運。原來現世報來得很快，當初他怎麼對我，他的新女友就怎麼對他。

回過頭看，他從來沒有好聲好氣對我說過一句話，唯一的溫柔，是在交往幾個月後，有一次我終於受不了主動提出分手，他才知道事態嚴重，誰知道事後沒多久又開始故態復萌。

我明白我也有我的問題，面對他的挑釁，我很容易激動回應，一定是我的反應劇烈讓他覺得有趣，他才會樂此不疲。

後來我懂了，不管怎樣，永遠都不要變成男人的另外一個媽，當他覺得在妳身上找到了媽媽的味道，肆無忌憚的放肆就來了，因爲不管怎麼使壞，媽媽永遠都會原諒。

對他來說，我是媽媽二號，第一身分從來就不是女朋友。

和上一段感情不同的是，他們全家人不管是直系或旁系親屬，都對我非常好，特別是他的媽媽和他的外婆，把我當成女兒和孫女疼愛，就唯獨他對我很不好。

媽媽當時就對我說：「就算他全部的家人都對妳很好也沒用，只要他不能善待妳，就不值得走下去。」

現在我有一種領悟，結婚的目的應該是讓兩個人的生活變得更好，就算不富裕，心靈上也是富饒的。如果爲了快點嫁給對方，割地又賠款，最後富有了他，卻貧瘠了我，那婚姻有什麼意義？

女生一定要經濟獨立，這種獨立不單單只是不奢望男人養，也要守好自己的金山銀山。錢雖然不是萬能，但是兩個人的金錢價值觀如果完全不同，或是一方一直給，一方一直拿，這種也不適合走下去。

在現在女生普遍晚婚的年代，姊弟戀慢慢變成常態。就算我們年紀比男生大，也要記得我們心中永遠住著一個小女孩，需要被保護疼愛，千萬不要不小心走著走著，就從女朋友的角色變成了另一個媽。

男生年紀比我們小，也不該是什麼都不做的護身符。大部分的姊弟戀，可能發生兩人的經濟水平不在同一條線上的情況，因爲起跑點不一樣。但是有些東西比金錢物質更重要，只要他個性成熟、有責任感，一樣可以當成績優股期待。只是金錢方面一定要守住共同分攤的原則，不能把弟弟當成小狼狗豢養。

如果妳現在交往的弟弟，跟韓劇「男朋友」裡頭的金振赫一樣，有顏值、有善良、有肩膀、有擔當，說什麼都要快點把他據爲己有。

過來人總會告訴我們「貧賤夫妻百事哀」，但是我覺得只要兩個人的金錢觀和價値觀不同，一樣是悲劇。

他習慣把一分一毫通通省下來，能不花就不花，該花的最好也不要花。但是我覺得生活不用那麼苦，基本娛樂和享樂還是要有。他一心想把房貸快點還清，最好明天就可以清償，所以花錢之前什麼都想到房貸，連帶拖累了我的生活品質還有經濟狀況。既然銀行都允許房貸可以分三十年償還，爲什麼我要一起跟他拼十年內還清？而且那還是一間法律上跟我一點關係都沒有的房子。

部分女生會有這樣的迷思，總覺得臺積電的光環，就等於以後生活衣食無虞的保證，嫁給一個臺積電，就可以天天過好年。

臺積電的收入確實相對高沒有錯，但是我覺得與其去看一個男生有沒有錢，反而更應該觀察他對於金錢的態度。否則對方有錢也不見得會拿出來共享，甚至只想從妳那裡掠奪而已。

每天生活都會用到錢，如果婚後，妳的經濟狀況以及生活水平，爲了要配合另外一半的步調而驟降，瞬間從「富有小姐」變成「赤貧婦」，那麼結婚有什麼意義？

女生一定要對努力做到經濟完全獨立，當妳對自己的經濟條件有信心，哪裡還管他臺積電不臺積電，妳自己就是臺積電！

既然我就是臺積電，拍婚紗的錢我自己出，不需要男人同意，更不需要男人買單，想怎麼拍就怎麼拍。

我的單人婚紗，我做主就好。

「謝謝我，沒嫁給你。」自從和你分開的那一刻起，我又開始過著幸福快樂的日子。

單人婚紗養成 Chapter 3. 謝謝我們之間，沒有一輩子

過去被你視為糞土的我，現在是顆閃亮的鑽石
我想如果不是經歷過那麼多不堪，不會有現在鋼鐵般的我

曾經埋怨自己是不是哪裡不夠好，你才會對我那麼不好
現在明白都是因為我太好
你為了掩飾你的不好，才一直對我重傷害

會善待我的人，就算我什麼都不做，也會善待我
不會善待我的人，不管我做了什麼，一輩子都不會善待我

很幸運我們只有短短幾個月的緣分
雖然那幾個月過得像百年那麼漫長，最後終於還是結束了

「謝謝我們之間，沒有一輩子。」

- 三十五歲
- 並不是我拿出積蓄讓你開了一家婚紗工作室，你就會珍惜我

進入正史前，有前傳。

跨過三十五歲的檻後，很焦慮，感覺眞的大齡了。

身邊朋友一樣持續好心介紹他們手邊有的存貨，這回主打的是一個年份跟我差不多的上等名牌貨：有頭有臉、家裡多房、濃眉大眼、而且號稱非常想要快點結婚的建築師。

老實說他條件不差，卻莫名的自信心爆棚，他曾經對我說：「我就是這麼帥，而且我很優秀。我這個人最大的缺點就是自戀，可是我就是有資格自戀。」

當時的我不像現在這樣自信快活，總是用仰望的角度膜拜他的高度，心想，這樣的對象我眞的高攀了。

約會了幾次，總覺得他似有意又無情，我念在時間不多了，選擇主動攤牌。結果他很誠實對我說：「女生對我來說就像砧板上的肉，我不知道要切哪一塊才好。」這麼有創意卻又如此物化女性的比喻，我眞的啞口無言。

不過我明白對他來說，我應該是塊陳年臘肉，不夠鮮美，他需要的應該是赤裸的小羔羊。聽到他如此的回應後，我明白一點都不需要再浪費時間在這種人身上。

果然他後來盡挑年輕女孩，也曾不解問我：「爲什麼我女友出門吃飯都不付錢，通通要我出？這種感覺很差。」但是我覺得那個狀況很合理，他們年紀相差了十歲以上，他的收入搞不好是女孩的十倍，還在乎那種感受性問題？對他來說一頓飯一千元根本是銅板價，但是一千元對一個剛出社會的女孩來說，搞不好可以吃上十餐。更何況「使用者付費」的道理難道不懂嗎，他非常執著想找個生產力高的年輕子宮，不多出一點錢讓女孩吃飽吃好，將來哪有體力幫他生孩子？而且那些孩子以後通通都會跟他姓，現在開始做些投資並不過分。

建築師的存在，讓我不得不承認，臺灣眞的有一群男人對於年輕女生特別有感覺。這群男人通常社經地位不低，有點名也有點錢，年輕女孩對他們來說，就像是穿戴在身上可以展示的名牌，大齡勝女對他們來說，就只是談談心尋求心靈慰藉的對象。

如果妳身邊出現了這種男人，除非妳有很多閒暇時間，否則請不要浪費時間，與其聽他們訴苦或是聽他們歌頌自己，不如拿去敷面膜睡美容覺，不要變成神父聽他們告解。

他們說的從來都是言不由衷，就算分手重新來過，下一個女友還是鮮美的小羔羊。他們朝思暮想的是年輕女孩的肉體，混搭大齡勝女的成熟和智慧。這種極品哪裡有？夢裡找找吧。

前傳講完了，現在要進入正史。

之前介紹建築師給我的朋友，一直覺得有愧於我。沒隔多久，那個朋友準備結婚了。拍攝婚紗照當天，好巧不巧，他驚覺幫他們拍照的攝影師，長得跟建築師一模一樣，眞的是一模一樣。兩個人身高、體重、五官、血型、身形、還有臉上鬍子的分布面積，全部都一樣。把兩個人放在一起看，眞的會以爲他們是雙胞胎，不然就是複製人。

朋友開心跟我分享這個驚人的發現，於是我主動加了攝影師的臉書，認眞瀏覽他分享的每一張婚紗照。一陣子後，我主動跟他說話，然後我們開始約會。

某些像我這種從小到大都走乖乖牌路線的女生，到了一定年紀，工作上也有些成就之後，開始覺得身邊的男人都好無聊沒才華，怎麼看都不上心。開始容易被那種充滿藝術性格又好像歷經滄桑的男人吸引。他們就好像外星球來的人，把我們吸入一個神祕黑洞，彌補過去那些太過溫良恭儉讓的貧乏無聊。

第一次約會，我就開心跟他分享我心目中理想婚紗照的樣子。他的職業在當時替他加了很多分，因爲拍婚紗照一直是我所憧憬嚮往，現在竟然一個婚紗攝影師就坐在我前頭，而且還主動告訴我，他打算以後自己的婚紗照自己拍。

那麼浪漫的念頭，完全打中了我。

不知道是不是移情作用，還是哪裡跌倒哪裡站起來的概念，約會了一個月之後，我們在一起了。我開始發現，建築師和攝影師兩個人雖然外型一樣，但是內裝完全不同，有點搞不清楚到底誰才是正貨，誰是山寨版。

因爲相隔兩地，初期有時他會來臺北找我，有時我去新竹找他。但是漸漸地都變成我南下了。很多女生因爲體貼對方，怕對方太累，就主動幫對方省時省力又省錢，什麼都一肩扛下，很快地感情就變質了。因爲對方不但不感激，反而覺得理所當然。不費吹灰之力就能得到的美好，誰會珍惜？

我展開幾乎每週五就趕車下新竹，週日回臺北的行程，高鐵票和火車票多到可以用集郵冊收藏。諷刺的是，他從來不知道我家在哪裡，我想他也不在意。

交往初期一切看似正常，沒什麼異狀。當時覺得他算坦白，主動告訴我他沒有存款，賺的錢跟買的車都被前女友拿走了；還因爲上網買東西，不知道怎麼搞的銀行帳戶變成人頭戶，結果遭到凍結。

對於這些我都覺得沒關係，錢再賺就好了，只要不是遊手好閒，有技能在身上不怕沒錢賺。

他也誠實讓我知道他高中沒畢業，帳面上的學歷只有國中而已。老實說我原本設定的擇偶條件，都希望對方學歷可以跟我旗鼓相當，但是知道他小時候的經歷之後，這一回我願意破例處理。

他告訴我，他一歲的時候，就跟著爸媽非法移民到美國加州，當時他爸爸在那邊開了一家華人餐館。因爲爸爸長期有家暴的習慣，媽媽在他國中時帶著他和姊姊一起逃回臺灣。對他來說，英文才是母語，他從國中二年級才開始學習中文，所以我幫他找了一個學歷不高的理由，一切都是情非得已。

只是慢慢可以察覺，他的脾氣很不好，非常陰晴不定，沒原因也可以突然生氣，偶爾會握著拳頭捶牆壁。

接著耳聞其實他性格暴戾，造型師都害怕跟他搭擋，有時拍照還會把新人弄哭。我開始學習察言觀色，努力不要踩線，過著伴君如伴虎的生活，倒也相安無事一陣子。

一開始他就告訴我，原本他是不婚族，現在他要等到擁有自己的事業之後才會結婚。當時正好兩個朋友找他合夥，我知道他手邊並沒有任何積蓄。爲了迅速達成結婚這項任務，我決定拿一筆錢出來，幫他成立屬於他的婚紗工作室。

準備拿錢出來時，爲了怕爸媽擔心，我決定先斬後奏，畢竟當時才交往三個月。身邊朋友們知道後都很反對，一直試圖制止我，他們認爲交往沒多久就發生借貸關係，對女生來說很不好。男生的表現也很沒擔當，需要錢可以自己跟銀行借，怎麼會讓女生來想辦法。

可是當時我哪裡想得了這麼多，只想快點幫他開店，讓他賺錢，這樣我就等於穩穩取得進入婚姻的門票。

再加上之前我曾經聽他和朋友聊天時，數落起別人女友的不是，他認爲怎麼可以在男生需要金錢資助的時候，選擇袖手旁觀？當下我就明白了他的價值觀，他認爲女友出錢相助，天經地義。

爲了幫他保留男人的尊嚴，我刻意避開親手拿錢給他的畫面。所以先拿了一張我的提款卡給他，再把我其他銀行戶頭的錢整併匯入。

完成匯款的那天下午，我傳訊息跟他說：「加油喔，我以後就靠你了。」他卻連一點溫暖的回應甚至一句謝謝都沒有。

沒多久，我接到他氣急敗壞打來的電話，劈頭就質問我爲什麼沒有設定約定轉帳，害他沒辦法大額匯入與其他股東的共同戶頭裡。

那天大雨，我匆忙跑去鄰近的中國信託，把事情辦妥後，開心打給他分享。電話那頭滿是不耐，他完全不想聽我說什麼，心心念念的只有錢。我難過的對他說了幾句我的感受，他兇狠的咆哮回應。

那個下午，我蹲在辦公室大樓的樓梯間痛哭了好久。

爲了幫助他創業，營運前期的大小瑣事，我幾乎包辦了一半以上。連帶他身邊的一些人也把我當成工具人來使用。有一次，他的員工對我裝熟，傳訊息過來要我幫忙，我先讓對方知道她打錯了我的名字，接著告訴她我工作有點忙，下班再說。

結果當晚我被他毒罵了一頓，甚至連髒話都出來了。他說：「妳有時間糾正人家打錯妳的名字，沒時間給人家她要的東西？臺大畢業了不起，打錯名字又怎樣？個性不要這麼囂張。」

當下我懂了，就算我不覺得他高中沒畢業有什麼，但是我高學歷對他來說就是有什麼。學歷這種東西不是我不在意別人就不會在意。如果女生學歷比男生高，吵架就會被說書讀很多有什麼了不起；如果女生學歷比男生低，一有歧見時，對方就會說妳沒念書妳懂什麼。

對於他身邊的那群人來說，我的學歷就像刺，就算我從來不覺得領到臺大畢業證書有什麼了不起，畢竟人生有很多比學歷更重要的事，但是他們還是把我歸在異族。

當一個男人自卑的時候，他就會表現自大，接著刻意對妳強勢打壓，好掩飾他心裡的缺口。男人對妳不好，不是妳不好，是妳太好。他必須透過不停的貶低妳，來填滿自己自卑的無底洞。

爲了讓他花最少的成本達成最大的效益，我請一對顏值很高的新婚朋友幫忙他拍樣本。也因爲他說他希望有海外婚紗照的作品，當時一個好友正好要前往沖繩舉行婚禮，我就帶著他一起去，順便請朋友撥出一些時間讓他拍照。拍攝當天正好碰到下雨，他在沖繩情緒起伏一直很大，幾度拍到生氣臭臉，讓我對好友夫婦很抱歉。整趟行程我們更是幾乎沒有交談，隔天一早他自己跑去吃早餐，把我丟在飯店裡，問他爲什麼不等等我，他說了一句非常經典的名言：「日本法律有規定男女朋友要一起吃早餐嗎？我犯法了嗎？」

這兩對朋友的照片，他硬是拖了整整半年多才給人家。朋友們總是不好意思的要我傳達，我也非常能夠理解每一對新人想要快點拿到照片的心情。但是只要我一跟他要照片，他就會動怒。在他的世界裡，是非對錯的判定很扭曲。

拿錢給他之後，是我夢魘的開始。新事業的起步最應該是衝刺的時候，但是他每天狂打電動，我去找他也是看他整夜打電動，完全把我當隱形人。

一次他到高鐵來接我，一碰面我就跟他說：「今天你可不可以不要打電動？我們只有週末可以見面而已。那個某某某他女友去找他的時候，她應該也不希望你找他打電動吧。」

結果他瞬間抓狂，把我行李往地上狠狠一丟，然後轉頭快速走掉。那天一樣雨好大，我在後面追著哭問他爲什麼要這樣對我，得到的答案我一輩子忘不了。

「我朋友都覺得妳很爛妳知道嗎？打電動又怎樣？」

「我爲什麼對妳不好？因爲我不希望妳覺得我是因爲妳拿了錢給我，我才對妳好，所以我要對妳不好。」

那天晚上回到他住的地方，我們都沒有交談。我在浴室裡，聽著他一邊連線打電動，一邊跟他朋友訕笑他剛剛是怎麼羞辱我。原來在他的心中，我那麼不堪，只是很有利用價值而已。

如果上一任男友是小氣鬼，那麼這一任就是恐怖的厲鬼。一惹他生氣，他會馬上發一張黃牌給我，展開爲期一個月的冷戰：不聯絡、不見面、不對話、不訊息、不通話，他就像是從地球上消失一般。

這種黃牌前前後後我一共吞了三張，在他的世界裡，我跟他養的柴犬是同類，柴犬亂尿尿，就是二十四小時不能吃飯；我的表現一不順他的意，就是整整一個月不聯絡。冷暴力把我搞到失眠憂鬱，我生病了，睡不著，吃不下，一個人靜下來的時候會想哭，所以我開始看心理醫生，每天要靠吃藥才能入眠。

有一回他生氣，把狗狗放在櫃子的最高層處罰，我不忍看牠一直害怕發抖，鼓起勇氣幫牠求情，換來的只是一陣咒罵，當時腦海中閃過這樣的念頭，如果這個人是我孩子的爸爸怎麼辦？我不要孩子有這樣的爸爸！

相安無事的日子裡，週末我就是在他的婚紗工作室待著。當時我不只一次自嘲，我應該是全臺灣最想結婚，又進出婚紗工作室最多次的人，卻一直結不了婚。

他說過，他覺得我長得很普通，我想這是爲什麼他不肯幫我拍照的原因。他說要他幫我拍照可以，付錢給他他就幫我拍。當時聽到那些話，心就好像被刀一筆筆割著。現在回想起來覺得你是哪個屁？拍照技術有很厲害嗎？爲什麼要這麼囂張？要拍我自己花錢去韓國拍就好，幹嘛找臺灣的三流攝影師。

我想是因爲他一直貶低我的關係，我對自己的信心盡失。他上一個女友和我是完全不同型的人，身材高䠷、外表冷豔，還帶點風塵味。我試圖把他對我不好的原因，歸因於我的外在不夠美好。我認爲就是因爲外表不如她，他才對我百般嫌棄。

於是我開始在意起他的前女友，而且非常在意，我病態的把那女生公開在網路上的照片每一張都看完了，然後再病態地徹底否定自己。

因爲害怕他隨時走掉，我選擇加倍對他好，才能把他留在身邊。我一次次向他提出要求，希望可以在 Facebook 上顯示穩定交往中，我自欺欺人的以爲，至少那是個不會立即分手的最低保障。

我總是跟朋友這樣形容我們的關係，我們的身體沒有在一起，我們的靈魂也沒有在一起，我們只有 Facebook 上的個人感情狀態顯示在一起。

關於他的事蹟還有很多，像是搬家搬到一半，只因爲我不小心手肘碰到電視，他當場對我怒吼。當時我再也無法忍受地也對他吼了回去，結果他生氣衝出去，留下我跟搬家工人收爛攤子。

他也曾經因爲對我生氣，在冬天的夜晚把我鎖在門外，大半夜的我要怎麼回臺北？最後一次的冷戰，兩人失聯了一陣子，聖誕節的隔天，我突然接到他打來的電話，劈頭就是：「我們分手吧。」下一句接著提出警告：「如果妳敢對外散布我工作室的不利謠言，我會對妳提出存證信函。」

當下我愣住了，害怕地問了：「爲什麼？」他沒有給我正面答案。接著我只好問：「那錢什麼時候可以還我？」他說：「我有錢就會還，我是有跟妳簽借據嗎？我要選擇不還也可以。」

就這樣，我在他事業開始賺錢的時候被甩了。

分開後不知道日子怎麼過的，好一陣子都不想說話。我每天期待的就是禮拜一，因爲可以見到我的心理醫生，心理醫生是我當時唯一願意傾訴的對象。

他託人問過我，放在那邊的東西有沒有什麼要拿回去，一陣子後我想起那臺他根本就沒在用的咖啡機，於是拜託共同朋友跟他拿，想拿回家讓爸媽用。

當時我剛好從臺大醫院動完全身麻醉的手術回家修養，他竟然跟朋友說：「她不是有病嗎？有病去看醫生，不要在那邊亂，要咖啡機休想。」

看到這裡，一定很多人又會問：這是眞的故事嗎？

我想反問，編出這種故事有意義嗎？身邊的朋友都陪著我，幫我走出這一段非人的日子。

這又是一次因爲太想結婚而引發的重傷害。我也常常在想：這麼沒有愛的人，怎麼幫人拍婚紗照？

我的領悟是，當一個女生急著結婚的時候，對方什麼爛條件或不良習慣都可以接受。

兩個人在一起，對方的性格人品很重要，古人說的門當戶對或是實力旗鼓相當也很重要。如果我們條件比男生好，碰上對方心理不夠健康，爲了掩飾自卑，他們會僞裝自大，透過不斷地打壓貶低妳，好讓妳陷入他原本的自卑位置。

觀察一個男人的品行和脾氣，其實日常就可以窺探。如果一個男人很容易動怒，一生氣就會大飆髒話甚至動手捶牆，不用懷疑，那絕對是肢體暴力的潛在族群，這種人雖然情緒來去像風，下一秒可能就像患了失憶症一樣對妳親暱，但是拜託，快點離遠比較安全，我們爸媽生我們不是讓人糟蹋的。

聽說他後來交了新女友，酒店出身，外表非常豔麗，三十歲不到已經有一個念國中的孩子。他對她非常寵愛，還想跟銀行借錢幫她開服飾店。

諷刺嗎？我倒覺得反映了醜陋的人性。

只是後來聽說他也不堪新女友的揮霍無度，選擇分手。一年半前的某天半夜，他突然傳了訊息給我：「Hi，最近好嗎？」我回他的第一句話是：「你是帳號被盜了嗎？」

我簡單地和他隨便寒暄了幾句，也關心狗狗的近況。我不明白爲什麼他會想要跟我聯繫，但是我也不想搞懂他的來意。不過我很明白，透過字裡行間，他一定可以感覺我已經蛻變成一個全新的生命，光芒耀眼而銳利，他再也無法靠近。

而且壞掉的感情就像發酸的牛奶，再也回不去，誰會傻傻把垃圾撿起來帶回去？

人的一輩子總會遇到幾個頂級特渣，分手後到現在，已經有三群不同人馬跟我說：「他根本不喜歡妳，只是妳很有利用價值而已。」

也是啦，他偏愛那種模特兒身材又帶有風塵味的女生，我完全不是他會入眼的等級。過去我曾經因爲這樣徹底否定自己，覺得自己樣樣不如人，但是我現在覺得，什麼鍋配什麼蓋，不同平行線的人，不要硬走在一起。

夠好的男生一定可以發現我的好，如果把我和他的那些眾多前女友們一字攤開來讓孔劉選，就算她們每個腿都比我長，長得也比我美，我有信心，孔劉一定可以第一眼就挑到我，而且裡頭他願意挑的也只有我。

女人有時候很傻，一心只想著成就男人的成功，於是低聲下氣、忍氣吞聲，圖的是一個可以共同擁有的美好未來。我現在很討厭「每一個成功的男人，背後都有一個女人」這句話，因爲這句話其實隱藏了最重要的部分，它的原形應該是：「每一個成功的男人，背後都有一個————的女人。」————當然不會是什麼正面的字眼，大概都跟苦情悲戚、逆來順受有關。

別再以爲做更多可以換來更多愛，換來的往往只是更多輕蔑而已。

何苦委屈自己去當那個墊背的隱形蟲，等對方飛黃騰達時，把妳一腳踢開剛剛好。

現在的年代，追求的應該是「每一個成功男人的旁邊，都有一個旗鼓相當的女人」或是「每一個成功女人的旁邊，都有一個勢均力敵的男人」。

把自己的能力專注用來成就自己，就算沒男人，一樣可以活得閃閃發亮。

永遠不要拿錢出來成就別人的夢想，雖然我們賺的不是皮肉錢，但也是辛苦錢。別奢望拿錢給男人可以換來真感情，事實證明換來的都是傷害，還不如拿那些錢帶爸媽環遊世界。

現在的我已經完全走出當時的陰霾，而且覺得自己出奇美好。

透過不是他的鏡頭，才能拍出我的美；透過不是他的視角，才能看見我的好。

雖然他是婚紗攝影師，但是我的婚紗照，不會給他拍，我只想去韓國拍；我更不會跟他拍，我只想跟孔劉一起拍。

好慶幸那些黑暗的日子沒有無止盡蔓延，「謝謝我們之間，沒有一輩子。」

單人婚紗養成 Chapter 4. 謝謝老天，治好我的鬼遮眼

不管妳現在幾歲
時時刻刻都要提醒自己
千萬不要散發出急著想找個人進入婚姻的氣息

那種磁場很恐怖，很容易招來一整串心術不正的孤魂野鬼
生活就會變成月月都是鬼月，天天都是農曆七月天
無恥鬼就會絡繹不絕地上門討供品

一旦被鬼蒙蔽了雙眼，就開始距離地球表面很遙遠
下一站就直通地獄

社會新聞上說的渣男騙子都是真實存在的髒東西
再聰明的人也可能被鬼遮眼
他們不一定想騙色，不過終極目標絕對是騙財

回想起那段恐怖的經歷，到現在都還心有餘悸

還好我福報夠，眾神明都很愛我

很快就替我把厲鬼收走

所以我雙手合十，仰頭感謝：

「謝謝老天，治好我的鬼遮眼。」

三十六歲

並不是你長得其貌不揚，就是不會作怪的好人

無關愛情，這是一個撞鬼的恐怖驚悚故事。

一個女性朋友在我和渣男攝影師男友分手後，看我狀況很糟，主動介紹一個男生給我。她丟了他的照片過來，也簡述他的基本資料「一九七九年出生，身高一七九公分，體重七十二公斤，單身，任職新加坡航空高層，想婚」，如果光看個人資料不細看照片，會覺得這根本就是天上掉下來的禮物。

看完照片後的第一感想，我覺得這男的怎麼這麼面熟，好像哪裡見過？後來瞬間想起來，他根本九十九%神似「人類進化史」左側的猿類。白話一點說，就是全身除毛後，穿上衣服，穿越時空來到現代的山頂洞人。

朋友知道我是外貌協會的榮譽會員，主動提醒我，這一次不要再看外表了，找個對妳好的比較重要，再說，外表難看的也比較保險，至少不會作怪。

朋友牽線後，猿人立即展開猛烈的追求，非常殷勤，幾乎每個整點請安問好，就跟鬧鐘一樣。他也試圖掌握我的所有行蹤，不漏接我的每一趟行程。下午茶時間還會專程送點心到公司給我，也幫我切好水果、準備熱水。爲了拉攏我爸媽的心，他還特地跑去名店排隊，買了甜點要我帶回家。

所有一切眞的太不眞實，就好像白天見到鬼。過去都是我在服侍別人，現在怎麼地球翻轉了？

於是我決定把自己的雙眼戳瞎，選擇暫時性失明，努力忽略他是活在現代的山頂洞人。

他說很多人都說他長得神似李敏鎬，我想他的視神經可能異於常人，但是因爲我對李敏鎬沒感覺也沒研究，所以對於他的感覺錯誤可以原諒。如果他大言不慚地說他像孔劉，我肯定當場一拳揮過去。不過老實說，當時的我還不知道孔劉的存在。

他每天都問我要不要結婚，他說他好想結婚，他也好想跟我結婚。下半年就去結婚好不好？明天就去結婚好不好？

在他口中，結婚這件事情就跟喝水吃飯一樣簡單。

可能因爲他長得眞的很奇怪，再加上他的雙眼有斜視，讓我沒辦法久視，大部分相處的時間裡，我的眼神都放很空，沒辦法直視他的臉。心裡常常想：這眞的不是我的菜，這眞的不是我的菜，這眞的不是我的菜，可是我還是說服自己，不要再挑食了，再挑就沒東西挑了。

因爲渣男攝影師前男友讓我太絕望，當時竟然有一點報復的念頭，想證明給他看，我也有被疼愛的資格。再加上過去一路被打壓，現在遇到一個對我百依百順，身段軟得像太監的猿人，就不要太計較他的外表了。

關於他的職業，就跟朋友轉述的一樣，他說他在新加坡航空上班，擔任管理高層。當時我曾經閃過這樣的疑問，航空公司對於員工的外表，應該會嚴格挑選，新加坡航空怎麼會聘用一個猿類？還是因爲高層通常都關在辦公室裡，不需要第一線面對乘客，所以例外處理？

對應他的行蹤，他也確實經常出差，不過通常兩三天就飛回來了。爲了取得我的信任，他每次都會拍機票還有候機室的電子看板給我。只是當時我有特別注意到，爲什麼在新加坡航空上班，機票卻都是華航的？他給了我一個似是而非的理由，我也沒有繼續追問下去。

那段期間裡，某天我和爸媽一起到桃園機場送弟弟一家人返美，他馬上丟了一個訊息過來，上面是他猜測弟弟搭乘的航班名稱還有出發時間；他也常常喃喃自語說出一些號稱是航空術語的東西，刻意強調自己專業的形象。

一天下午，他傳了一個檔案給我，打開一看，是一份公文的封面，上頭打著「新加坡航空檢討報告書」。問他那是什麼，他說他正在針對一次飛安事件進行檢討。

當時我腦海中冒出好多個爲什麼，爲什麼新加坡航空內部的公文會這麼醜，連個企業商標都沒有？而且字體還是新細明體？爲什麼會用中文而不是英文來撰寫報告？大企業的內部公文應該會用系統來撰寫，接下來才能跑內部流程，他爲什麼會用 word 來打文件？如果說那是一份飛安檢討書，爲什麼會連航班名稱還有航班時間都沒有？

就算心裡有千百個爲什麼，我還是決定不糾結，反正介紹人都已經說他是新加坡航空的員工了，應該不會有錯。

一開始他就告訴我，除了正職之外，他還有經營副業，讓他賺了很多錢。對於他所有的一切，我沒有過問太多，也沒有想過要深入了解。我總覺得每次他在我身邊的時候，我都處於一種身心分離的狀態。

每回經過板橋特區的豪宅地段，他都會指著同一棟大樓跟我說：「我爸媽住在這棟八樓，我們現在要不要上去跟他們打個招呼？我爸媽很想見見妳。」我從來沒有說好。

說不上來爲什麼，我總覺得這個來自舊石器時代的生物怪怪的，身上聚滿了許多難以解釋的光怪陸離。像是他有兩個英文名字、上班好像閒閒沒事幹，一直瘋狂拼命打電話給我、號稱沒有 Facebook 帳號、時常突如其來的出差。我要他交出身分證，讓我看看背面的配偶欄位是不是空白，他也永遠拿不出來，他說因爲他媽要把一間房子過戶給他，所以身分證暫時放她那裡。

讓我瞠目結舌的是，清明掃墓他足足掃了四個禮拜。如果把他的行爲轉化成數學問題，根據他的說法，每個六日他早上下午都會各掃兩個墓，四個禮拜下來，等於一共掃了三十二個墓，我當時覺得，他家的往生者怎麼這麼多？

但是女生總是這樣的，對於愛的人，說什麼都會想要打破砂鍋問到底；這種不太上心的，就會選擇睜一隻眼閉一隻眼，就算有什麼奇怪的地方，也不會很在意，整個人進入一種苟且過日子的狀態。

第二個月開始，他病態的性格跑出來了，每當我對他有質疑，他就用大哭來回應，或是責備我讓他很失望，他要馬上開車去死。

他知道我的心理醫生很帥，開始對我情緒勒索，說他對我這麼好，已經讓我從上一段感情的陰霾走出來，他希望我可以答應他，不要再跟心理醫生碰面了。

一次他送我回家時，我決定誠實告訴他，對他我真的沒辦法，就到此爲止吧。

十五分鐘後，我收到他的訊息，他說他在北海岸準備要跳海。當下我很錯愕，我家在臺北市區，十五分鐘怎麼可能瞬間移動到北海岸？他是又再次穿越了嗎？當天睡前我把手機關機，隔天一打開，九十三通未接來電。一走出家門，他就在外頭堵我，那種感覺眞的就像白天撞鬼一樣，讓我毛骨悚然。

他知道我要求攝影師前男友把我借他的錢還給我，他開始裝窮，說他的副業突然出現危機，周轉不靈需要一筆錢，還裝可憐說，他每天只有二十元吃飯。

因爲他眞的長得太醜又太怪，把我的大方嚇跑，所以我死守我的錢，說什麼都不願意跟他共享，碰面時頂多丟個五十元銅板或是百元鈔施捨他，我想這樣買個便當還有找。

我常常感覺到茫然，我不明白爲什麼我根本不喜歡這個人，他的存在甚至讓我渾身不自在，我卻還要強迫自己僞裝成可以接受他的樣子。

我不知道未來該怎麼辦，也不知道下一步要怎麼走，所以跑去捷運大橋頭站附近，找了一個網路上小有名氣的張姓占卜師解惑。沒想到那位大師竟然跟我說，這個男生是來報恩的，要我對他好一點，如果我繼續以貌取人，一定會遺憾終身。

當時公司停車場的管理員是個女生，某天她把我叫住，開口問我：「常來找妳的那個男生是妳男友嗎？妳要小心他喔，他是我之前 WeChat 認識的朋友，我們一起吃過飯，喝過咖啡。他說他出入都有黑頭車接送，但是我後來竟然在附近的市場看到他騎了一臺很破的機車，還戴著很爛的安全帽，身邊跟了一個中年女生。他有看到我，但是裝做不認識，還故意撇過頭去。」

我質問他停車場管理員究竟怎麼一回事？他竟然說，對方是因爲追求他不成，才惱羞成怒，惡意誹謗他。那一刻起，我百分之百肯定這個人很有問題，開始避不見面。

還記得那天是星期一凌晨，不知道什麼原因，半夜突然血尿。我不敢驚動爸媽，自己跑去家附近的醫院掛急診。隔天精神狀況很差，所以提前下班，也跟心理醫生請假，告訴他那天可能不能跟他碰面，我想回家休息。

猿人並不知道我提前離開公司，後來得知我人在市政府附近準備搭公車回家，他傳了一個訊息過來，訊息內容是那部公車的車牌號碼，當下我寒毛都豎了起來，馬上左顧右盼，好怕他就在我身邊。後來才知道他是透過手機ＡＰＰ查詢我搭乘的公車班次。

到站下車後，他馬上又傳了一個訊息過來，問我剛下車對吧？當下我覺得自己完全被監控了，他眞的是個非常病態的人，我已經受夠這一切。我堅定地告訴他，不要再來騷擾我了。

同一時間，好友利用人脈幫我查詢猿人職業的眞實性，果然，他根本不是新加坡航空的員工。

我狠狠拆穿了他的假面具，他卻狡辯是因爲他有祕密特務在身上，所以員工資料庫裡頭才沒有他。

他聲淚俱下地說，他要寄他新加坡航空的制服給我看看，證明他不是騙子，還會寄一個他偷偷爲了我設計的東西，還說那東西即將上市販售。

他自信滿滿地說：「妳看了那些東西以後，一定會覺得羞愧，而且感到後悔。」

包裹收到了，裡頭沒有半件制服，但是有一個大大的橘色絨布袋，上面跟棺材一樣，印了一個大大的「福」字，袋裡裝了一個很像巨型溜溜球的東西。我研究半天，終於理解原來那個鬼東西是USB充電暖暖包。

我想如果不是他把我當成智障，就是他眞的腦袋都是屎。那個橘色的爛東西是他精心爲我設計的禮物？而且春天過去就夏天了，誰會選在大熱天讓暖暖包新品上市？到底誰會買那種鬼東西？

我馬上用以圖搜圖的方式，找到那個垃圾的來源，淘寶貨，一個八塊錢人民幣。

我在電話裡拜託他不要再來糾纏我了，他又搬出另一套戲碼，說他爸媽指定這個禮拜要見我，要他帶我去板橋特區豪宅的家吃飯。他前前後後問了我數十遍眞的不去嗎？我都堅定說不。

終於，我的偵探魂被喚醒。

當天我查到那棟豪宅的電話，打到管理中心去，問了八樓住戶的姓氏。管理中心跟我說：「八樓是所有住戶的公共區域，沒有任何住戶。」

我也把他之前傳給我的所有機票照片，傳給出國專攻航空管理的大學學長看。學長只看了一張，就告訴我有問題，他說，每張機票上面的代碼都有玄機，可以看出票別。如果是員工優惠票，代碼會特別標示。這個猿人每一張機票上頭的代碼，都顯示只是一般的普通機票而已。

幾天後，我心血來潮，註冊了另一個 Facebook 帳號，試著用他的兩個英文名字搭配他的姓氏搜尋。結果，竟然被我找到了。我複製他個人頁面的網址，用我原本的帳號來瀏覽，竟然是無效網址。原來這個王八蛋一開始就搜尋到我的帳號，刻意把我封鎖。

我試圖從他唯一公開的照片的按讚名單，尋找蛛絲馬跡。意外發現，其中一個女生的大頭照竟然是跟他的合照。點進去她的個人頁一看，竟然發現了他們的婚紗照。

謎底揭曉，原來這個猿人已婚。

我從他老婆 Facebook 的好友名單，發現好多人都顯示在同一家公司上班，於是我大膽判定他老婆也是那家公司的員工。果然，他老婆是那裡的出貨員。二十分鐘後，朋友就透過關係，幫我取得他老婆的分機號碼。我馬上撥了電話給她，讓她知道她老公在外頭幹了什麼好事。我這才知道他們已經結婚五年多，那個王八猿人的家世背景、職業、學歷，通通都是假的，他眞正的身分是科技業的業務。

王八就是王八，王八不會覺得自己哪裡有錯。他還是繼續騷擾我，嚷嚷都是我的錯，說我辜負了他，說我從頭到尾都不愛他，他甚至還恐嚇要對我不利。

事情完全爆發的那天，正好是隔週的禮拜一。我在會談室裡，對著我的心理醫生哭得很傷心，我說：「我從來就沒有做任何對不起人的事情？爲什麼老天爺要這樣對我？」

我感到非常深層的恐懼，結束會談後，我對心理醫生說：「你可不可以陪我走出去，我好怕等等出去會看到他。」

醫院長長的走道，我每一步都走得好沉重。

那陣子爸爸都會到家附近的公車站牌等我回家，遠遠看到他的背影，好幾次都很想哭。我覺得我眞的很不孝，怎麼可以把人生搞得一團糟，爸媽一定很傷心。

爸爸後來有幫我打電話警告他，那個猿人根本是個卒仔，終於從我生活中徹底消失。

很少人知道我那段日子過得多麼灰暗，我陷入了重度憂鬱，覺得自己蠢得可憐。之前爲了向前任男友們證明我也值得被好好對待，就把禽獸留在身邊，現在全世界都等著看我的笑話了。

那些日子，好多時候眞的都有一種不如結束一切的衝動，我的生活沒有目標，只有絕望。多希望每天都是禮拜一，我就可以每天都見到我的心理醫生。我覺得全世界只有他能理解我，也只有他不會嘲笑我，更只有他可以溫柔對待我。

寫到這邊，我還是又傷心的哭了，那眞的是我人生中最大的汙點。我不能原諒自己怎麼那麼蠢，蠢到被騙，而且還是被這麼醜的人騙？雖然該守的都守住了，可是我還是好恨自己，恨到想讓自己瞬間離開地球表面。

有人會問：朋友怎麼會介紹這樣的對象給妳？是跟妳有仇嗎？其實這個猿人是介紹人的朋友要介紹給介紹人的，因爲介紹人當時一直對外隱瞞自己已婚的事實，很多朋友都不知情。但是因爲她已經是人妻身分，就把猿人轉介到我這裡來。

也有人會問：當初怎麼會沒有發現異狀？當一個人眞心要騙妳，就會搞得幾乎沒有一點破綻，要騙就會騙得很徹底。而且說也奇怪，當他刻意把很多不合理又不眞實的事情拼在一起，看起來竟然就跟眞的一樣了。

不過最關鍵的原因是，這個人實在是太醜了，醜到我一直無法眞正動心，所以我也沒有很用心去找些蛛絲馬跡。我只是把他當成炫耀的工具，結果卻讓自己傷痕累累。

新聞上常常會有高學歷女生被網路渣男騙的社會案件，我的劇情也差不多，只不過這個渣男是朋友介紹的。心理醫生當時問過我好多次：「妳爲什麼都不會恨妳的朋友。」我說：「因爲我現在的情緒還沒到那邊，我只覺得自己好糟糕好丟臉，大家都會嘲笑我對不對？」

不過現在我跟介紹人已經不是朋友了，就算她當時不是惡意的，但是因爲看到她就會讓我想到那段遭遇，所以我寧可選擇遠離。

一個年紀和我相仿的朋友也有類似經驗，一天她突然跟我說，她認識了一個條件非常好的英國男生，在Facebook 上主動加她好友，看起來不像假帳號，因爲連續幾年都有持續發文。那個英國佬分享的照片，都是去高級餐廳喝紅酒吃大餐，或是和一群同樣看起來很體面的英國男人的開會照。

那男的每天都會定時跟她請安，從「Good Morning」、「Good Night」，講著講著變成了「I Love You」，最後還說要來臺灣找她，也發了一些照片給她，說那些都是他準備要送給她的禮物。

朋友開心和我分享的當下，我心裡警鈴大響，直覺不對勁。因爲被騙過一次之後，我已經有抓鬼的靈異體質。我請朋友要求對方，能不能拍一張禮物的大合照過來，不要單張單張的傳。那個英國佬這時候還在那邊Baby、Baby 叫個不停，問我朋友爲什麼要這樣？

同時間，我利用以圖搜圖的方式，發現禮物裡頭的一個名牌包，正在Amazon上面販售，那個名牌包禮物的照片，是英國騙子從拍賣網頁上抓下來的。就這樣，我成功救援了一個差點走進火山的孝女。

跳出來看，要是那個英國騙子眞的條件那麼好，幹嘛跑到網路上特別鎖定亞洲女生，每天重複講一些國中英文課本第一冊裡頭出現的句子？

後來我花了很多時間，讓自己好起來。我想分享給所有大齡未婚女子的慘痛領悟是，當妳急著想找人結婚，身上就會散發一種專門召喚髒東西的磁場，吸引王八、豬哥、下三濫入侵。

千萬不要讓「想結婚」的念頭，把自己拉進地獄，很多渣男就是看準這個弱點，幹盡骯髒齷齪事。他們只要把「結婚」動不動掛在嘴邊，傻女生就會以爲終於找到了拯救自己的王子，就算他長得像青蛙，妳也覺得救世主終於出現了，雖然他條件糟了點，妳會反過來安慰自己，反正人生本來就不完美，學著睜一隻眼閉一隻眼就好。

很多時候，妳看到的表象不一定是眞實。我也不是沒有懷疑過他非單身，不過因爲他手機螢幕永遠都是我的照片，看起來應該身邊沒有其他人。但是回過頭看，他都有時間搞那些有的沒有的東西來騙我了，每次見到我之前，花個三秒切換一下螢幕桌布不是什麼大問題。

這眞的是一個撞鬼又被鬼遮眼的經歷，我不禁讚嘆，中國古代流傳至今的面相學是眞智慧。看起來雙眼塌陷、眼神斜視、沒有鼻梁、嘴脣特小的人，組合起來就是不吉祥。

我不反對多認識對象，因爲當不成情人，也可以多一個朋友。但是千萬不要因爲是朋友介紹的，就少了戒心，因爲很有可能朋友牽起的不是月老的紅線，而是死亡交叉線。也不要對別人傳達的資訊照單全收，一定要處處抱著偵探精神。

身分證很重要，一定要看身分證，雖然身分證可以造假，但是至少在改版前，還是可以稍微辨識一下對方已婚還未婚。不過有一點要注意，請特別留意「發證日期」，如果是非常多年以前，就有可能是拿了已經報廢的身分證出來招搖撞騙。

另外，一定要見過他的家人或朋友，如果交往一陣子，半個都沒見過，那眞的就是有鬼。當然也不要相信「我沒有用臉書」這種鬼話，就算沒用也會有帳號；要到帳號還不夠，一定還要叫他加妳好友。「因爲我很少用，所以我們不用互加臉書。」這種鬼話，要是妳相信，眞的就沒救了。

我一直覺得女生的第六感都很強大，當我們覺得哪裡怪怪的，眞的就是怪怪的，絕對沒有什麼誤會或是多疑還是誤判。還有，絕對不要抱持著「醜的男生比較安全」這種錯誤想法，不然等到發現被騙的時候，眞的會超級幹。被帥一點的騙，至少不會那麼嘔。

這段過去，讓我一度非常痛恨自己，但是我終究靠著心理醫生的幫忙還有我自己的努力走了出來。這次的鬼遮眼，是我人生中的最大汙點，都怪「想婚」的念頭讓我瞎了眼。

我終於大徹大悟，不管是戀愛或結婚，都要爲了自己，絕對不是想證明給誰看，更不是要賭氣讓誰好看。事實證明，當時刻意的晒假恩愛，事後的反作用力全部都彈回到我這裡，因爲朋友們全部都知道，我曾經被一個長得像山頂洞人的渣給騙了。

我好慶幸這個猿人一輩子不可能出現在我的婚紗照裡，不然現代版「美女與野獸」的組合就要再次上演。

並不是所有的穿越劇都是感人肺腑的愛情戲，我的版本就是最驚悚的恐怖片，男主角由狼心狗肺的山頂洞人飾演。

當我們年紀越大，越要用顯微鏡來看男人，我們的智慧和第六感就是最好的護身符。不要一聽到「我想跟妳結婚」就像被下了蠱，就算他是厲鬼也沒關係，哪怕是冥婚也可以。

經過這次的撞邪之後，老天幫我開了天眼，我現在擁有非常強大的照妖鏡體質，任何妖魔鬼怪出現在我面前，都會立刻被打回原形。

很慶幸我還在人間，最終沒有落入地獄，而且開始努力往天堂靠近。

我想就謝天吧：「謝謝老天，從此治好我的鬼遮眼。」

單人婚紗養成 Chapter 5. 最終回 謝謝你，讓我找回我自己

對你的好感，整整遲到了十五年

曾經想過，如果當時好好把握，現在的我們又會怎樣
可惜平行時空的故事，我們永遠都不會知道

你知道後來我曾經默默喜歡上你了嗎
我想答案應該是肯定的，因為你是全世界最了解我的人

那些流竄在我眼底的失落，或是隱形在文字間的嘆息
你一定都知道，你一定都看穿

如果沒有你，就不會有現在的我
那些有你陪伴的日子，雖然不燦爛，卻很美好

謝謝你，總是耐心地聽我說些什麼
謝謝你，總是在我最無助的時候給我力量
最重要的是：「謝謝你，讓我找回我自己。」

三十七歲

可惜不是你很好我也很好，我們就可以在一起

還記得那天，是二〇一四年十月六日。

渣男攝影師前男友當時對我的冷暴力還有言語暴力，讓我陷入了憂鬱，我持續兩個月睡不著也吃不下，病識感提醒我該看醫生了，我需要有人把我從黑洞裡拉出來。

腦中瞬間閃過了十幾年不見也好久沒聯絡的大學學長，於是在 Facebook 上頭找到了他的名字，打開了對話視窗，傳了訊息出去。

正巧那天他下午有門診，我提前下班，趕去醫院掛號。

一開門，見到好久不見的他，他對我說的第一句話是：「好久不見，妳沒什麼變，只是變好瘦。」我也笑笑對他說：「好久不見，你也是變好瘦啊。」

時間過得好快，上次碰面我們還是二十幾歲的年華，再次碰面已經快要四十了。

他跟記憶中一樣好看，還是那個看起來很溫暖、有質感的男生。只是我發現他的手指頭黑黑的，主動問他怎麼了，他只是淡淡的說，他剛做完化療沒多久。

認識他是在我大四那年，朋友把我介紹給他。他是一個非常優秀的人，有著韓國男神等級的身高和外表，也是高材生中的高材生，家庭背景又很好，是個找不到什麼缺陷的人。可是當時我就是覺得他好無聊，像杯白開水一樣，雖然清澈透淨，卻也無色無味。不過我喜歡跟他相處的感覺，讓我可以輕鬆自在做自己。

後來漸漸少了聯絡，只聽說他放棄了國外頂尖學校的研究所入學資格，選擇考進醫學院，把大學重讀一遍。

我讓他知道我當時所遇到的問題，也告訴他我可能需要心理諮詢，問他願不願意幫忙我。他卻告訴我，心理醫生不能幫認識的人看診。

因爲我的情況特殊，我沒有辦法對不信任的人敞開心胸，加上如果心理醫生長得不好看，我可能光看他的臉就開始犯憂鬱，沒辦法坦白吐露心事；而且我沒辦法跟陌生或是沒好感的男生共處一室，那會讓我極度不自在，產生幽閉恐懼症。基於以上種種原因，他要我讓他回去想一想。

思考幾天後，他覺得我們現在的生活圈完全沒有重疊，加上我們也很久沒聯絡，是比朋友還要陌生一些的關係，終於答應了。只是他和我約法三章，離開診療室以後，我們之間不能有任何聯繫交集。

因爲白天要上班，沒辦法趕上他的門診時間，所以他撥出了他的私人時間給我。就這樣不管晴雨、不管颱風、不管國定假日，他陪著我展開爲期一年多，幾乎從不間斷的每週一晚間會診。

每次下班後的趕路途中，都會因爲擔心讓他等太久而心急，但是他從來不催促我，反而提醒我慢慢來沒關係，注意安全比較重要。

別人有的 Monday Blues 我沒有，我總是期待禮拜一的到來，因爲我知道受傷的心可以被理解，可以得到安慰，可以找到出口。

他是最讓我安心的人，也是看過我哭最多次的男生。在連續經歷冷暴力、言語暴力，緊接著是駭人聽聞的渣男騙子，那些遭遇堆疊累積，讓我近乎崩潰，更別提後頭緊接而來共襄盛舉的恐怖追求者們。

即使他知道我有那麼多的陰暗面，也從不曾看不起我。

有一次我告訴他，我眞的好討厭有人總會自以爲善意的提醒，要我刻意隱瞞自己過去的遭遇，他們總會勸我，太誠實不好，如果把我的過去攤開，男生會卻步。他卻告訴我：「做壞事的人不是妳，應該感到羞愧的不是妳，一個眞正愛妳的人是不會在意妳的過去，反而會因爲知道那些，更加珍惜妳。」

想想可不是嗎，誰會自願被傷害？受害者的噤聲，到底是爲了保全自己的名聲，還是要維護父權社會對於女性形象的期待？應該被檢討的是加害者，爲什麼反過來要求受害者保持靜默？

他看出我感情一路走來始終跌跌撞撞，都是因爲我急著想結婚。

他不只一次問我：「妳爲什麼那麼想結婚？」前幾次我總是不假思索地回答：「我也不知道，但是我就是想結婚。」他卻告訴我，婚姻生活其實沒有想像中美好，一個人如果可以把日子過好也很好。

後來，我認眞思考了這個問題，終於有了答案，我告訴他：「因爲我想拍婚紗，我想辦很棒的婚禮。」

他繼續問我：「那拍完婚紗，也辦完婚禮之後的生活，妳想過會是什麼樣子嗎？」我才發現，我把婚姻想得簡單也膚淺了。

並不是結婚之後，什麼問題都解決了，很多時候，結婚反而是問題的起點。如果沒有遇到合適的人，只是因爲不想再跟時間賽跑，就隨便抓個活人貿然結婚，下場就是，婚紗照笑起來都像在哭，結婚後每天都是末日。

他就這樣陪了我一年多，給了我很多強大的力量。看診期間，一度我又要去醫院報到動手術，那次會有一小刀劃在臉上。他知道我雖然不靠臉吃飯，但是很在意自己的外表，一直要我不用擔心，因爲臉部神經多，加上臺大醫院外科醫生的縫合技術很好，那個一公分不到的傷口，不會留下疤痕。對於我一直很在意的身體問題，他也不只一次說：「那個眞的沒有什麼，其實妳不用在意，現在人或多或少都會有一些文明病。」那些點滴，都讓我慢慢回歸到我該有的自信位置。

後來無意間得知，在我之前狀況最糟的時候，他的病情又出現變化，當時也正在談離婚。

我覺得好殘忍，很難過他在自己身心都受創的情況下，還要承受我那麼多的低潮和負面情緒，而且他沒有因爲自己狀況不好，就丟下我不管。

漸漸地，我越來越好，現在的樣子開始慢慢出現。

一陣子過後，他看診的狀況開始不穩定，先是暫停一次，接著是改時間，幾次之後他告訴我，他的癌症好像又復發了，狀況不是太好，他需要靜養休息。

就這樣，我結束了心理諮商。

幾個月後，聽說他病況好轉，我約他一起吃飯。我們之間再次切換關係：從一開始的學長學妹關係，切換到醫病關係，現在又調整到朋友關係。

再次見面，他脫掉了醫師白袍，我發現他穿上衣服跟脫掉衣服時，講的話很不一樣。他說當初他早就知道山頂洞人是騙子，我問他爲什麼不即時點醒我？他告訴我那是醫生專業不能做的事。他還說，其實我每個男友都很有問題，他眞的不知道我當初爲什麼要跟他們在一起。

和他相處的每分每秒都很自在，不需要僞裝，想說什麼就說，想做什麼就做。可能是一路走來產生的依賴，停診後，我只要一發生不開心的事情，像是跟媽媽小口角、遭遇職場性騷擾、被人夫光明正大示愛、碰到恐怖追求者死纏爛打，這些我通通都會跟他說，他總是有辦法第一時間就讓我的情緒穩定下來。

每次出去，他總會默默把帳單付掉。三年前他生日，說好要請他吃飯，結果一不留神，就看到一個很高的背影正在收銀臺前結帳。這個舉動對於以前幾乎都遇到討債鬼的我來說，眞的很溫暖。

一回他去韓國參加醫學研討會，出發前，他問我有沒有想要的東西，我隨口說了：「幫我買衣服吧。」沒想到他眞的把我的話放心上，抵達韓國的當晚就跟我連線代購。看到他在東大門 Doota 傳來的衣服照片，問我：「這件可以嗎？」我覺得他好可愛，長這麼大第一次有男生幫我買衣服。雖然他挑選的款式不是我之前習慣的裸露風格，但是穿在我身上意外好看。

我想，對他的好感應該就是從那時候開始的吧。

他從來不會主動約我，但是只要我開口，他幾乎都會說好。一回我們討論到一半，哪天碰面好？哪裡碰面好？他突然對我說：「等等我要看診，所以一陣子不能回訊息，門診大概五點左右會結束。」

這個對他來說可能沒有什麼的舉動，卻給了我安心的力量。之前的男友們對於我的訊息，不是故意不讀不回，不然就是已讀不回。

而且隔了十幾年後，他竟然可以不問我地址，就順利開車把我送回家。我想我的某任前男友眞應該感到羞愧，他到現在都還不知道我家在哪裡，我想他也不在意，反正對他來說，我只是個極品工具人而已。

我問過他：「會不會有很多病患後來愛上你？」他安靜思考了幾秒之後對我說：「就算有我也不知道，因爲看診結束後，就不會再碰面了。」

那時候覺得自己好幸運，因爲停診後，我們還是朋友。

三年前我生日的那天晚上，我在LINE上頭對他說：「我今年的生日願望，是希望可以找到一個跟你一樣好的人。」沒想到他竟然對我說：「那妳要記得，千萬不要找個有絕症的，身體健康很重要。」

當下我崩潰哭了，只希望他可以一直好好的就好。

其實我很想跟他說，身體絕症眞的沒什麼，比起身體絕症，那些性格絕症的人才眞的應該遠離。

後來開始感覺，他似乎想和我保持距離，我想是因爲不喜歡我吧，我的存在已經對他造成困擾。我決定遵守「不打擾是我的溫柔」這句話的意義，所以我們慢慢地再次斷了聯絡。後來我成了念力無比強大的準孔太太，曾經對他的好感就隨著時間漸漸淡了。

有人覺得那是移情也好，有人覺得那是眞情也罷，其實我從來都不想把界線弄清楚，感情本來就沒有那麼絕對，唯一肯定的是，好感曾經存在。

或許正因爲好感只是單向的，沒有機會萌芽的感情，回憶起來反而帶有遺憾的美好。

我開始相信，人和人的相遇，都有它的意義。不管是好的緣分還是壞的緣分，不管是好的回憶還是壞的回憶，那些經歷都會幻化成能量，讓人變得強大。

很多女孩感情受創後，就開始一蹶不振、自暴自棄。每天睡不著也吃不下，唯一做的事情就是不停的自我否定。如果妳們覺得心生病了，請一定要去看醫生。身體不舒服都知道要趕緊看醫生，乖乖吃藥休息，心生病了，更需要溫柔呵護。

與其做一堆傷害自己的事情，不如勇敢去看心理醫生。我知道有些人還是存在「只有腦袋有問題的人，才需要看心理醫生」這類的想法，那是大錯特錯的偏見，我反而覺得，願意承認自己心生病的人非常勇敢。

我眞心喜歡現在的自己，我也從來不諱言，現在的我，是他幫助我重生的，也是他打造的。

我終於明白，我應該尋找怎麼樣的人一起過生活，人總要碰撞跌倒了很多次以後，才會知道自己適合什麼對象。

我們已經有兩年多不見了，我有多久沒跟他碰面，就有多久沒跟男生單獨相處。這三年多來，除了公事上的需求，除此之外，我拒絕跟任何一個男生一對一的獨處，他是唯一的例外。

miss_catherine_gong

710個讚

走過你走過的路，是不是可以更靠近你一點？

插畫illustrator：@LazyDon.2019

#凱薩琳孔 #캐서린공 #CatherineGong #幸福練習 #ORPHIC #單人婚紗 #單身婚紗 #單身精采 #我所走的每一步都是為了更接近你
#我會成為孔太太 #我是凱薩琳孔小姐 #等待加一或者不 #我和她們的單人婚紗故事
#插畫家illustrator：Don Ho #amagzing _ lazydon #lazydon.2019 @LazyDon.2019 @Amagzing.Amag

去年七月底，爸爸突然腦中風，當時很害怕的情況下，我再次主動跟他說話。就跟往常一樣，他讓我很快的平靜下來，也提醒我要好好照顧自己。前陣子媽媽重感冒半夜掛急診，我也是很慌張很害怕，深夜傳了訊息騷擾他。我有點無助地跟他說：「怎麼辦，怎麼爸爸媽媽一直這樣？」他安慰我：「長輩年紀大了，有時難免，也是有孩子都不管的，妳已經非常孝順了。」幸運的是，老天保佑，爸媽都康復了。

我曾經告訴他，總是會有人嘲笑我不自量力想要接近孔劉，讓我很生氣也很傷心。他充滿正能量的鼓勵我：「一個人勇敢追求自己的夢想沒有什麼不對，不要在乎別人的眼光，加油。」而且我知道他非常欣賞孔劉，那就表示這一次我眼光正確，沒有看走眼。

曾經我不停的自我否定，努力在自己身上抓錯，想找出一直不被善待的原因。因爲他一路的聆聽和陪伴，讓我終於開始善待自己，也好好愛自己。我開始相信，在未來的感情裡，我一定可以情緒穩定，不再忽晴忽雨。

最近一次對話，他對我說：「妳這麼忙，還是要多照顧自己喔。」我知道那是他一直以來都想對我說的話。他總是那樣，訊息都不冗長，卻很溫暖。

親愛的醫生，謝謝你。你成功把那個曾經爲了急著結婚而吃盡苦頭的人，像變魔術般，變成了現在的樣子。如果沒有你的幫忙，現在我一定還困在軟弱裡，不可能像鋼鐵般堅強；或許我也不會發現，時機未到的時候，單人婚紗其實比雙人婚紗更美好；當然更不可能有勇氣，一步步向孔劉靠近。

雖然孔劉占據了我心裡的九十九・九%的位子，但是我永遠都會保留那〇・一%的美好角落給你，希望你永遠開心快樂，身體健康。

「謝謝你，讓我終於找回我自己。」

單身快樂

那些兩性作家永遠不會告訴妳的真相

我曾經是朋友圈裡頭公認的「渣男磁鐵」，即使這樣，我從不奢望透過閱讀任何一本兩性作家的書，試圖改變自己的「渣男磁鐵」體質。就算作者主動送了簽名書給我，我也頂多快速翻閱，從不花時間細看。

大部分的兩性作家都是女生，我覺得見解精闢的眞的少之又少。除非她們有神通，否則很難完全洞悉男性，因爲女人永遠不可能看透男人，就跟男人一輩子都覺得女人好難懂一樣。

我「曾經」有一個兩性作家朋友，過去有些熟悉，現在我選擇陌生。

和她不再是朋友之後，一個曾經是她最要好的姊姊朋友，告訴我很多關於她的眞實面。

出名後，靠著業配文，她賺了很多錢，每篇的價碼是七萬臺幣起跳。紅了以後，她得了大頭症，不只對一些合作單位頤指氣使，身上還長出許多莫名其妙的偶像包袱。

她滾過的雙人床，遍及世界各地，有英國人、希臘人、挪威人、西班牙人、在臺灣的奧地利人、在臺灣的紐約人、知名已婚律師、知名已婚牙醫……還有現任男友，只能說族繁不及備載。

那些男人的存在，我部分有參與，只是沒想到原來都是那樣深入的關係。

知道後其實也不意外，只是覺得，如果沒有那麼貞節，就不要僞裝成聖女；黑歷史不想全面公開也沒關係，也沒必要把歷史全部大改寫。

我覺得有些錯亂，檯面上，她歌頌著單身的美好，感謝恢復單身的狀態，讓她重新找回自己；檯面下，她的生活始終離單身很遙遠，戰績輝煌的她，蒐集了一張又一張充滿禁忌誘惑的雙人床。

關於這些，從來不曾被踢爆，因爲她很懂得愼選對象。外籍人士不可能爆她料，知名已婚人士更不可能讓自己身陷桃色風暴，所以在粉絲們的眼裡，她始終保持完美的女神模樣。

因爲形象美好，加上她很努力把自己浸在充滿品味和格調的生活裡，知名品牌的業配，絡繹不絕地一檔接一檔。

有時會想，她那些單身信眾們，口袋如果不夠深，該如何跟隨她的生活步調？又有多少人仔細想過，她那看似充滿正能量的生活，是用多少金錢堆疊而成的？

網紅貴婦奈奈前陣子的風波，更加深我對兩性作家的看法。貴婦奈奈捲款上億落跑了，她和丈夫共同經營的醫美診所也惡性倒閉。許多粉絲信徒不只被騙了錢，信仰也瞬間被迫瓦解。她們怎樣都無法說服自己相信，原來這麼多年來，貴婦奈奈的貴婦形象，全是刻意營造出來的假象。

我又想起了另一個之前曾經教人「嫁人絕對不嫁小開」、崇尚「不婚萬歲」、主張「女人當自強」的兩性作家，最後竟然高調風光找了個小開嫁了，留下錯愕一片的信徒。怎麼到最後，她實際做的，跟她書裡寫的，完全是兩回事？

這幾個兩性作家，她們不停地販售希望，可是那些希望都好昂貴。

在她們身上，可以很輕易找出一些共同點：她們全身名牌華服、常常任性說走就走到歐美旅行、喜歡到米其林餐廳摘星星、熱衷品酒、聽爵士樂、看藝術電影……，那些被歸類成有水平有質感的事物，通通和她們生活產生連結。看著她們光鮮亮麗的樣子，我也曾經一邊羨慕，一邊檢討自己的生活層次是不是應該再提升一些。

可是我發現，那是別人的人生，一點都不是我想要的人生。我還是喜歡去韓國喝雞湯吃烤肉、買衣服習慣去東大門挖寶，總是先對老闆說「비싸요（好貴喔）」，殺價成功後再用「사랑해（我愛你）」表達感謝、有空時就追當紅韓劇，我眞心覺得，這樣平凡又簡單的生活，發生在我身上剛剛好，也很美好。

於是我決定不去追求別人的人生，每個人有自己的人生要過。那些兩性作家營造出來的範本，不會是唯一版本，有時候其實連她們自己都做不到，因爲那些都是照著劇本刻意表演出來的情節。

只是可悲的是，有時候表演出來的人生，看起來竟然更眞實；眞實到不行的人生，反而充滿戲劇效果。

對於那些兩性作家網紅的人生，不需要羨慕，也不需要嫉妒，她們習慣活在舞臺上，很難走下來用眞我面對人群，也很難獨自回到後臺面對自我，她們的內心有時候比誰都要空虛。

也不要試圖模仿她們的生活，她們的人生，很難複製，因爲有時候眞實並不存在，所見的眞實，只是暫時「演」

出來的廣告。

提醒嫁人千萬別嫁小開的，最後風光嫁給了小開；表面貴氣多金的，最後捲款潛逃；告訴妳，單身很好，不要隨便將就找個人脫單的，私生活始終精采。

眞相大白之前，妳永遠不會想到，她們私底下和檯面上是兩套劇本同時在運作。在那個妳看不到的空間裡，她們早已脫稿演出。虔誠的信徒卻傻傻地被她們充滿正能量的樣子感召，誠心相信只要照著她們提供的聖經去做，就可以得永生。

把兩性關係過分簡化的兩性作家會傳授攻略，告訴妳如何和男人過招，可以輕鬆把自己嫁掉；言行不一的兩性作家會不停對妳洗腦，主張新女性結婚幹什麼，結果她自己跑去結婚；視錢如命的兩性作家會告訴妳，生活就是要這樣過才有品味，然後用一篇篇的業配文來搜刮妳的錢，最後肥了她卻瘦了妳。

原本期望透過她們的文字學習和男人相處，或是學著怎麼生活，大量的文字閱讀後，才發現根本偏離眞實很遠。兩性作家這個頭銜發展到後來，已經悄悄變成進入業配世界的門票，開始什麼都賣、什麼都不奇怪。

製造夢想，是她們收入的來源，如果她販售的夢想妳無法購入，她會說妳應該要再更努力。漸漸地，粉絲頁變成了購物頻道，信徒不只掏心，也開始掏錢。

朋友們說，我也很擅長描繪兩性相關的主題，其實我從來都不覺得我在寫「兩性」，因爲我只懂「女性」；而且我認爲女力應該覺醒，女性了解自己的需求，遠比滿足男性的需求重要。

我不會說：「單身很快樂，爲什麼要結婚？」我主張：「如果結婚不能更快樂，爲什麼不單身？」

如果問我，將來的某一天，怕不怕自己的黑歷史被公開？說眞的，一點也不，因爲我所有的黑歷史，早就已經通通寫進這本書裡。

細節一點說，雙人床我從來不亂滾，衣服我也不亂脫；我從來沒跟小開交往過，因爲小開看不上我，我眼裡也看不見小開，我跟小開之間人鬼殊途的，沒辦法走在一起。

我也不會假裝自己有多麼了解男人，我從來就搞不懂也摸不透，過去才會像個渣男磁鐵一樣，不停吸來髒東西；我也沒那本事花男人的錢，過去幾乎都是男人來搶我的錢。

我人生中最大的汙點。就是三十歲後，因爲急著想把自己快點嫁掉，好幾次把王八當王子。

性格上，我脾氣一向不太好、性子很急、嫉惡如仇、愛恨分明、不能容忍一點點的不公不義；對喜歡的人很好，對討厭的人很壞、生氣時會罵髒話，跟好友說話也會說髒字。不過最近一個姊姊善意提醒我，孔劉的太太是不能說髒話的，所以我努力修正中。

我沒辦法像那些兩性作家一樣，總是保持優雅，大部分的時間我很蹦跳；但是我最自豪的是，我寫出來的東西都是眞實，而且超級眞實，這個從之前粉絲頁的留言就可以窺探，時不時就會有我的朋友跳出來回應：「這個我有印象」、「這段我有參與」。只能說，眞的假不了，假的我也寫不了。

這年頭，誰不愛面子？會把自己過去的醜陋人生挖出來給別人看的，眞的不多；我相信任何一個離婚的兩性作家也不會坦承當初離婚的眞相，所以說什麼都不要羨慕別人餵食給妳的人生假象。

別人的人生，是別人的，不要把別人看似美好的人生，複製貼上在自己人生裡。

不管單身、非單身，不管結婚、不結婚，只要是可以給自己帶來快樂的選擇，就是當下最好的選擇。

on
1544-4610

miss_catherine_gong

1025個讚

我相信，有一天，我們一定會用最特別又美好的方式相遇。

插畫illustrator：@LazyDon.2019

#凱薩琳孔 #캐서린공 #CatherineGong #幸福練習 #ORPHIC #單人婚紗 #單身婚紗 #單身精采 #我所走的每一步都是為了更接近你
#我會成為孔太太 #我是凱薩琳孔小姐 #等待加一或者不 #我和她們的單人婚紗故事
#插畫家illustrator：Don Ho #amagzing _ lazydon #lazydon.2019 @LazyDon.2019 @Amagzing.Amag

親愛的壞老闆，單身不是我的錯（男老闆篇）

創業之前，我是白領上班族。

雖然我對奢侈品一點興趣也沒有，但是挑選公司時，卻很在意是不是名牌，一定要是有名的大公司才可以。工作了十幾年，在很不景氣的大環境下，不管是月收入或是年收入都不差，應該可以把六成以上的臺灣男人甩在後面。但是工作能力好並沒有讓我得到該有的尊重，我的「單身狀態」常常替我帶來不合理的對待。

我的最後一份「上班族」工作，是在一家大型企業，公司大老闆是臺灣首富之一。我的頂頭上司B先生，雖然快年過五十，看起來依舊文質彬彬，身材一點都沒有豬附身的現象，是個「不算帥，但是還能看」的已婚男子。

一開始，我們相處還算融洽，雖然他講話有點機車，情緒起伏有點大，當我們對於一件事情有不同看法時，他習慣性拿出主管的威嚴，要我認同他的觀點才是對的。對於那些我都還算可以接受，畢竟比起八十％未婚或是失婚的高齡女主管來說，他算正常人了。

他當時又是怎麼看我呢？應該就是一個很聰明、很有個性、很有想法、不畏強權、面對不公不義會暴走、單身了好一陣子的大齡女生。

相安無事的日子沒有持續太久，某天下午，坐在我身後的他，不直接召喚我，選擇傳了LINE訊息，問我那天晚上有沒有事。

他希望那天晚上我可以陪他一起去應酬，他想介紹一些「有頭有臉」、「對我未來職業生涯有幫助」、「單身」的男人給我認識。我告訴他，我沒興趣認識任何人，也不喜歡應酬，而且那天下班後我要趕去醫院，每個禮拜一晚上是我固定和心理醫生會談的時間，晚上十一點也已經排定了與美籍老師一對一的線上英文課，我不想在兩個既定行程的中間空檔硬塞一個我一點興趣都沒有的活動。

他眼看叫不動我，改口找其他理由。那陣子我們負責的新專案正好卡關，他說，去多認識那些人搞不好可以找到解決的方法。他再次強調那些人都是有頭有臉的人物，我只要去露個臉，打聲招呼，交換一下名片就好，不會占用我太多時間。

那天結束和醫生的會談之後，離開醫院時已經八點半。B先生一直用LINE催促我快點過去，還提出很過分的要求，叫我想辦法生個漂亮的蛋糕出來，因爲現場有人生日。我告訴他：「老闆，現在超過八點半了，麵包店都準備打烊了你要我去哪裡找蛋糕，而且還要漂亮的蛋糕？你們慢慢唱歌吧，我有點累，要回家休息了。」

他自知理虧，改口說蛋糕不用了，要我火速前往忠孝復興站的錢櫃KTV。

抵達錢櫃之後，電梯上樓，門一打開，遠遠就看到B先生已經在包廂外頭等候我大駕光臨，他滿臉漲紅，看到我走出電梯，馬上左搖右晃向我走近，伸出了他的右手，理所當然地搭上了我右邊的肩膀。那一刻我覺得噁心，好想對他大吼：「老闆，請拿開你的髒手，謝謝合作。」但是還是忍了下來。

一走進包廂，我的老天爺啊，現場大概有十五名左右的中年男人，還有兩個衣不蔽體的辣妹。B先生繼續攬著我的肩膀，開始和大家介紹我，還特別強調我單身喔。緊接著他向我一一介紹現場那群所謂有頭有臉的人物，究竟是何方神聖。結果每一個幾乎都是Microsoft的業務，那瞬間我好想大喊：「我用Mac Pro，你介紹給我Microsoft的業務做什麼?」而且他有頭有臉的定義好像跟我不太一樣，我Facebook一打開，好友名單隨便一滑，都可以輕易找到一個更符合有頭有臉標準的男性友人。

接著他說了一句值得我賞他巴掌的話：「你們不要看她個子嬌小，但是她的學歷可是現場最高的，而且她躺著也最高。」

「躺著也最高、躺著也最高、躺著也最高、躺著也最高、躺著也最高、躺著也最高、躺著也最高……」這句話就在我耳邊餘音繞梁，我很清楚，我被「言語性騷擾」了。

我是一個不太會隱藏情緒的人，臉瞬間沉了下來，但是很快地讓自己恢復正常。接下來整場還是不時可以聽到各種不入流的黃色笑話，那群男人好像在舉行黃色笑話比賽一樣，每個人手舞足蹈、比手畫腳，臉上盡是猥褻。至於那兩個辣妹呢？她們的表現比我稱職多了，一直主動把身子貼向不同的男人身上。

我想換到一個左右兩側沒有男人夾攻的位子，才一起身，沒走幾步，不知道哪個王八的手摸了我大腿一把。天哪，我又被「肢體性騷擾」了。

當下我知道我無法再忍了，拿了包包，跟現場那些「大人物們」道別。

那天開始，對於B先生的印象徹底崩壞，覺得他根本就人面獸心，是個酒後會失態的髒東西。

隔天一大早B先生和我在外頭有一個外部會議，我們分別出發。會議中，我覺得他還在宿醉，神情看起來很糟。我發現我已經完全沒有辦法直視他，打從心裡覺得這個人好噁心。

結束會議後，正準備走出大樓，他指了一個擦身而過的中年男子，問我知不知道他是誰？我聳聳肩，搖搖頭。沒想到他竟然態度很差的開口說酸話：「妳昨天只待一下下就離開了，當然不知道他是誰，他可是微軟的業務主管。」

當下我無法再忍，在南港展覽館的對街大樓前，對他大吼：「我是來上班的，不是來賣的，我不是酒店小姐，請你放尊重一點。我昨天已經有出現了，你還想怎樣？你憑什麼指責我待多久？」他也沒在客氣：「妳不要不知好歹，我介紹有頭有臉的人物給妳，妳應該感謝，多少人求之不得。妳只去一下下就離開是怎樣？我告訴你，我叫妳去妳就得去，我是妳上司，妳沒有權力說不。」我整個要腦充血：「我有頭有臉的男性朋友很多了，不用再錦上添花。公司付我錢是要我好好上班，你下班後跟其他男人去應酬，是你自己的事，跟公司一點關係都沒有，請不要公私不分。Microsoft 到底跟我們現在做的哪一個專案有關？」

面對我的不受教，他像一頭發狂的獅子，我終於忍不住大喊：「你昨天在那些男人面前，告訴他們我不只學歷最高，躺著也最高是什麼意思？而且你的其中一個有頭有臉的朋友，黑暗中還摸了我的大腿一把。」他愣了三秒，做出回擊：「我沒有說過這樣的話，妳拿出錄影證據來啊，我跟妳的認知不同，妳拿出證據來啊，證明我有這樣說過。」還強調：「我的朋友都是正人君子，不可能會有人摸妳大腿。」

如果不是你朋友摸的，難道錢櫃KTV包廂鬧鬼嗎？

我懶得跟他爭辯下去，掉頭就走。回到公司後，他還沒回來。一會兒之後，他傳了LINE訊息給我，說要跟我聊一下，要我下樓去。上了他的車後，他態度變得和緩，試圖爲自己辯解什麼，也一直強調他絕對沒有說過那句話。

我告訴他，我沒有幻聽，也沒有幻想症。前一天他們要灌我酒，我很不上道，滴酒不沾，全場最清醒的人就是我，他所謂的認知不同並不存在，因爲我說的就是眞實。最後他丟臉轉生氣，丟下一句：「那妳拿出證據，去人資那邊控告我性騷擾好了。」

「性騷擾」這個詞彙，終於透過他的嘴，第一次正式登場，我都還沒把這個詞彙套在他頭上，他已經等不急戴上去了。

我完全可以理解他的慌張，那陣子公司正好在宣導「職場性騷擾」，如果我眞的去告發他了，馬上就有新鮮的活體教材。

最後我還是沒有跑去人資那邊告狀，卻心裡有數，這份工作我不可能久待了，因爲我連跟他正常相處都沒辦法，只要看到他的臉，就覺得一陣噁心，瞬間想起那天晚上他對我開的黃腔，還有他手一直搭在我的肩上，以及他朋友用力摸了我的大腿一把。

接下來一個月，接連有兩場兩天一夜的企業講座，時間通通落在假日。他問都不問，直接點名要我代表部門參加，理由是「因爲妳單身」。

我不知道他是藉機報仇還是怎樣，但是我完全不能接受這種「單身歧視」，就因爲我單身，這種活動通通理所當然落在我身上。他好歹搞個抽籤或是輪流吧，哪有通通強迫我中獎。我的六日化爲烏有就算了，還不能申請加班費或補休假。

我告訴他某一個梯次我沒辦法參加，他態度很差地問我：「妳有什麼事？我叫妳去妳就要去。」我回他：「我假日的事情不用跟你報備吧，我就是有事。」

眞的莫名其妙，單身本無罪，爲什麼要這樣懲罰單身者？就算我單身沒男友，假日我也想多陪陪爸爸媽媽。我自己買房子，挑的預售屋都刻意選在距離原生家庭只有一分鐘距離的對街，就是因爲我想陪伴。

依照B先生的邏輯，沒有另一半，假日就等於沒事幹，只有另一半才需要陪伴。所以他都放任他的父母自生自滅？

終於，我連年終獎金都不要了，選在十月的第一天，告訴他：「我不幹了。」我是十月壽星，我想送給自己一份對得起自己的生日禮物！

後來回頭看這段經歷，他當初會指定帶我出場，表淺的層面來說，是看得起我，代表我長相過關，可以讓一群喝酒狂歡的男人滿意。我說啊，這個都要謝謝媽媽讓我長得不難看。

但是媽媽把我生得好，不代表我就該用我的外在取悅他們。今天公司付我薪水，買的是我的專業，我也只賣我的專業，我不賣笑，更不可能賣身。身為一個有品德的男主管，說什麼都不能為了滿足自己的利益或是私慾，逼迫任何一個女員工非自願性的陪他去應酬，或是對於任何一個女員工進行任何形式的性騷擾；女員工也不能因為懼怕威權，或是害怕丟了工作，就放任男主管予取予求。太多的忍氣吞聲不可能換來相安無事，不要臉的主管只會軟土深掘。

當我們在職場上遭受到來自異性的「性騷擾」或者「單身歧視」時，真的不是我們的錯，我們也不該接受。請勇敢把「不想」、「不要」、「不對」大聲說出口。如果狀態真的沒辦法改善，或是早已失控，請一刻都不要多留，快點離開，不然就是想辦法讓犯錯者離開。妳的尊嚴，再多錢都買不起。

「性騷擾」的認定標準是什麼，我傾向從嚴認定，而不是放寬處理。當一個人沒有經過妳的同意，卻自得其樂以妳的身體做為標的物，進行言語指涉或者實際觸碰，管他是輕輕摸一下，還是搓揉好幾秒；管他是輕輕摟肩，還是來個窒息式的熊抱；管他是假裝文人拐著彎說：「這女生躺著好高。」還是直接低俗的說：「喔，她奶子超大的。」不管是哪一種，只要讓妳有一絲一毫不舒服的感覺，性騷擾就已經成立。

至於職場上的應酬文化，整個部門的偶發性應酬當然說得過去，但是老闆獨自帶妳出場就不必了，他只是看得上妳的外表而已，潛意識裡他不只物化女性，也看不起妳。對他來說，妳存在的價值，就是給男人帶來爽度和歡愉而已。

這些人想玩還捨不得花錢請小姐，小氣又沒品。我們何必佛心，幫他們省下上酒店的錢。

我想，如果那一次我乖乖就範了，之後大概會被定位成「免費的陪吃陪玩妹」，而且配合度很高，保證隨傳隨到。那群豬哥們興致來的時候，混著醉意，黑暗中隨便摸一把也會覺得沒關係，搞不好還以爲我被摸得很開心。

職場上的應酬眞的很少有好事，但是有一種應酬，說什麼我都會想辦法跟去。

我的朋友 Mary，是 Asus ZenFone 的行銷部門主管，連續兩次孔劉來臺灣工作時，她都負責全程陪伴。她的手機裡有好多沒有公開過的孔劉幕後花絮，我只能一張張瀏覽，卻不能每一張都擁有。

我對 Mary 說過：「如果妳和我老公有應酬，可以讓我跟嗎？」

答案是：沒辦法。

因爲孔劉來的時候，從來都不找她們應酬，收工了就回飯店乖乖待著，眞的是極品好男人一枚，我果然沒有看走眼（握拳）！

miss_catherine_gong

710個讚

I·SEOUL·U

插畫illustrator : @LazyDon.2019

#凱薩琳孔 #캐서린공 #CatherineGong #幸福練習 #ORPHIC #單人婚紗 #單身婚紗 #單身精采 #我所走的每一步都是為了更接近你
#我會成為孔太太 #我是凱薩琳孔小姐 #等待加一或者不 #我和她們的單人婚紗故事
#插畫家illustrator : Don Ho #amagzing _ lazydon #lazydon.2019 @LazyDon.2019 @Amagzing.Amag

親愛的壞老闆，我絕對不要變成復刻版的妳（女老闆篇）

有時候，其實我們也怪不了別人，單身大齡女子的刻板壞形象，眞的其來有自，不是憑空捏造的想像。

當我問魔鏡：「魔鏡啊魔鏡，誰是討人厭的單身大齡女子？」

多希望魔鏡可以回答我：「查無此人。」無奈鏡子裡不只出現單一人物的靜止映像，而是流動的畫面，裡頭出現好幾張陌生又熟悉的臉孔，她們都是我歷代的女主管。

前幾年，Head Hunter 找上我，推薦一份某銀行總部的廣告行銷工作給我。Head Hunter 告訴我，那是新成立的部門，銀行端請她物色合適的人選，所以包含部門大主管都是從其他銀行挖角來的。

因爲薪水不錯，工作內容也有挑戰性，所以有點動心。下決定前，我問了 Head Hunter 最後一個問題：「那個大主管，她有小孩嗎？」，得到肯定的答案之後，我決定接受聘書。

當時會把「上司有沒有小孩」當成關鍵性問題，是因爲職場上也打滾久了，慢慢歸納出一個有趣的定律。

當妳的頂頭上司是個女主管時，最好祈禱她婚姻美滿。只要她日子過得幸福，妳的工作環境品質也會連帶受益，得到保障。

只要女主管有老公也有孩子，表定的下班時間一到，她一定速速撤離，因爲下班後，家裡還有一份相夫教子的工作等著她準時上工。

如果遇到了單身或是離婚的大齡女主管，妳最好培養預測她情緒變化的能力。該躲的時候要躲，該忍的時候要忍，才不會一不小心又淪爲出氣包。她可是至高無上的女王，我們這些貼身侍女存在的目的，就是達成她下達的所有指令，一分一毫的差池都不允許發生。

正式進入銀行總部之後，我懊悔當初根本問錯了問題。新的主管是有孩子沒錯，但是她離婚了，而且孩子歸前夫所有。失婚後的她很擔心未來一個人孤零零的老去怎麼辦，所以急著再找一個伴，而且指定要很有錢的伴。

她的英文名字和我一樣，也叫 Catherine。一開始她就給我下馬威，告訴大家，Catherine 這個名字是她專屬，命令其他同事統一叫我中文名字。

她的失控，是我見過最天理不容的一個。她把所有下屬都當下人，時不時歇斯底里的對我們獅子吼。她自己不下班也不讓人下班，LINE 訊息想傳就傳，不管上班日或是例假日，也不管清晨五點還是半夜兩點，她的訊息我們最好秒讀，不然下場會很淒慘。她每天都處於情緒極度不穩定的狀態，好像生理期一個月來滿三十天。

她看到其他同事戀情穩定，心裡就不是滋味，開始想盡辦法找麻煩；因爲她的生活窮得只剩下工作而已，所以六日我們也別想逃，不管她交辦了什麼，使命必達就對了；因爲她眞的很想找到第二春，時不時提醒廠商幫她介紹有錢的男朋友；因爲她是金魚的腦袋，所以只有金魚的記憶，朝令夕改，說過就忘，反正她永遠都不會有錯，千錯萬錯都是下屬無能的錯。

一不順心，她就在辦公室裡大呼小叫把員工當狗；最令人不解的是，農曆大年初二的深夜兩點，她竟然在部門的 LINE 群組裡頭，找大家討論年度行銷計畫。她的人生，宣布正式崩壞。

一個跟我要好的同事，成天和我一起被她荼毒，我們兩人覺得每天都像末日。當時聽隔壁部門的女同事說，有一個通靈師很厲害，可以解決所有疑難雜症。之前她女兒日日夜哭，整夜不睡，透過這個通靈師的幫忙，終於開始一夜好眠。

某天趁著整個行銷部全走光的時候，我跟同事偷走了 Catherine 掛在座位上的西裝外套，直衝通靈師那邊，讓通靈師對著她的衣服作法，據說這樣可以把她的魔性逼退，變成善良的正常人。

無奈，不知道是通靈師的道行不夠高，還是 Catherine 的邪氣太重，我們水生火熱的日子依舊繼續。

因爲失婚的關係，她對金錢極度缺乏安全感，所以處理公務時常常手腳不乾淨。當時我們部門掌握了全部的行銷預算，她當著我的面，在三家廣告公司的比稿結果上動手腳。她先看了其他人評比的分數之後，在她的評分表上，給了原本應該勝出的那間公司打上〇分，卻給了跟她友好熟識的公司一〇〇分，結果自然翻轉。媒體購買時，她也是不問成效，只看交情，還曾經逼迫我弄出一份假的數據成效，好讓她的採購過關。我不敢斷言她到底有沒有拿回扣，但是相對利益肯定少不了。

有一陣子她因爲車禍的關係，在家休養了一個月。獨居的她要求我們輪流幫她買東西、照顧她起居、幫她丟垃圾，洗碗，準備三餐。她把這一切的不合理都視爲理所當然，不打算支付我們代墊的費用。不過也從來沒有人會提醒她還錢，我們總是自我安慰的想，她在家裡遙控我們，遠比她在辦公室使喚我們來得好多了，至少上班時間不用持續看到她，那就是金錢都買不到的快樂了。

後來我決定不再忍受那種莫名其妙的生活，在離職單上的離職原因欄位，列出了她所有的惡形惡狀，也附上證據佐證。然後以電子郵件方式，傳送給部門副總以及人資長，順便發了副本給她。

同事告訴我，從我離職後開始，她就像被拔掉牙齒的老虎一樣，威風不再。

以這個 Catherine 來說，她的恐怖狀態絕對是病入膏肓等級。我聽說很多人身邊的單身大齡女上司，或多或少都有她的影子，只是程度輕重而已。

我回想起二十九歲時，第二份工作遇到了人生中第一個恐怖的單身女主管Ｍ。

Ｍ比我大幾歲，單身了許多年。那是一家非常有名的跨國外商廣告公司，Ｍ以身爲公司員工爲榮。因爲沒有感情可以寄託，工作是她生活的全部，所以六日她經常把我叫去公司陪她加班，就連一年的最後一天也不放過，就是不讓我去市政府前跨年看煙火就對了。

當時我們手邊有幾個客戶，其中兩個客戶，他們隸屬於同一家公司，那間公司旗下有許多產品，每一個產品都有各自的產品經理，每一個產品經理又會對應不同的廣告公司。

當年的合約幾乎都是一年一約，或是兩年一約，爲了收買客戶的心，讓客戶約滿之後願意再續約，每回只要客戶從臺南上來臺北，Ｍ就會拉著我陪那些男人應酬。光吃飯還不夠，吃完後一定要去ＫＴＶ；去ＫＴＶ續攤就算了，Ｍ還會示意我拿著鈴鼓跟三角鐵助興，我覺得自己好像酒店小姐第一天上班一樣。

總要聽著那些老男人說著一個又一個不入流的笑話，當時我很訝異，爲什麼Ｍ一點生氣的反應也沒有，相反的，還會嬌嗔的伸手輕輕撫摸那些男人的肩膀。

當中一個比較年輕的客戶，一直對我示好，M也知情。某個禮拜五的傍晚，我接到了那個客戶的電話，原本以爲他要跟我討論廣告素材，結果他問我什麼時候下班？他說他特地從臺南開車上來，想找我一起吃飯。

我隨便編了一個理由拒絕了他，掛上電話後，坐在我旁邊的M馬上數落我的不是，她認爲爲了公司，我應該要答應客戶的約會。客戶開心了，我們就能輕易拿到萬年合約。

當時我覺得可笑又難堪，原來物化女人的不只男人而已，女人也是幫凶。或許對M來說，工作是她的全部，爲了成全工作，她什麼都可以拿來交換，但是很抱歉，我完全不能認同那樣的價值觀。

繼那個恐怖 Catherine 之後，我的倒數第二份受僱的工作，又遇到了單身大齡的T。那是一間由六家臺灣前幾大企業合資組成的新創公司，組織分配非常奇特，身爲財務長的T身兼數職，不只要管錢，還要分身來管行銷，老實說我覺得非常不倫不類。

T的個性也是陰晴不定，經常擺出一張晚娘面孔，像冰霜一樣冷，只有面對總經理和董事長時，才會露出微笑。因爲她是財務長，最在意的當然就是數字。她不只一次對我和我隔壁的同事說：「公司給妳們這麼多錢，妳們的貢獻難道就不能多一點嗎？」

她也曾經在農曆假期之前，交付給我一個任務。她理所當然地說：「反正妳也沒男朋友，假期應該也沒事幹，就把這個完成吧。」

當時我雖然笑笑的回應，心裡卻髒話連連，好想回嗆她：「妳不也單身嗎？那妳農曆春節期間，給自己指派了什麼任務？」

不過也不是所有的大齡單身女主管都那麼沒人性，我就遇過一個人美心也美的好主管 Janice。她的經典名言是：「我不是嫁不掉，我是不想嫁。」因爲她一直都用很健康正面的態度來看待自己的單身狀態，也懂得不把全部的重心都壓在工作上，自然沒有成爲另一個經典款的崩壞版女主管。

只是以比例來說，四個大齡單身女主管裡頭，只有一個是正常的，換句話說，不良率高達七十五%，這樣的數字眞的很嚇人。

正因爲有那麼多的老鼠屎，社會上才會給大齡未婚女性貼上標籤，通常還會覺得，當一個單身女子在職場上的位階爬得越高，她的恐怖指數也越高。

回頭看看過去的經歷，我提醒自己，千萬不能步入那樣的後塵。一定要告誡自己「己所不欲，勿施於人」，說什麼都要打破「所有的壞婆婆，當年都是苦情媳婦」這樣的定律。

幾年後，如果我接近孔劉失敗，還持續單身著，我希望那面魔鏡不會變成照妖鏡。

當我問著：「魔鏡啊魔鏡，誰是世界上最討人厭的大齡女子？」

我希望鏡子裡不會出現我的倒影。

說什麼，我都不要變成復刻版的妳們。

朴寶劍見面會的A級特區門票

可愛的寶劍弟弟，四月時即將來臺灣舉辦二〇一九年的亞洲巡迴見面會。

開放售票那天，我人正好在韓國工作，原本懊惱著沒辦法搶票好遺憾，還好平時人緣不差，朋友主動幫忙。就這樣，我輕鬆得到了門票，還是價值五千八百元的A級特區座位。

不知道朋友到底怎麼搶到的，當天我同步連到售票網站，才開賣不到二分鐘，全部的票已經秒殺一空。

寶劍一直是我朋友圈裡的人氣王第一名，身邊好多女生朋友都愛他。有的早就淪陷，有的是最近看完韓劇「男朋友」之後才入坑。未婚的、已婚的、離婚的，沒小孩的、有小孩的，大家通通都愛他，完全走一個大小通吃，老少咸宜的路線。

在我們心中，他是一個可愛的孩子，一燦笑，就足以讓世界劇烈晃動。特別是他那雙清透的小鹿眼睛，擁有讓人心變得善良的能力，洗滌了我們這些被現實摧殘的老靈魂。

我們紛紛感嘆：年輕時怎麼就沒那種命，可以遇到寶劍這種等級的男孩，談一場純淨的戀愛？

我有兩個比我年長一些的好友，常常嚷嚷寶劍是她們的，其中一個還說：「姊姊年紀比較大，把寶劍讓給我吧。」可是寶劍又不是梨子，沒辦法搞「孔融讓梨」那一套。

大夥兒的小男朋友要來臺灣了，說什麼都要抽空去看看他。而且這回還有全場握手的福利，不去實在太可惜。

生活總是殘酷的，朋友裡頭，喜歡寶劍的人數加一加幾乎要超過兩隻手，可是最後可以去現場跟寶劍握手的，只剩下兩根手指頭：一根就是我，另一根是我一個已婚但是堅持不生的人妻太太。其他人通通只能忍痛放棄，選擇跟現實低頭。

如果妳有五千八百元，妳會優先拿來做什麼？

單身的我，處於一種「一人飽，全家飽」的狀態，不用顧慮太多，可以率性地拿五千八百元換得一張寶劍見面會的A級特區門票。爸媽知道後也沒說什麼，媽媽只是開玩笑問我：「又不是孔劉來，妳去湊熱鬧做什麼？」

我的那群媽媽朋友們，可就沒這麼自由了。一個已婚媽媽，她有一對雙胞胎女兒，就算她再愛寶劍，還是沒辦法不顧良心的譴責，拋下兩個女兒跑去緊握寶劍的手；而且雙胞胎什麼東西都要同時準備兩份才行，生活上的開銷足足多出了一倍，哪裡還有閒錢去看寶劍；另一個離婚媽媽也很悲情，她前夫每個月只願意負擔孩子一萬元的扶養費，五千八百元對她來說其實很大。如果爲了省錢選擇了後面的位子，在遙遠的地方望著小人國版的寶劍或是電視牆上的寶劍，又很心酸，還不如不要去。

我這才發現，原來生活中很多的難題，都是數學題；花錢的優先順序，就是生活重心的排序。

對一個新手媽媽來說，五千八百元她可以囤貨六百四十二片的嬰兒高級尿布，也可以買到十罐嬰兒奶粉；對一個上手媽媽來說，五千八百元應該拿來優先支付孩子四分之一個月的保母費用，或是孩子三分之一個月的幼稚園學費；對一個單身的女生來說，五千八百元可以是兩件洋裝或是兩雙高跟鞋的預算，甚至可以換得一張寶劍弟弟見面會的A級特區門票。

那些已經進入婚姻也育有小孩的人，做任何決定時，早已失去隨心所欲的任性，她們花錢以及花時間的計算單位，通通以孩子的需要爲主，自己的需要和想要變得不再重要。原本完整的空間和時間都被壓縮了，也失去了使用金錢的自由度。

就算經濟狀況許可，也要老公願意放行出門看寶劍，回家才不會鬧家庭革命；就算老公放行了，也要小孩同意讓媽媽出去透透氣。

我有一個貴婦朋友，眞實世界的老公不姓蘇，她卻自稱蘇太太，經常合成照片，讓她和她的女兒還有蘇志燮上演一家團圓。二月分蘇志燮來臺時，我很驚訝她竟然缺席。她告訴我，因爲她的女兒對她說：「媽媽，我寒假快要結束了，妳要陪我啊，不能丟下我去看蘇志燮，不然我會覺得妳愛他比愛我還要多。」最後她只能在心裡跟蘇志燮說對不起，兩人相約夢中再相見。

看到這裡，單身的妳，還會那麼羨慕已婚的人嗎？已婚的妳，有沒有開始懷念起單身時候的自己？

KANU LATTE
카누니까, 라떼에도 깊이가 있습니다
세상에서
가장 설레는
카페
발빠짐 주의!
Watch your step!
열차와 승강장 사이가 넓습니다.

miss_catherine_gong

1025個讚

你好，我想認識你。
我們可以一起喝杯咖啡嗎？

插畫illustrator：@LazyDon.2019

#凱薩琳孔 #개서린공 #CatherineGong #幸福練習 #ORPHIC #單人婚紗 #單身婚紗 #單身精采 #我所走的每一步都是為了更接近你
#我會成為孔太太 #我是凱薩琳孔小姐 #等待加一或者不 #我和她們的單人婚紗故事
#插畫家illustrator : Don Ho #amagzing _ lazydon #lazydon.2019 @LazyDon.2019 @Amagzing.Amag

一個男性朋友，經常對外宣揚他的古板思想，他認爲不管男生女生都要快點結婚，而且一定要生兩個孩子，還指定要一男一女，人生才能湊成一個「好」。對於他的論點我一直很不認同。他所謂的好，到底是裡子好，還是面子好？

單以這次的寶劍見面會來說，好多朋友想去卻不能去，就足以徹底否定他的主張。以結果論來說，單身最大，已婚無小孩的也不小；那些已婚媽媽和離婚媽媽，每一個都被迫拋下自己的私慾，才能顧全大局。

我相信放棄寶劍的見面會，只是她們生活裡的冰山一角，不是單一事件，更不是偶發事件。人妻人母的身分，讓她們時不時就得跟現實低頭，不只金錢上不自由，時間也常偷溜走，只好學著讓自己無欲無求。

但是我也很難斷言，到底是單身好，還是非單身好，因爲人生一直很公平，當妳得到了一些什麼，也開始失去一些什麼；當妳失去了一些什麼，也會相對得到一些什麼。

就像單身的我，雖然可以無後顧之憂的跑去看寶劍，但是那些媽媽朋友們，她們的孩子可能跟寶劍一樣可愛。滿分的人生從來就不存在，只是人心難免貪心，容易陷入羨慕的情緒。所以單身的人總是羨慕已婚的身分，已婚的人卻懷念起單身的自由。

人生從來就不可逆，所以非單身只能學著認命，怎麼說這都是當初的選擇；單身應該盡興，與其每天擔憂自己嫁不掉沒人要，不如讓生活豐富精采，因爲未來當妳從單身跨進非單身的那天起，現在的好日子都將成爲過去，再也回不去。

現在的我，已經學會和單身狀態相處愉快，這才發現自己過去一直把「結婚生子」列在人生待辦事項的第一位，眞的腦袋不夠清醒。如果說人生自有定數，很多事情急也急不來，盡情享受當下，才不會浪費生命。

各位身爲人母的姊姊妹妹們，不好意思啦，我們兩個年紀加起來上看八十歲的大嬸，就要手牽手去寶劍的見面會了。

從現在開始，我們每天都要拿出最好的護手霜來滋潤修護手部肌膚。就算我們的年紀全場最大也沒關係，說什麼我們的手都要最嫩，讓寶劍驚爲天人的嫩。

可愛的寶劍弟弟，我們四月六日「Good Day」臺北場見！

或許多少有一點「書到用時方恨少，愛到寶劍方恨老」的感觸，但是寶劍的美好模樣，還是彌補了我們年輕時候的失落愛情。

親愛的孔劉，請你不用擔心，我最愛的永遠都是你！

운 맛집
죽입니다
본죽
시그
니처
격이 다른 맛과 풍미
트러플전복죽
새로운 맛집 본죽

miss_catherine_gong

710個讚

Lucky 7，遇見你是我的大幸運。

插畫illustrator：@LazyDon.2019

#凱薩琳孔 #캐서린공 #CatherineGong #幸福練習 #ORPHIC #單人婚紗 #單身婚紗 #單身精采 #我所走的每一步都是為了更接近你
#我會成為孔太太 #我是凱薩琳孔小姐 #等待加一或者不 #我和她們的單人婚紗故事
#插畫家illustrator : Don Ho #amagzing _ lazydon #lazydon.2019 @LazyDon.2019 @Amagzing.Amag

愛情傲客

一念天堂，一念地獄。

妳只看得上完美的男神。
眼睛長在頭頂時，

把眼光放低時，
妳只看得到來自地獄的牛鬼蛇神。

「愛情裡，妳不當傲客，奧客就會找上妳。」

年過三十五歲之後，身邊總會有一些男性朋友勸我不要再挑食了，矮的、醜的、胖的、禿的，通通可以試吃看看。有吃有機會，不然等到更老時就沒得吃了，食物碰到我還會自動繞道，因爲我是老女人。

面對這樣的善意，都會讓我很怒，爲什麼年紀大了就只能吃腐壞的食物？年紀大了更要注重養生，我只想吃有質感的精緻美食不行嗎？

挑對象又不是在搞潛能開發，爲什麼要逼自己秀下限。

一個兩性作家曾經在她的直播中，分享最近有人跟她示好，她說：「女生都是這樣的，有人追就很開心。」

當下我愣了一下，滿頭問號，她說女生只要有人追就會開心，我一樣是女生，爲什麼我每次都開心不起來？我認爲比較正常的狀態，應該是看看來的追求者是什麼等級，再決定要不要開心。如果隨便一個追求者都可以讓我心花怒放，小鹿亂撞，那也太容易滿足了。

很多女生逛街買衣服的時候，龜毛的那一面從來沒在客氣，特別在意小細節。質料不好不行、線頭太多不行、有小黑點不行、會染色不行、有小破洞不行、釦子縫不牢不行、會起毛球不行、剪裁不好也不行、穿起來不好看當然更不行。

在現場東挑西揀的時候，店員搞不好早已偷翻了好幾個白眼，想說哪裡來的奧客。

可是買東西時一個樣，談起戀愛又是一個樣。買東西時，說什麼都要零瑕疵才肯買，談戀愛時，卻沒什麼原則，原本的那些堅持，通通可以不在意。

質料不好（素質不好、本性不好）沒關係、線頭太多（毛病很多、毛很多）沒關係、有小髒點（礙眼的言行）沒關係、會染色（沒定性，容易被帶壞）沒關係、有小破洞（過去有前科、素行不良）沒關係、扣子縫不牢（沒肩膀、沒擔當）沒關係、會起毛球（易怒、容易被惹毛）沒關係、剪裁不好（長相不端正、五官歪七扭八）沒關係、穿起來不適合（個性不合、外貌不搭、價值觀不同）也沒關係，反正就是所有的有關係，通通都沒關係了。

很多時候，我們把所有的將就都耗在愛情上了。

跌撞了幾回，吃屎了幾次，妳終於覺悟不能再將就下去，無奈身邊的人開始潑你冷水，勸妳年事已高，不宜再挑。

才不要管別人說什麼呢，現在我強烈主張：永遠都要把眼光放在頭頂上，這樣妳的眼界所及，才會都是如神一般的男人。要是把眼光朝下，妳只會看到從地獄爬上來抓交替的男人。

在關係開始的最初，說什麼都要當傲客。

「傲客」和「奧客」不太一樣，「奧客」囂張跋扈、歇斯底里、無理取鬧、不講道理；「傲客」有態度、有堅持、有自信、很挑剔、不妥協。

如果一開始不當傲客，之後就會被另一個眞奧客扣帽子說妳才是奧客，因爲交往前什麼都說好，交往後開始挑剔哪裡不夠好，時間序列根本就錯了。

「挑對象」某種程度上很像買東西，如果是現實生活認識的，就好比跑到實體店購物，所有東西都看得到、摸得著。如果買單前，沒有仔細檢查，帶回家後才發現是瑕疵品，遇到有良心的店家，不會爲難妳，要是碰上無良商店，說什麼都不會退讓。

如果是透過網路社群或者交友APP尋找新對象，過程就很像線上購物，快速瀏覽了一下商品介紹，覺得順眼就準備放進購物車，在正式見面之前就已經刷卡結帳，面交當天完全不驗貨，交貨日就是交往日。

我們的家裡不是回收場，更不是恐怖戰場，所以不是眞心喜歡的東西不要帶回家，不適合自己的東西也不要帶回家。

進入婚姻以後如果想反悔，難度更高，直接向店家申請退貨還不夠，雙方還要一同去戶政事務所報到，聽說還要再各付五十元，重新換一張配偶欄空白的身分證。更慘的是，一旦妳的名字曾經和另一個人產生連結，就算後來形式上已經切割，在旁人的認知裡，還是會把你們綁在一起。

不過可以退貨成功已經是萬幸，最慘的是「貨物售出，概不退換」，退也退不了，換也換不了，送回原廠也修不好，一輩子都毀了。

一直到三十八歲時我才發現，過去之所以一直不敢當「愛情傲客」，是因爲我對自己沒有自信。感情一路挫敗，讓我判定自己是天生的感情輸家，所以眼光越放越低，對象越找越爛。

爲了讓感情可以苟延殘喘得久一點，我身段也越放越低，百般容忍、用力討好，所有吃苦都當吃補，結果通通悲劇收場，而且每一段的情節幾乎大同小異。

不明就裡的人不會當我是受害者，反而可能看我一直複製貼上相同的劇情，覺得我才是眞正的奧客。

當我把目光鎖定孔劉，也完成自己的單人婚紗後，我整顆腦袋翻轉，傲到不行，再也沒有人可以踏進我的情感世界。過去那裡經歷幾次戰亂之後，曾經廢墟一片，現在已是人間仙境，只適合男神降臨。

我們都知道穿什麼樣的衣服、畫怎樣的妝，最適合自己，那麼妳好好想過怎麼樣的男人才和自己匹配嗎？拒絕「什麼都好」，日子才能過得好。

一件衣服我們頂多穿個幾次就不穿了，下手前都可以挑成這樣了，未來的另一半可是每天都要相處，不挑人生怎麼過？

當下的將就，未來都是要還的。對象的汰換率太高，自己的折損率也會提高。

「愛情傲客」是「愛情奧客」的頭號殺手，歡迎一起加入「愛情傲客」的行列。如果妳不知道怎麼傲，如果妳覺得妳傲不起來，那麼先把眼睛移到頭頂，再飛到韓國拍個單人婚紗，包準妳可以得到舉世無雙的傲！

不管我們現在幾歲，永遠都不要放棄挑的權利。而且不只要挑，還要用力挑。「買前傲客」，說什麼都比「買後奧客」高尚。

記得把眼光放在頭頂，才能遇到跟神一樣的男人。

因爲現在我的眼睛長在頭頂上，我只看得見孔劉，其他男人我都看不上。

請勿拍打，謝絕隨便餵食

妳不是單身動物園裡的動物，朋友餵食給妳的對象，請先搞清楚成分再食用。妳以為最安全的認識方式，往往可能暗藏危險。

前陣子，一個好友欣喜地跟我說，有人要介紹一個帥氣高大的男生給她。照片看起來，的確挺拔有型。對於跟他碰面，好友充滿期待，雖然還沒見到本尊，就已經被自己搞出來的一堆粉紅泡泡淹沒。

我在心裡默默記下他們即將碰面的日子，相親日當晚，我主動問她順利嗎？她告訴我，對方對她的態度不主動也不熱絡，感覺她不是對方的菜，對方應該對她沒興趣。

透過文字我沒辦法正確抓到她的情緒落點，但是依照我曾經有過的經驗，一定失望難免。

我告訴她：不要沮喪，朋友介紹本來就沒有保證成功的，而且對方又還沒有明確表達「妳不是我的菜」，在被正式賜死之前，都還有機會。

只是一邊幫她補信心的同時，我也和她分享，我現在完全不接受任何人試圖介紹對象給我的好意。因爲「那種妳以爲最安全的認識方式，往往暗藏危險」。

我自己就有過切身之痛。

我從不諱言前幾年朋友介紹了一個貌似山頂洞人的醜男給我，雖然他長得眞的很醜，但是我想朋友在介紹之前，應該做過基本篩檢。更何況長這麼醜還會想幫忙介紹，那表示他的內在應該是一片淨土。

殊不知後來發現，山頂洞人竟然是個已婚的渣男騙子。

從那時開始，我看清了一個事實，所謂的介紹對象，不過就是好心人士試著把手邊年份相同的存貨，湊合湊合罷了。

媒合成功了，婚禮當天可以賺到一個媒人紅包；媒合失敗了，介紹人也沒損失。願意被湊合的兩個人，應該早在正式見面之前，就已經取得對方的基本個資，一定是雙方都批准了，介紹人才有戲可以唱下去。

不管最後是否牽線成功，基本上「被介紹人」不太可能去苛責「介紹人」，除非事後發現「介紹人」竟然搞了一個人面獸心的傢伙過來。

大部分相親失敗的結果，如果不是雙方互看不對眼，就是「落花有意，流水無情」。動情的那一方很容易開始自我否定：我是不是哪裡不夠好，所以對方才看不上我。

可是拜託，你們才見過一次面耶，電光石火的喜歡，是不成熟的人才會有的衝動。

好友這回的患得患失，其實我也曾經歷，在她身上我看到似曾相識的自己。

先看到照片，再見到本人，一不小心就容易失控。如果對方刻意拿出一張比本人帥很多也瘦很多的照片來交換，就足以讓人想像無限；要是對方的職業再稱頭一些，在見到眞人之前，那些少到不行的線索就足以拿來腦補幻想。關於對方的人品、氣質、個性、聲音，通通可以憑空想像。想著想著，對方就被拼成了白馬王子的模樣，所以妳告訴自己，這次要是沒有把握機會，一定會遺憾終生。

見到本人後，就算照片有多失眞，或是簡直判若兩人也無所謂；妳甚至不太在意他的個性到底是討喜還是討厭，那些通通都沒關係，因爲早在跟他碰面之前，妳就已經暗自打定主意要喜歡這個人。

要是感覺到對方對自己沒有意思，就會失落難過，完全把接受或拒絕的決定權交給對方，卻沒有好好檢視這個人到底值不值得深交。

因爲我現在的目標非常明確，再加上現在的生活眞的過分忙碌，根本不想浪費時間刻意認識新朋友。而且被嚇過幾次之後，我內心已經產生很大的陰影。所以對於朋友的好心介紹，全部都堅定地：「謝謝，對不起。」

不過其實不需要像我那麼偏激，只要妳心態健康，腦補力不強，對於姻緣這檔子事也不猴急，那麼走出去多認識新朋友不是壞事。

面對朋友們殷勤介紹對象的善意，應該心存感激，那表示他們沒有忘了妳。但是感激別人的心意，不一定要收下實質的東西。

對於介紹人強力推薦的對象，不要第一時間就欣喜若狂地準備帶回家收藏，因爲介紹人不一定知道被介紹人在愛情裡的樣子。介紹給妳的對象或許是「他的好朋友」，卻不一定是「妳的好情人」。

單身其實很舒服啊，眞的不需要別人三不五時拍打妳肩膀提醒：「妳怎麼還單身啊，快快脫單吧。」妳也不是單身動物園裡的飢餓動物，就算別人見妳落單，獨自在園區裡走來走去，覺得妳一定正因爲找不到同伴而煩惱，所以隨手丟了手邊現成的食物給妳。在妳張口吞下以前，一定要先看看送到嘴邊的食物究竟是可食還是不可食，究竟是有毒還是無毒，絕對不能毫不猶豫地送進嘴巴裡。

「有一種餓，叫做朋友覺得妳餓」，對於別人送上的食物，如果無意識的照單全收，最後怎麼被毒死的都不知道。

身爲介紹人當然也要有智慧，就像我們都知道，不能餵狗狗吃巧克力、給大象喝可樂也有點不倫不類、拿爆米花請長頸鹿吃也很荒唐。再高檔的食物遞給不適合的人，是吃不出健康的。所以不要太雞婆，不要隨便代替月下老人牽紅線，要是促成不了好姻緣反而搞出一段孽緣，可是會被怨恨一輩子。

其實時機到的時候，會遇到就是會遇到；時機未到的時候，別人餵食再多，也全是垃圾食物。

多交朋友沒什麼不好，只是不要把別人試圖介紹給妳的對象，通通視爲「準男友候選人」甚至「準老公候選人」。

相親之前，人人平等，就算對方表現得對妳沒有半點意思又怎樣，妳也沒必要爲此難過，青菜蘿蔔各有人愛，搞不好妳在對方眼裡是五星級餐廳的等級，但是他只吃得起平價小館。

爲了一個原本素昧平生，只見過一次面的人，就開始自我懷疑甚至自我否定，太不值得了。

如果日子想過得清幽一點，或許可以像我一樣，掛個隱形的牌子在身上，謝絕別人的善意。

「請勿拍打，謝絕隨便餵食（孔劉例外）。」

miss_catherine_gong

1025個讚

可愛的小花店，我想買束花給你。

插畫illustrator : @LazyDon.2019

#凱薩琳孔 #캐서린공 #CatherineGong #幸福練習 #ORPHIC #單人婚紗 #單身婚紗 #單身精采 #我所走的每一步都是為了更接近你
#我會成為孔太太 #我是凱薩琳孔小姐 #等待加一或者不 #我和她們的單人婚紗故事
#插畫家illustrator : Don Ho #amagzing _ lazydon #lazydon.2019 @LazyDon.2019 @Amagzing.Amag

不完美，也很美

外表上的瑕疵又怎樣，比起性格上的缺陷，根本微不足道。我們每個人都是上帝的手稿，也是上帝的傑作。不完美，也很美。

寫這篇之前，其實我有些掙扎。

畢竟要把眞實的自己，血淋淋攤給大家看，需要很大的勇氣。哪個人不希望自己投射在別人眼中，是完美純淨的形象。

但是上帝造人時，不知道是馬有失蹄，還是慣性動作，總會放入一些不怎麼美好的元素，讓眞實的完美永遠不存在。

而那些不完美的地方，成了每個人必須面對的人生課題。

在部分人眼裡，或許我可以被歸類在人生勝利組。雖然個頭嬌小，但也算可愛。這兩年我甚至覺得自己矮得剛剛好，因爲孔劉說他喜歡小鳥依人型的女生；雖然年過四十，但是頂了一張不會老的娃娃臉，到現在都還有人猜我未滿三十歲；學歷攤開來，可以稱呼臺灣歷代總統學長或學姐；收入雖然不到富貴逼人，但是也不會太差，我一點都不需要依賴男人，反而害怕男人覬覦我過生活的爽度。

有些朋友不只一次問我：「妳條件明明很好，爲什麼談起戀愛來會那麼卑微？」

明明可以是女王的，爲什麼我總是習慣撿起女僕的角色來扮演？

其實過去在我光鮮的外表背後，藏了一個不見底的黑洞，總是和我形影不離，大口大口吞噬我的自信。洞裡無時無刻傳來聲音提醒我，其實自己很不堪、很醜陋。別人眼中的我，一直偏離眞實很遠。面對所有外來的稱讚，反而讓我更心虛、更自卑、也更難堪。

因爲基因突變的關係，青春期開始，我的臉上還有身體，開始不規則分布著密密小小的斑點，雖然面積不到一百%，但是也占了全身總面積的四十%左右，那樣就足以逼死人了。

每次望著其他女生潔白無淨的臉蛋，還有光滑潔淨的皮膚，我就會一邊羨慕也一邊自卑著，覺得爲什麼自己和別人不一樣，爲什麼我不能也是正常人，爲什麼我這麼不幸，爲什麼我這麼不漂亮。

但是問了一百個爲什麼，也改變不了我的狀況。

高中時，因爲基因突變引發的的症狀更明顯，雖然臉上斑點的顏色不會很沉，但是看起來就是霧霧花花的不透淨。加上當時我又圓圓胖胖的，所以班上一個男生每次都叫我「阿格里絲特（Ugly 的最高級）」，他的舉動根本把我往死裡打。

（這名男同學現在是名整型醫生，專門幫人抽脂，前陣子在公司樓下遇到他，得知他的診所就在我公司旁邊。看看他現在有些崩壞的樣子，我自認現在的氣場根本可以完全壓制他。不知道他還會不會像以前一樣，嘲笑病患的長相。）

所以我大一時就開始化妝。不需要太厚的底妝，差不多就可以蓋掉臉上八十%的瑕疵，身上的點點大多數也是分布在衣服可以遮掩的地方，所以大部分的時間都還可以得過且過。

開始交男友之後，事情就沒那麼簡單了。交往一陣子後，就可能面對比較親密的接觸，或是計畫出遊的小旅行，袒裎相見、素顏以對，變得很難避免。可是我潛意識裡非常抗拒，因爲我非常討厭在別人面前裸身的樣子，再多的遮掩都沒辦法蓋住我已經見底的自信，那會把我從別人眼中的人生勝利組，瞬間打回原形。

原來化妝品還有衣裳，都是最魔幻的騙術。

我無法和自己的不完美和解，我的自卑，變成了我的不足。每碰到一個新對象，就算對方條件再不如我，我還是會覺得自己高攀了，也委屈對方了。因爲感到虧欠，所以努力想彌補，努力百般討好。

除了姿態上的逆來順受，「錢」好像是最好的方法。

正好我交往過的男生，大部分口袋都很淺，不然就是很小氣。我拼了命在物資上大方奉獻，想讓他們看見我的好，這樣他們就可以不去計較我肉身的瑕疵。

可是，怎麼這麼奇怪，我明明已經付出這麼多金錢和物質，他們爲什麼還是對我那麼不好？是不是我付出的還不夠多，不夠等值讓他們忽視我的缺陷？那我到底要怎麼做，他們才能善待我？

我就像個賭徒一樣，拿錢買希望。那樣的愛情關係不過是一場又一場的騙局而已。

二十九歲交往的男友，曾經在吵架時對我說：「是我才可以忍受妳身上的缺陷，別的男人才不希望自己的女朋友是這樣子的。」看到我情緒近乎崩潰，他才對我說，其實他眞的很愛我，那些都是他當時的氣話；後來那個臺積電前男友也曾經戲謔地叫我「點點人」。

就算那些都只是他們一時的氣話或玩笑話，但是那些文字再次惡狠狠地把我推入黑洞更深處。

後來我和我的心理醫生還有主治醫生聊到我的問題，他們總是鼓勵我，告訴我那個眞的沒什麼，現代人都會有一些大大小小的文明病，要我不要執著，學著善待自己。在他們的眼中，我已經是很漂亮的女生。

這幾年，我單身了好長的一段時間，單身的日子讓我開始好好面對自己。

因爲我知道我沒辦法喜歡那樣的自己，所以跟自己和解的方法，就是讓自己多喜歡自己一點。

我花了一些錢，持續找醫美醫生報到，努力想把臉上還有身上的斑點全部消除。最悲慘的時候，我必須褪去身上的衣服，裸著身體，忍受雷射探頭一發一發像橡皮筋一樣往自己身上彈，那又痛又熱的感覺，就像灼傷。

碰過一些只想賺錢卻沒有醫德的醫生，花了很多冤枉錢，這一年多來，幸運的遇到一個醫術好也有良心的好醫生。因爲年紀相仿，幾次診療後，我們成了朋友。

每次約診，我都有特權，直接透過他私人的 LINE 就可以掛號。打完雷射之後，他也會主動關心我的修復狀態。之前某次診療後的隔天我就飛往泰國工作，他還特別提醒我一定要防曬。

雖然他總是見到我素顏的樣子，還是很感激他一樣願意把我歸類成漂亮的女生。每次他看到我都會說：「今天我找到治療的靈感了。」、「來吧，我們來讓孔劉更喜歡妳。」因爲他的正面態度，我也開始不再那麼悲觀。

那些討厭的斑點，終於被殲滅了許多的一些。

某天我突然清醒，開始發現：「衡量自我價值的標準，應該不在於斑點的存在或消失」，就算我的外在沒辦法滿分，可是我有豐盛的溫暖、富饒的內在，可以用最好的自己好好去愛下一個人，如果他也用心看見了我的美好，我的那些不完美，都不再重要了。

現在我臉上的斑點已經掉了好大一部分，剩下來的那些淡到素顏出去也不會太奇怪，身上的我後來就決定不處理了，因爲未來可以看到的人，一定是枕邊人，枕邊人如果會嫌棄，那麼我走回我的單人房人生就好。

我想過一個問題：如果孔劉眞的是我老公，他會不會在意？我會不會更自卑？

答案竟然是完全否定，我很肯定就算袒裎相見，我也不會閃躲。因爲我知道，他之所以是孔劉，就是因爲他夠好。一個有著美好靈魂的男生，可以包容那些我們沒辦法改變的難題，不會把我的缺陷當成武器，拿來攻擊傷害我的自尊。愛是永恆的定數，不會隨著斑點的減少而增加。

男神之所以是男神，就是因爲他不是牛鬼蛇神。

我很喜歡現在的自己，雖然天生的問題還沒有被完全破解，但是既然完美本來就不存在，何必執著不放。

就跟考試一樣，數學不好沒關係，總分可以靠國文分數補回來。既然外表沒辦法跟女神一樣沒關係，可以成爲別人生命中的天使也很好。

人有時候很奇怪，購物時，不在乎商品功能好不好，只在乎外觀好不好，爲了買到漂亮的東西，付出很多冤枉錢也心甘情願。

就跟挑選零食點心一樣，最在意包裝美不美，裡面的食物有沒有添加色素或是內含防腐劑，反倒成了次要問題。可是東西終究是要拆開來吃的啊，而且包裝通常都是丟棄式，只有食物才會吃下肚，成爲身體裡的一部分。

我聽過一些女生在愛情裡，砸下重金寵愛男人的故事，這些女生就像過去的我一樣，有一顆敏感脆弱又自卑的心。

因爲覺得自己太胖，所以花錢善待男人，讓男人接受胖胖的自己；因爲覺得自己皮膚不好，所以花錢善待男人，讓男人接受臉上很多青春痘疤的自己；因爲覺得自己學歷沒有男人好，所以花錢善待男人，讓男人看得起學歷比較低的自己；因爲覺得自己長得沒有前女友好看，所以花錢善待男人，讓男人接受長相比較不起眼的自己。

以上所有的「因爲……所以……」都太沒有邏輯了，而且大錯特錯。不完美不代表有罪，所以不需要彌補，更不需要贖罪。

好男人才不會把妳的條件全部攤開來，加加減減看看分數有多少，再決定投注的愛有多少。更何況，錢是買不到愛情的，只會換來對方的瞧不起。

人與人之間，最後還是會回歸用靈魂相處，而不是表淺的肉體；所以肉體上的瑕疵眞的沒有什麼，靈魂的純淨才眞的可貴。

如果妳自己都不能接受自己，就會低聲下氣希望對方接受妳，好像只能等到他願意接受妳，妳才願意開始接受自己。

但是當妳心理素質健全之後就會發現，外表上的瑕疵又怎樣，比起性格上的缺失，根本微不足道。

身體上的瑕疵，從來都是身不由己，任何人都不是故意的，性格上的瑕疵卻恰好相反。

爲什麼被嫌棄長相的永遠比較傷心，性格瑕疵就沒關係？那些會因爲妳的外在不完美而嫌棄妳的男人，他們的內心才醜陋又貧乏得可以。

就因爲我們各自都擁有獨特的不完美，那些不完美才能成就每個獨一無二的個體。

我問過自己，如果可以拿一個我所擁有的外在條件，來交換全身無點點的肌膚，我會拿什麼來交易？我發現我竟然找不到任何一個讓我願意割捨的優勢，我希望，維持現狀就好。

我的眼睛很美，我的眉毛很美，我的雙眼皮在媽媽肚子裡就已經割得很美，我的腿也很美。身邊幾乎九十%的朋友都會稱讚我身材很好，大概九十五%以上的人猜不出我的實際年紀。既然這樣，在我白底的肌膚上，有那些數不清的點點又怎麼樣？

我們每個人都是上帝的手稿，也是上帝的傑作。

不完美，也很美。

妳喜歡自己嗎？

後來我才發現
我可以喜歡上任何人，就是沒辦法喜歡我自己

曾經我很討厭不完美的自己

因為我不喜歡自己
才會允許別人來傷害我

我花了很多的時間才接受不完美的自己
現在的我很喜歡自己

我可以多喜歡自己
我就相信孔劉可以多喜歡我

所以，請好好喜歡妳自己

被為難的女人

miss_catherine_gong

710個讚

我所走的每一步，都是為了更接近你。

插畫illustrator : @LazyDon.2019

#凱薩琳孔 #캐서린공 #CatherineGong #幸福練習 #ORPHIC #單人婚紗 #單身婚紗 #單身精采 #我所走的每一步都是為了更接近你
#我會成為孔太太 #我是凱薩琳孔小姐 #等待加一或者不 #我和她們的單人婚紗故事
#插畫家illustrator : Don Ho #amagzing _ lazydon #lazydon.2019 @LazyDon.2019 @Amagzing.Amag

未婚的妳，當年的我V.S.離婚的妳，未來的我

小薇和小瑋，兩個女神系女生，都是我的好友。

她們身上很多共同點：肌膚雪白如凝脂、精緻臉蛋配上高䠷身材、帶著清新脫俗的氣質，完全就是「白富美」的正版貨。

她們彼此並不認識，最近我卻在她們兩人身上，看到彼此之間可以回溯的過去，還有可能延伸的未來。

今年三十八歲的小薇，三十一歲那年，終於和她交往七年的男友結婚了，當時的婚禮我有參與。

最近她主動傳訊息給我：「跟妳說喔，我離婚了。」

「什麼？什麼時候的事情？」我問。

她告訴我：「上個月。」

離婚是小薇的決定，某天，等到女兒入睡了，她拿出準備好的離婚協議書遞給前夫。

前夫的反應很鎮定，看完協議書內容之後，冷冷地回應：「要不是為了女兒，我早就跟妳離婚了，對妳我早就沒感覺了。」

問她女兒的監護權歸誰，她說一開始談離婚時，前夫一度極力爭取，後來先搬出去過了一段逍遙又荒唐的日子後，主動把女兒讓給她，因為他覺得一個人的生活真的太爽了。

我繼續問：「妳難過嗎？」

她說一點也不，反而有一種解脫的感覺，而且女兒的舊爸爸很不帥，現在終於可以換個帥的新爸爸了，新爸爸就朴寶劍啦！

小薇一直很愛寶劍，每次只要有人轉錄寶劍的相關文章，她就會在下面留言：「寶劍乖，姊姊親一個」或是「寶劍乖，給姊姊抱一下」。

她愛寶劍的眼光我覺得很精準，因爲我也很喜歡寶劍。可是她前夫各方面跟寶劍差得可遠了，長相不像、氣質不像、談吐不像、身材不像……全身上下沒有一個地方可以相提並論。如果寶劍是王子，那她的前夫就是屠夫了。

我開始幫她喚起過去的記憶：「我記得當初你們分手過一陣子，因爲他劈腿，後來妳死皮賴臉把他拉回來。現在想想，當初妳那麼努力把他弄回來跟妳結婚，現在妳再拜託他跟妳離婚，根本白忙一場。」

我繼續補槍：「當初他要跟別人走妳就隨他去，把他弄回來幹嘛，然後呢，結婚後理所當然爽爽住進妳爸媽送妳的新房子裡，生了孩子也都是妳在照顧，他就只是每天睡在妳旁邊的陌生人而已。」

小薇很大方的承認：「對啊，而且又不好睡，我一場空。『空』，就是我現在的人生註解。」

她說夫妻之間已經名存實亡好多年，雖然同住一個屋簷下，就像陌生人一樣幾乎不交談，也不會正眼看對方，因爲彼此已經從「相看兩不厭」惡化到「相看就討厭」。每晚躺在同一張床上，更是煎熬，兩人很有默契地縮著身體，側躺在兩邊的床緣，盡量讓床的中間空出最大的空間。

五歲的女兒很早熟，不只一次問她：「媽媽，妳跟爸爸爲什麼跟別人的爸爸媽媽不一樣，他們走路都會手牽手，你們可以牽手給我看嗎？」

兩個大人就算再愛孩子，還是沒辦法違背自己的意志，只能在女兒面前表演僵持不下。

照理說，離開這樣一個沒溫度、沒肩膀、沒忠誠度、沒責任感的男人，身邊的人都應該開心慶祝小薇的重生，可是她的勇敢不只沒有得到媽媽的認同，反而招來責備。

離婚後的某一天，媽媽才拿出當年小薇出生時請神算論命的命盤紙出來，密密麻麻的預測裡，有一段提到，此女不宜三十二歲前結婚，否則注定嫁錯人，離婚收場。

小薇告訴我，她媽媽眞的好矛盾，一邊對她說，當初她結婚時就知道那不是一段好的姻緣，還是讓她嫁了；一邊又責備她，爲什麼不再努力看看？婚姻裡有什麼不能包容的？她離婚自己被人閒言閒語就算了，全家人還會被人看笑話。

然後，小薇媽媽開始和她冷戰。不只對她講話冷言冷語，就連她重感冒，打電話回娘家請爸媽幫忙暫時照顧一下孩子，媽媽對她說完：「妳有本事離婚，就要自己想辦法照顧。」就用力掛上電話。

小薇不懂，爲什麼七年前媽媽明明知道前夫不好，還是決定死守命盤紙上的祕密，不伸手阻止她嫁給不對的人；七年後她決定告別不對的男人，一個人帶著女兒好好生活，卻還是得不到媽媽的贊同和支持。

三十四歲的小瑋，前年底剛結束一段感情。

她和小薇一樣，都是天之驕女，出生自富裕的家庭，本身也有很好的條件。

即便是這種人生勝利組的女生，碰到愛情，面對婚姻，卻沒辦法常勝不敗。離開那段給她重傷害的關係之後，她一個人默默療傷了好久。過程中當然不乏很多人追求，可是卻一直沒辦法定下來。

小瑋爸爸媽媽擔心著她的終身大事，開始積極幫她物色。

有天她告訴我，她心情很差，開始懷疑人生，她說：「妳知道嘛，我爸媽竟然要我考慮我家大樓的管理員，說什麼他看起來是個好人，年紀也跟我差不多。」

聽到的當下我也整個傻眼，雖然說職業不分貴賤，但是有些人妳看一眼就知道，妳們之間一輩子只可能存在微笑點頭的關係，再進一步就很荒唐。

暫時先不評估彼此的條件差異，眼前一個很實際的問題：管理員可以和小瑋聊些什麼？

聊說：今天他一共收了幾件包裹、九樓來了幾個訪客、三樓的小男孩進電梯前跌倒了、還是原來住在四樓的年輕女生是小三，下午元配帶著徵信社來當場抓姦在床……。

小瑋的爸媽見到貌似忠良又盡忠職守的管理員，竟然異想天開，鼓勵女兒試著認識看看，搞不好準女婿原來就在一樓大廳。可是在我看來，管理員待在一樓大廳就可以好好守護小瑋的安全，眞的不用這樣登堂入室，直接從大樓管理員晉升爲大樓住戶。

「管理員之亂」才結束沒多久，類似的事件又再次上演。

小瑋認識了一個男生，她很清楚自己和對方的差距，很難長久走下去。她傳了男生的照片給我，問我感覺怎麼樣。我第一個反應是：「妳們完全是不同世界的人啊。」我繼續說：「他看起來有點陰柔，眼神有點邪氣，打扮也有些俗氣，我光看他戴的手錶，就知道品味跟妳很不一樣，而且他的藍色格子襯衫怎麼好像公務員。」

果然被我猜中，男生在一家類公家機關工作，身上的衣服是他的制服。

小瑋跟我說，她覺得男生不太能跟上她的步伐，而且她有點介意男生年收入比她少了三十幾萬臺幣這件事。她很清楚，兩個人一起生活久了，錢關還是會過不去。除非男生的心理素質夠強大，否則不是引發自卑感作祟，就是會吃軟飯吃成習慣。

可是她的爸媽卻說沒關係，類公務員的身分對他們來說簡直大好，他們認爲類公務員生活單純，單純的男生就不會搞怪使壞，雖然比起自己的寶貝女兒來說，這個男生顯得異常平庸，但是安全牌就是最安心的選擇。

小瑋爸媽也不在乎年收入三十多萬的差異，對他們來說，小瑋房子也有了，男生買不買得起房都沒關係。而且他們有足夠的經濟能力，負擔起男方經濟條件的不足。小瑋知道爸媽是因爲愛她，才會願意承擔起男方該付的責任。但是他們卻不知道，這種不合時宜的善意，其實是裹著糖衣的毒藥。

小薇的某部分過去，現在的小瑋正在經歷；小瑋的未來，一失神，可能就步上小薇的後塵。

她們都是不平凡的女生，硬要她們去配一個資質平庸的男生，只爲了把自己嫁掉，眞的可惜了人生。

她們的爸媽都很像，認爲女兒年紀差不多了，就該找個人嫁。就算男方各方面條件都不及格也沒關係，反正娘家有實力，可以做女兒一輩子的後盾，衣食無虞絕對不成問題。可是當他們扛起所有男方應負的責任，女兒的另一半該如何有擔當也有肩膀。

小薇的媽媽，面對她的勇敢離婚，竟然用冷暴力懲罰她。

小瑋的爸媽，爲了讓她快點結婚，竟然願意拿出更多物質，分享給她和她未來的另一半。

爸媽該拿棒子的時候，卻賞了胡蘿蔔；該賞胡蘿蔔的時候，卻給了棒子。錯置的「賞」與「罰」，讓她們無所適從。父母這種自以為是的「為妳好」，其實都是傷害，不是愛。

孝順的孩子不一定要照單全收父母的期望。

不要因為父母逼婚，就隨便搞定自己的終身大事：也不要因為父母阻擋，就苟且讓變質的婚姻關係繼續。感情是自己在經歷，只有自己能對自己負責。爸媽的意見，一定都出於善意，但是通往地獄的路，卻可能由那份善意鋪成。

我們只要清楚一件事，不管是堅持「結婚前的單身」，或是「離婚後的單身」，都是一件很負責的事。因為那表示妳不願意將就自己的人生，更不願意屈就不及格的幸福。

這年代，「不逼婚」也「不阻擋離婚」的父母最難得。當妳已經臨界甚至過了適婚年齡，他們還是支持妳慢慢找對象，不急著把妳趕出家門，要妳快點找個人家嫁了；當妳婚姻走不下去時，他們也會尊重妳的所有決定，敞開家門，隨時歡迎妳回家。他們很清楚，別人的眼光，也比不上自己女兒的幸福來得重要。

我很幸運，有這樣開明又現代的父母，所以就算年過四十了，還能任性地快樂單身著。

為難女人的女人

因緣際會，認識了一個政治圈的長輩。

老實說，在認識她之前，我不喜歡她，甚至有點討厭。

因爲她的形象完全非典型，很難被社會接受，幾乎所有跟她扯上邊的事，通通被當成壞事。

「非美女、超短髮、不化妝、中性打扮、講話急促、非標準國語口音、六十多歲、未婚、單身、超級有錢、霸氣外露、不修邊幅、不拘小節……」她身上集結的所有外顯元素，配上她強烈的個人風格，讓很多人在眞正接觸她之前，就先產生強烈的負面評價。

近距離接觸她之後，我開始羞愧，因爲過去我也犯了「以貌取人」的荒謬錯誤。

她是我看過，最眞性情也最有愛的一個人。雖然表面上看起來什麼都不在乎，其實內心柔軟。面對排山倒海而來的網路謾罵，還是讓她夜不成眠。

眞實的她，行俠仗義，見到別人有難，很難冷眼旁觀；路見不平，一定拔刀相助。是個俠女，更是女漢子。

一個與她熟識的長輩告訴我，請她伸出援手的人，每天絡繹不絕地上門，就像醫院裡等待看診的病人，是要抽號碼牌的。

她定期幫助貧窮家庭的小孩，讓他們也有營養午餐，中午吃飯時間再也不用躲起來，避開同學異樣的眼光；她也會在寒冬裡，準備幾十件全新的羽絨大衣，沿街送暖給臥倒在騎樓的街友，讓他們可以好好抗寒。

我曾經親眼看著她，衝向一個巷口街邊的小販。一個上了年紀的老伯伯，推了放滿絲瓜和木瓜的活動攤車，在路邊叫賣。看得出她和老伯伯是舊識，老伯伯見了她，滿布皺紋的臉笑開了。

她把老伯伯攤車上的東西全包了，然後打電話請她的司機過來，交代司機拿去分送給大樓的管理員和清潔員。

她告訴我，老人家年紀大了，在炎熱的太陽下叫賣好辛苦，老人家這樣不知道要賣到什麼時候才能回家，所以

miss_catherine_gong

1025個讚

總是用我習慣的方式告訴你：「親愛的，我又來了。」

插畫illustrator：@LazyDon.2019

#凱薩琳孔 #캐서린공 #CatherineGong #幸福練習 #ORPHIC #單人婚紗 #單身婚紗 #單身精采 #我所走的每一步都是為了更接近你
#我會成為孔太太 #我是凱薩琳孔小姐 #等待加一或者不 #我和她們的單人婚紗故事
#插畫家illustrator：Don Ho #amagzing _ lazydon #lazydon.2019 @LazyDon.2019 @Amagzing.Amag

只要她沒出國，每次遇到老伯伯，她都會幫忙。

我知道就算看到我這樣描述，一些比較偏激的人還是會說：「她就是壞事做多了，所以才要贖罪啦！」但是她到底做了什麼傷天害理或是殺人放火的壞事，一堆人要這樣把她往死裡打？

因爲受託於人，她被動捲入一個案件，形象再次雪上加霜。

被害人求助無門，只能請她幫忙，因爲也只有她才願意幫忙。

案件曝光後，大多數人透用加害人提供的懶人包，也用了懶人法，自動做出是非判斷。每天一堆人湧入她的臉書謾罵，直指她才是幕後操控一切的黑手，結果公親變事主。

無論她怎麼解釋，她的文字就像無字天書，沒人看得進去，她努力解釋的聲音，眾人也選擇性失聰，很少人願意平心靜氣聆聽她說了些什麼，卻一直嘲笑她的國語不標準。

我在她的臉書看到了慘案，一堆不理性的留言湧入，留下各種不堪入目的字眼羞辱她，再把過往看不慣她的地方翻出來再次審判她。在那裡群聚開羞辱派對的人們，有男有女，沒有人有就事論事的能力，你一言，我一句，諷刺她髮量少、說她老、笑她嫁不掉沒人愛、直指她單身無後、嫌棄她的國語不標準……。

這個社會有時候就是這樣病態。

看起來比較強勢的，就一定是壞蛋嗎？先哭的，就一定是受害者嗎？整體表現比較符合世俗標準的，就一定是好人嗎？

小時候有沒有這樣的經驗，和弟弟妹妹起爭執，媽媽過來了，弟弟妹妹瞬間大哭了起來。相對弱小的人，看起來就是比較惹人憐愛，而且先哭先贏。媽媽不分青紅皀白，就先數落妳爲什麼要欺負弟弟妹妹。不管妳怎麼解釋，媽媽就是聽不進去，因爲哭得面紅耳赤的弟弟妹妹，看起來就是受委屈了。

可是，要是表面看到的就是眞相，那麼「綠茶婊」這個詞彙又是怎麼來的？

她試圖開了直播幾次，希望透過最直接的方式說明眞相。但是幾次下來總是事與願違，不管她用心準備了多少資料，態度多麼誠懇地解釋，同步看直播的網友們，還是不斷對她人身攻擊。

某天，她對我提出了陪她直播的要求，她說她需要一個美女助理幫忙。

第一時間我雖然不抗拒，卻很害怕。我很清楚任何一個素人只要跟她綁在一起，都會被群起肉搜，接著遭遇惡意攻擊。但是我很快說服自己，如果這是正確的事情，我有什麼好怕的？

直播當天，我其實是發高燒的狀態，感覺顏面神經麻痺。我知道自己的外表狀態不是很好，但是我也不在意。反正我是去說話的，不是去選美比賽。

果然，直播開始沒多久，我的 Facebook 帳號，很快就被找了出來。一個叫 Afar Chung 的女生，爸媽還給她取了很美的名字「寧遠」，她沒有針對我談話的內容發表意見，反而嘲笑我本人跟臉書大頭照差很多。

後來我陸續看到她在其他地方的留言，也總是繞著「誰比較美」、「誰比較年輕」、「誰結過婚，誰沒結婚」打轉。

被她嘲諷外表的當下，我沒有半點羞愧的情緒，反而覺得巨大的憤怒。生氣的是，爲什麼女人要用這種最方便又最不入流的方式，傷害另一個女生？在她的價值觀裡，是不是就算窮得只剩下外表也可以？

攻擊一個女生的外表、年紀、以及婚姻狀態，好像被認爲是最直接、最快速，可以瞬間讓人一刀斃命的強力武器。

我承認我的大頭照眞的比本人好看很多，因爲那是我在韓國拍的單人婚紗照。而且，誰的大頭照不是比較好看？如果照片比本人醜，誰會放上去？要是我本人眞的跟照片一樣貌美如花，我早就可以往韓國演藝圈發展，拼了命也要爭取跟孔劉演一齣韓劇，然後假戲眞做、近水樓臺先得月，順利晉升爲孔太太。

她的不成熟行爲，搭配她同樣暈上柔焦的的大頭照，我推估她大約二十多歲，才會仗勢著自己還年輕，以爲年輕就是本錢，恣意攻擊別人的外表和年齡。

其實我很想對她說，如果她到四十歲的時候，還能維持我這樣的外在、這樣的體態、這樣的心智年齡、這樣的心理素質⋯⋯，我才會覺得她也好了不起，願意對她刮目相看。

以前，當我的外表被人品頭論足時，都會很傷心。而且每當有人對我說：「妳很上相。」我就會開始低落。因為那句話好像明褒暗貶，暗示我的照片修很大，其實本人不好看。

拍完單人婚紗後，我的心理素質完全提高到另一個層次。因為單人婚紗本身就是一種「不從眾」，而且需要「獨排眾議」的行為。這個檻我都跨越了，甚至還把經營單人婚紗當成事業，看事情就不再那麼表面。我依舊在意自己的外表，卻不怎麼在意別人對我外表的評價。每個人認定美醜的標準本來就很不一樣，光看我身邊有的人是金太太（金材昱）、有的人是朴太太（朴寶劍），而我自己是忠貞不二的孔劉孔太太，就能秒懂。

只是這次的遭遇讓我有些遺憾，我們女生有時候會抱怨這個社會對我們很嚴苛也很不公平，但是有些時候，女性也是打壓女性的共犯結構。部分女生習慣對其他女生的外表品頭論足，她們認為，要徹底擊潰一個女生，只要攻擊她的外表就可以。「嫁不掉」也很好用，簡短的三個字暗示了這個女生一定有問題，才會沒人要。

女人啊，當我們奮力跟整個世界對抗，努力掙脫那些我們不想要的東西，卻因為徒勞無功而感到無助時，一回頭竟然發現，部分女人竟然是壯大外界打壓我們的推手。我們其實應該要團結的，不是嗎？

那些女人認同也信仰著偏差的價值觀，「妳不美，妳有罪」、「妳嫁不掉，妳有罪」、「妳不符合普世價值，妳有罪」。可是攻擊別人，或是把人妖魔化，並不能反過來證明自己比較美，或是比較高尚。

跳到框框外頭來看待這次政治圈長輩被捲入的事件，不過就是一群人「愛跟風、愛從眾」，以為聲音比較大的，就是正義的一方，以為支持者比較多的，就是勝利的一方。對於非我族類，一定要展開一場世紀大屠殺，通通一舉殲滅，才可以壯大穩固原本的信仰。

我想或許對於那群人來說，從眾的最大意義，是他們從中獲得了漂浮在空中的安全感，這樣一來，他們可以很輕易地找到同伴成群結隊，不需要獨自面對獨排眾議的壓力。

對於現在的我來說，就算已經過了適婚年齡，我也不盲從，更不會隨便找個人趕緊結婚去，只因為大家都結婚了，剩下我獨身；當別人都拍兩個人的結婚婚紗，我也願意獨排眾議追求與眾不同，就算雙人版的婚紗目前拍不了，我還是可以先擁有屬於自己的單人婚紗。

從眾的結果，活不出獨一無二的人生。就算得到所有人表淺的認同，也失去了深層的靈魂；獨排眾議雖然沒辦法得到大多數人的認同，至少可以理直氣壯面對自己。

我們只要記得：「妳不美，妳無罪」，外表本來就最膚淺也最善變，腦袋裡的好東西才珍貴；「妳大齡，妳無罪」，每個女生都會老，妳只是先老而已；「妳還沒結婚，妳無罪」，妳不是嫁不掉，妳只是還沒嫁，或是其實妳根本不想嫁。

女人啊，我們可不可以學著用柔軟的心，溫柔地彼此對待。

女人眞的不該爲難女人。

沒有月老的月老銀行

我後來才知道，其實月老銀行裡頭，經常沒有月老。

三年多前，我還處於一個急著把自己嫁掉的狀態。我大學時代的名人前男友不只一次「好心」提醒我：「女生過了三十八歲以後，就很難嫁了，妳不要再挑了，我的朋友某某某覺得妳不錯，要不要認識，試著交往看看？」

當時我正卡在三十六、七歲的交界，雖然不知道三十八歲那條死線他是憑著什麼依據畫出來的，但是眼看離三十八歲越來越近，還是不免焦慮起來，覺得自己的婚姻之路，已經離死期不遠。

那時偶爾會接到單身聯誼社打來的電話，劈頭就說：「江小姐您好，我們這邊是ＸＸ聯誼社……」我總是不讓對方有繼續講下去的機會，光速打斷對方早就擬好的制式開場白，禮貌性回應：「謝謝您，不需要。」之後，匆匆掛上電話。

然後開始生悶氣，心想：我最近是又得罪了誰，到底是哪個混蛋朋友，把我的資料外洩給單身聯誼社？我的潛意識裡，一直很排斥透過聯誼中心的方式認識對象，總覺得把一群單身的男男女女，集體關在一個密閉空間裡，彼此都心知肚明對方很想結婚，偏偏又找不到對象，所以今日才有緣一起淪落到這裡拋頭露面。

聯誼中心對我來說，是走投無路的下下策。

可是當一個人認定自己已經陷入絕境時，原本所有的想法和堅持都可以不爭氣地瓦解，自我安慰說：「搞不好嘗試了原本最排斥的東西之後，可以出現最後的一線生機喔。」

所以這一次我不被動等待單身聯誼社再次找上門，主動上了「月老銀行」的官網看看有沒有適合的活動或方案。結果，竟然讓我看到一個「十大菁英派對」的聯誼活動。

活動說明及活動辦法上頭，對於可以參加活動的女生資格，沒有太多門檻限制，只要是一九七九年－一九九三年出生、具有大學以上學歷、單身未婚者，就符合主觀條件。其他像是：氣質優雅、談吐得宜、活潑甜美、外型出眾……，這一類的客觀條件，就憑自由心證了。只要自我認爲符合其中一點，就可以準備繳交報名費，倒數計時準備前往「尋夫派對」。

對於男生的限制可就嚴苛多了，不只必須具備碩博士學歷，主辦單位更把男生的年齡分成兩個級距，比較高齡的那一群，收入要求也相對比較高，但是不管怎樣，都必須是百萬年薪一族，才能達到參加資格。除了收入門檻之外，最好還要有海外留學背景；職業要求上，也必須是公司負責人、或是醫師、律師、建築師、會計師，或任職於臺灣百大企業的中高階主管。

我眼睛一亮，覺得這個聯誼活動不參加太可惜，說什麼都要來一趟「尋寶之旅」，所以馬上加入月老銀行的LINE官方帳號，和主辦單位聯繫。

提供了一些必備的資料之後，我主動問對方：「我有看到妳們活動上註明，女生必須是一九七九年之後，可是我一九七八年十月，這樣還符合資格嗎？」

對方回覆我：「我看了妳的資料，妳的條件非常好，所以年齡差一點點沒關係喔，還是可以參加。」接著提醒我要在期限內完成匯款，才算走完報名程序。

準備匯款前，我在LINE上頭又問了對方兩個問題：「請問參加的男生，條件眞的都很好嗎？」、「他們長得能看嗎？會不會很醜很恐怖？」

沒想到負責的窗口直接打電話給我，聽得出來是一個爽朗直接的女生。

她告訴我：「站在私人的立場上，我會建議妳不要參加。妳的條件非常好，我覺得妳不只在意對方的學歷和收入，應該也會在意長相，我們這一梯次的男生長得都不怎麼樣，應該沒有妳看得上眼的。」

我愣了一下，心想這個女生是吃了哆啦A夢的誠實豆沙包嗎？

我繼續問她：「我明白了，妳是暗示我這一梯次的男生通通不好看，那就算了。不過，下一梯次有機會提高素質嗎？」

她又吞了一顆誠實豆沙包，告訴我：「可能不會耶，因爲老實說，這幾梯次參加的男生都是同一群人，他們幾

Montmartre
낙서금지

miss_catherine_gong

710個讚

Yoo Complete Me.

插畫illustrator : @LazyDon.2019

#凱薩琳孔 #캐서린공 #CatherineGong #幸福練習 #ORPHIC #單人婚紗 #單身婚紗 #單身精采 #我所走的每一步都是為了更接近你
#我會成為孔太太 #我是凱薩琳孔小姐 #等待加一或者不 #我和她們的單人婚紗故事
#插畫家illustrator : Don Ho #amagzing _ lazydon #lazydon.2019 @LazyDon.2019 @Amagzing.Amag

乎每一期都報名，已經是固定名單了。」

現在想起來有些後悔，那時候應該跟那個女生交個朋友，我太欣賞她了，根本就是佛心來著幫我省錢。她幫我看穿這種所謂「十大菁英派對」或是「與三高男的約會」，其實早就淪為那群男人的獵豔場。他們只要繳交一千多元的費用，就可以認識一批又一批的優質單身女生。我不認為他們眞的有心想要快點定下來，單以主觀條件來說，就足以讓他們自封為鑽石單身漢，反正大家都說那樣的男人越老越値錢，就算他們長得其貌不揚也沒關係，還是覺得自己夠格可以找個女神來匹配。

我相信月老銀行裡頭的男奧客會特別多，什麼「學歷高＋收入高＋身高高」的「三高男」根本就是假的，從來就只是傳說；只有「血壓高＋脂肪高＋髮線高」再加碼附贈「自視甚高＋腦殘指數高」才是眞的。願意快點下好離手的男人應該很少見，通常他們會很有默契地看完一年四季後，再一年四季，因為他們相信，雖然眼前的女子很美好，但是後頭一定會有更好的。

最終，我還是和單身聯誼社保持著沒有關係的關係。

後來，我一個年過四十的男性朋友加入了月老銀行，據說還是ＶＩＰ等級的會員。

他告訴我，入會費用會依財力分為幾個等級，收入越高的，繳交的費用也越高。入會資料塡妥之後，月老銀行就會開始進行嚴格的身家調查，據說前後耗時一個多月。

除了基本的確認未婚身分，並且從未有過婚姻記錄之外，為了避免學經歷造假，會員必須出示學歷證明以及在職證明。當然，財力證明更是不能少，避免出現收入灌水的騙子。

正式入會之後，月老銀行會送上幾次免費的「相親安排」，安排與合適的對象碰面。當免費的配額用完之後，接下來每次的「排約費」好像只要一兩百塊就可以，收費非常低廉。

至於相親的地點，就是月老銀行裡頭的包廂。朋友說，包廂也有等級之分，頂級ＶＩＰ的包廂，就是奢華版內裝，接下來的等級會逐漸遞減。

好奇問他第一次相親的對象條件如何，他說長得還算可愛，會打扮也會化妝，比他小七歲。兩個人被關在頂級包廂裡，算是有話聊。

我說：「那很棒啊，第一次就遇到不錯的對象，有考慮進一步交往看看嗎？」

朋友面有難色，搖搖頭說沒有。問他理由，他告訴我那個女生有點矮，大概一百四十幾公分而已。

聽到他的回答，我有點傻眼，因爲他身高一百六十公分不到，難道他心目中的理想對象，是一個長腿辣妹嗎？他很誠實地告訴我，上萬元的會費都繳了，只見到一個女生就認定，有點可惜，也有點浪費，他希望可以見過更多女生之後再決定。

後來他向月老銀行反應，因爲他的家族個子都不高，基於優生學考量，希望可以找個身高高一點的女生來繁衍後代。月老銀行的回應我覺得非常得體，他們委婉告訴他，所有會員入會時，除了個人資料之外，也會塡寫相親對象的條件限制，雙方都必須吻合彼此開出的條件，才有緣被關在包廂裡面對面聊天。

不過月老銀行也接收到他的補充需求了，承諾會替他在挑選對象的條件欄位上，新增一項身高限制，同時也建議他可以多利用月老銀行的線上資料庫，自己搜索看看有沒有看上眼的女生，主動送出約會邀請。只要對方同意，月老銀行就會幫忙安排相親的約會。

我跟朋友借了他線上資料庫的帳號密碼來看看，我想了解一下，會參加月老銀行的男生都是什麼等級。只怪我太異想天開，月老銀行早就把線上資料庫拆解成兩個來管理：男會員只能看到女會員的資料，女會員只能看到男會員的資料。

所以我只能瀏覽女生的資料，順便幫朋友挑選不錯的對象。老實說，資料庫裡頭不乏條件極佳的大齡女子。我也特別注意到裡面有幾個女生的大頭照特別打上馬賽克，朋友告訴我，那些女生都是大公司的高階主管，她們不希望在月老銀行裡頭被自己公司的男下屬撞見，所以照片才會經過特別處理，避免眞實身分曝光。

我看到每個女生的專屬頁面，不只強力行銷自己，也列舉了對於未來另一半的要求和期待。看上去就像是一張「徵婚履歷表」混搭了「對象許願清單」，每個人都希望心誠則靈，等待有緣人來寵幸。

那些女孩列出的條件要求，看來看去幾乎千篇一律，就像複製後再貼上。「不抽菸」是出現頻率最高的字眼，接下來大概就不脫對於長相、收入、職業的期待。可是我總覺得事情沒有這麼簡單，她們尋找的極品在月老銀行裡頭一定從缺。那種上等貨色，只要在單身市場上一釋出，保證馬上大家搶，哪裡輪得到送來月老銀行讓大家選？現實生活都碰不到的人了，人肉銀行裡面怎麼可能找得著？

至於我那個身高不及一百六十公分的男性友人，後來到底在月老銀行裡頭找到老婆了沒有？當然是沒有啊，就算他在大企業上班，年薪上看二百五十萬，怎樣都還是無法跟他的身高進行正負相抵。他會希望找個高一點的女生，女生相對也會希望找個高一點的男生比較稱頭。

我不清楚當初那個女生是因爲家教好所以才喜怒不形於色，還是眞的不在乎自己未來的對象可能只有一百五十幾公分，據說她從頭到尾都微笑以對，還很健談，這一點讓我佩服不已，是我的話早就臉色大變，沉默不語。嬌小如我，就算我身高不到一百六十公分，還是希望可以跟長腿孔劉在一起。

朋友終究還是認賠殺出，提前和月老銀行解約。因爲在那個女生之後，他再也沒有機會和任何一個女生見上一面。

其實我覺得月老銀行的存在，某種程度上絕對有它的正向功能，至少在那裡不會遇到招搖撞騙的渣男騙子。只是工具本無罪，最終還是敗給了人性。

到月老銀行的人，因爲當初都是砸了大筆的銀子入會，難免有一種花錢就是老大的心態，都很在意投資報酬率。既然錢都花了，說什麼都要找到最好的，於是「撿石頭」心態就跑出來了，總覺得下一顆石頭，一定更圓更大。況且，想要接見下一顆石頭，只要再花一兩百元就好。

不論男女，當每個會員瀏覽「線上資料庫」時，那個行爲就很像男人翻著花名冊選妃；每個人都以爲掌控了選人的權利，卻不知道同一時間別人也正在電腦的另一端，對你品頭論足，選擇是要留下你，還是放生你。

我腦中浮現出旋轉壽司臺的畫面，透過男人的視角，月老銀行的女會員們，就像一盤又一盤的壽司一樣，跟著轉盤轉了一圈又一圈。料理師傅不時也會放入更多新鮮的壽司進來，完全就是長江後浪推前浪的概念。

每一盤壽司們，就一起在旋轉臺上排排站，不自主的繞圈圈，祈求眼前看對眼的饕客快點將自己取下來食用。

如果妳是鮭魚口味的，而妳看對眼的饕客正好獨鍾鮭魚壽司，請別高興得太早。因爲貪心的饕客會想：搞不好下一盤出現的鮭魚壽司，油脂更豐富，肉質也更肥美，我再等等吧！

月老銀行不是月老開的，既沒有月老當鎮店之寶，也不保證成爲會員之後，就能快速得到月老的紅線，順利結婚去。

我從來都不覺得花錢去認識人是個聰明的好方法，會遇到的，終究會遇到。

而且，爲什麼要把自己變成架上商品，等著別人讓自己快點順利下架呢？

我倒追，我驕傲

那個晚上，小菲開心地告訴我，她和心儀的對象好像有了新的進展。

當天他們一起去吃飯、看電影，約會結束後，男生紳士地送小菲去捷運站搭車。他知道小菲最近工作遇到了瓶頸，在小菲走進捷運閘門之前，他主動伸出了大手掌，摸了摸小菲的頭，要她加油。小菲頓時怔住，回過神後，給了對方一個燦爛的微笑。那一刻小菲覺得，愛情好像來了。

或許是太雀躍的關係，小菲搭上了反方向的列車，過了好久才發現離目的地越來越遠。同一時間，對方傳了訊息過來，關心小菲到家了沒有。小菲坦承自己耍笨上錯車，隨口問了一句：「我現在要走到對面的月臺，重新坐回臺北車站，我們等等要不要再碰面一下？」男生爽快答應了。

就像在一天裡頭，甜蜜約會了兩次，才剛剛說再見的兩個人，很快地又見面了。男生從大外套的口袋裡，拿出一瓶熱的巧克力拿鐵，遞給了小菲，他說入夜後溫度很低，要小菲先拿著瓶子暖暖手吧。小菲抬頭望著對方，撒嬌地問他可不可以再次拍拍她的頭？男生沒讓小菲失望，再一次溫柔的摸了摸小菲的頭。

聽完小菲的分享後，我尖叫了出來，這情節怎麼跟韓劇一樣浪漫，也好替小菲開心，看似一路被動的男生終於有了善意的回應，她的喜歡不再是單向的付出，而是有來有往的關係。我想，如果順順地繼續發展下去，兩個人最後應該會走在一起吧。

農曆過年時，小菲傳了訊息祝我新年快樂。我關心她和那個男生的近況，她卻告訴我：「我失戀了。」

小菲說，某個晚上，他們又一起出去吃飯，餐廳老闆娘覺得他們很速配，硬要把他們湊成對。沒想到男生極力撇清，一直強調他和小菲只是朋友。小菲當天晚上利用機會，主動向男生坦承自己眞的很欣賞他。

對方沒有太驚訝的反應，卻告訴小菲，他一直都只把她當成普通朋友而已，他心裡頭已經有其他喜歡的女生了。他還說，小菲太直接也太主動，他覺得一個女生主動要男生拍頭有點不妥，不是女生該有的樣子。

小菲很沮喪，才剛領了好人卡而已，接著又被男生指正自己沒有女生該有的樣子。小菲開始自我檢討了起來，覺得自己好像不該那麼主動，也開始覺得「倒追」男生好丟臉。

訊息讀到這裡，我已經要爆炸了，那個男人以爲他自己是什麼東西！

感情沒辦法勉強，這個我可以理解；感覺也不是說有就有，強求不來。他可以不接受小菲的善意沒關係，但是憑什麼評論小菲追求感情的方式？

那個男人覺得小菲沒有女生該有的樣子，那麼他所認定女生該有的樣子又是什麼樣子。是要欲迎還拒？還是一動不如一靜，等著帝王寵幸？他是不是覺得「主動追求」是男人才享有的特權，女人最好乖乖站在那邊不要動，才不會亂了食物鏈的順序？

我一直覺得可以主動表達情感，也願意主動追求感情的女生，很勇敢，也值得讚賞；而且現在渣男密度這麼高，女生主動其實比被動來得安全。

與其被動等著男人來追求，不如主動出擊。當我們屈就被動的狀態，選擇性就會變得很低，風險卻相對很高，因爲有可能怎麼等都等不到男人出現，也有可能出現的男人都是被淘汰的劣質品，或是披著羊皮的大野狼。相反的，當我們有勇氣主動出擊，不只選擇變多了，也可以避開風險。就算眼睛暫時性失明不小心選到黑心商品，自己主動受騙怎麼樣都比被騙來得甘願。

就像來到一整片森林，我們可以選擇想要棲息的樹木。長得奇形怪狀的不要，枝葉不夠茂盛的不要，顏色不夠翠綠的不要，身形歪斜倒塌的不要。「挑對象」不只是是非題，也是開放性的選擇題。

但是如果被動等著樹木上門，妳永遠不會知道，打開門後，迎接的究竟會是可以把妳一棒打死的棍子，還是只有皇后才配掌握的權仗。選擇題永遠離妳很遠，妳只有是非題可以作答。拒絕了這一回，下一回不知道要等到何年何月何日。

「愛情之前，人人平等」，每個人本來就應該享有一樣的自主權。不管男女，努力追求自己喜歡的東西有什麼不對？努力讓喜歡的人喜歡上自己有什麼不對？

miss_catherine_gong

1025個讚

2018.06.25 KE692 班機上，我見到你了。我開始相信，沒有不可能的事情。

插畫illustrator : @LazyDon.2019

#凱薩琳孔 #캐서린공 #CatherineGong #幸福練習 #ORPHIC #單人婚紗 #單身婚紗 #單身精采 #我所走的每一步都是為了更接近你
#我會成為孔太太 #我是凱薩琳孔小姐 #等待加一或者不 #我和她們的單人婚紗故事
#插畫家illustrator : Don Ho #amagzing _ lazydon #lazydon.2019 @LazyDon.2019 @Amagzing.Amag

我一直很討厭「倒追」這個字眼，男追女，為「正追」，女追男，為「倒追」，這兩個詞彙的組成規則上，已經默認了男女不平等，也傳達了只有男人才享有被認可的選擇權。以追求的路徑來說，男生追著女生跑，天經地義；女生朝著男生跑，方向就反了，萬物逆行。

其實正追、倒追又怎樣，只要可以成就好的關係，誰先主動都沒關係，心裡頭不需要有太多的過不去。「女追男」跟「男追女」本來就沒有差別，結果也大同小異。對妳沒意思的，不管妳怎麼在後頭推著他走，他腳上就像踩了水泥一樣，不動如山；原本對妳沒感覺的，也是有可能被妳推著推著，推出了情愫，到後來自己也會偷偷小跑步，慢慢配合妳的腳步；碰上生性害羞的，很可能他一直都是自己小碎步緩慢走，卻還是需要妳先做做樣子，假裝推他一把，好掩飾他的難為情。

我一點都不在意男人怎麼看待「倒追」這個行為，把好東西據為己有本來就是本能，也是天性。我們逛服飾店，看到喜歡的款式，也不管最後會不會結帳，都會因為害怕被別人買走，先拎在手上再說了，看到欣賞的男生為什麼不能先下手為強？難道要每天回家燒香拜佛、吃齋念經，祈求神明保佑，祖先顯靈，一起託夢給妳的白馬王子，告訴他這裡有好女人，提點他快點過來追求妳嗎？

小菲這次的遭遇，很多女生一定也曾經經歷。主動對欣賞的男生示好了一陣子，男生終於開始有了回應。漸漸地兩個人的互動熱絡了，女生覺得約會的對象終於喜歡上自己了，所以開始放更多感情。可是怎麼最後關頭男生卻告訴妳：「我們只是朋友，我們也只能是朋友。」而且拒絕妳還不夠，他們還會「貌似好心」的教妳怎麼改進，才能進化成更好的女孩。

我非常厭惡這種男人，不只不尊重別人，而且狂妄自大。女生當初主動示好，也是因為看得起你，只是不小心看走眼而已。不管怎麼說，那個男人先主動摸了摸小菲的頭，接著再沒來由的重重打了她的頭，不只很有事，還有病！

我對孔劉所做的一切，其實也是一種典型的「倒追」。但是倒追又怎樣，我不倒追，難不成孔劉會來追我嗎？當我們年紀越大，越要有主動追求的勇氣。不要因為過去不好的經驗，就放棄了追求幸福的權利。當我們喜歡上一個人，努力讓自己在對方的生命裡，有形象、有靈魂、有溫度、有畫面，沒什麼不對。當記憶種子在別人的心裡深了根，就會開始發芽。只要是兩個對的人，不管是誰先起頭的關係，都可以豐饒地開花結果。

「倒追」這個字眼我眞的很討厭，就跟「大齡剩女」一樣充滿了歧視，也限制了女生的無限可能。如果不能讓這些字眼消除，那麼也請把「大齡剩男」一起納入通俗詞彙吧。

在「倒追」這個字眼被消失以前，我們不妨先轉換一下心態，學著和它和平共處，大聲的對外宣告：「我倒追，我驕傲！我主動追求想要的幸福，不需要得到任何人的允許。」

大齡勝女正時尚

一直很討厭「大齡剩女」這四個字，因爲裡頭包含了「大齡」、「剩女」這兩個負面詞彙，強烈暗示了一個女生年紀大又沒人要。如果把這個詞彙收進字典裡，我想它的解釋會是：過了適婚年齡卻沒辦法結婚的女生。

在我的眼睛只看得到孔劉以前，雖然我已經很大齡，身邊朋友們還是會很熱心的幫忙介紹對象。很多時候他們都會特別叮嚀我：「不要那麼挑，趕快找個人嫁了吧。」每次都讓我斜線三條。爲什麼不能挑啊？買水果都會翻來翻去了，挑男人時爲什麼要睜一隻眼閉一隻眼。

更何況我一路走來，不挑的時候都是吃屎收場，那時候大家都會怪我就是因爲都不挑才會吃到屎，現在我好不容易決心要開始認眞挑的時候，你們又要我別再挑了，只因爲我年事已高，這世道怎麼這麼奇怪？

大學跨研究所時期的男友，是我目前唯一保持聯繫的前男友，我們可以彼此罵髒話，可以互相嘲諷，需要幫忙時他也不會缺席。不過我知道他一定很怕我會爆他的料，畢竟他現在也算有頭有臉的人物，媒體上有時可以看到他的身影。

雖然有這樣的交情，但是曾經有長達一年多的時間，我完全不想理他，還發怒叫他少來煩我。因爲他總會好心卻又非常惹人厭地跟我說：「不要再挑了，趕快隨便找一個對象結婚生小孩吧，再晚就生不出來了。我的朋友誰誰誰不錯啊，他也覺得妳不錯，考慮一下吧。」

他推薦的對象，往往都很有錢，但是不是頭禿得厲害，就是只比我高一點點；不然就是可能每天伙食都很棒，吃得胖嘟嘟肥吱吱，整個人看起來，無時無刻都在滲油。

好幾個明明跟我同年，看起來都可以直接喊伯伯。雖然說挑對象不是在選秀比賽，但是還是有基本門檻，怎麼可以因爲我年齡大了，就要假裝視力退化或是把標準放很寬，只因爲如果不跟現實妥協，我就會一輩子單身？

這樣的社會現實是誰造成的？誰又敢肯定，單身就一定不好，降低標準找個伴才好養老？

三年多前，大學學長介紹了他的大學同學給我，條件三高：學歷高、收入高、身高高，但是離過婚，帶了一個孩子。當時對於認識新對象我都抱持著開放心態，而且那時候確實有一種向命運低頭的認分，覺得年紀大了，選擇性真的變少了，我只能考慮離婚或喪妻的對象，不然就是乳臭未乾的小鮮肉。

那個男生滿喜歡我的，但是當他說出：「像妳這種條件的大齡剩女都很難搞，不要這麼難搞嘛。」我秒怒了，覺得你自己搞不定，怎麼反過來說我難搞？而且你自己離婚有小孩，我沒嫌你主打「買一送一」就很有同理心了，你怎麼反過來嫌我難搞？更重要的是，我覺得一個男人會使用「大齡剩女」這個詞彙，就表示他心裡對於這個族群的女生存在了偏見。

於是我馬上封鎖了所有他可以聯繫我的方式，沒有爲什麼，只因爲年紀大了，時間都不夠用了，爲什麼還要花時間在這種人身上？管他三高，我繼續浪費時間在他身上才會血壓不斷飆高。

而且我還沒結婚跟我難不難搞沒有絕對關係，都怪我過去一直太不挑，一心執念想要快點結婚，才會一直走錯路、鬼遮眼。

現在「大齡剩女」已經退流行，「大齡勝女」正時尙。「我單身，我驕傲」，因爲我知道我要什麼、不要什麼，我不需要爲了符合主流價值來勉強自己。

永遠不要讓自己落入大齡剩女的位子，然後開始閉眼選對象。我現在反而主張眼睛要張很開，而且要把眼睛放在頭頂上。唯有把條件放很高，阿貓阿狗、牛頭馬面、牛鬼蛇神，才會無法靠近。

挑對象其實不難啊，只要想想，妳希望他出現在妳的婚紗照裡嗎？妳希望他是妳未來孩子的爸爸嗎？

如果答案是否定的，請毫無懸念地瞬間斷開，管妳現在到底幾歲。

跟不對的人拍婚紗，還不如自己一個人爽爽地拍單人婚紗；跟不對的人生小孩，還不如讓妳的孩子晚點報到。

離婚比結婚更好的人生

當我們勸人分手或離婚時，有時會聽到：「可是我捨不得啊，沒有他，我會死。」可是事實是，在他身邊，妳分分秒秒都生不如死。

一個是會死，一個是生不如死，那麼爲什麼不乾脆直接投胎轉世？難過個七七四十九天之後，又是一個女漢子。很多時候我們只害怕著如果沒有強留在誰身邊的話會難過到死，卻沒想過，自己一個人也能好好活著，甚至活得更好。

一個和我超級要好的朋友，前年對我說：「我離婚時眞的好想辦喜酒、放鞭炮。」說眞的，她決定離婚時，我也好想包個大紅包給她。

她前夫很爛，幼稚、不負責任、個性不好，還加贈劈腿外遇。明明她各方面的條件都可以讓男生恨天高，但是在這段關係裡，她一路跪著爬行。心裡比誰都清楚他一直都是劣質品，當初她還是堅持嫁了，只因爲快要四十歲了，不嫁不行，而且都交往那麼久了，不以結婚收場好像很可惜。

結婚時，沒有拍婚紗也沒有辦喜宴，更沒有對外宣告，只有 Facebook 上女生單方面的顯示已婚。所有的一切低調從簡，只是因爲那個男人根本不在乎。

慶幸的是，人傻久了有一天也會醒，吃屎吃久了有一天也會膩，她主動提出離婚。現在的她，快樂又自在，看起來比當時年輕了五歲以上，還交了一個不錯的男朋友。

男友和她同年，今年正好四十二歲。一開始他就向她坦白自己是不婚族。不過經歷了前一次的慘痛經驗之後，她已經放下對於婚姻的執著，她覺得兩個人可以一起開心生活，比什麼都重要。

到了這個年代，很多事情早就沒有絕對，很多約定俗成都可以被顚覆。

所以看到朋友離婚，我們可以包個紅包慶祝她重生，再來場慶祝單身趴；看到朋友堅持要嫁給不對的人，含淚默默遞上白包，然後替她辦場告別式，哀悼快樂和希望即將離她而去。

很多女生的對象眞的都跟珍禽異獸沒兩樣，我以前就豢養過幾隻莫名的生物。可是當我們在找戀愛對象或結婚對象時，眞的不是預備拿來跟別人比比看誰的另一半比較怪，還是誰的另一半比較爛。如果眞的不合適，爲什麼不把位子好好空出來，搞不好哪天老天眞的會空降一個男神來補位。（神啊，請把孔劉給我好不好？）

如果妳因爲時間一分一秒過去，擔憂起美貌和卵子都將離妳而去，有憂患意識是好事，那表示妳還沒有放棄自己。不過我覺得每個年齡都有它獨特的美好，都值得被記錄。

不管現在的妳，處於哪一種感情狀態，單身也好，非單身也好；未婚也好，離婚也好，或者還在婚姻關係中也可以，都値得擁有屬於自己的單人婚紗，紀錄妳依然保有自我，也慶祝自己，一個人也可以很美好。

回頭看看那些已經比陌生人還不如的前男友們？有沒有很慶幸他們沒有出現在妳的婚紗照裡？

很多時候，不結婚眞的不會死，結錯婚才會讓人生不如死；還有很多時候，單身比結婚好，離婚也比結婚好。

單人婚紗照的適度留白是好的，在對的他出現之前，幸福先自己認領。

是妳選擇了單人婚紗，不是雙人婚紗遺棄了妳

好多女生從小女孩時候開始，就懷抱著美好的婚紗夢，幻想著變成大女孩時，王子終於出現，拿出鑽戒，屈膝跪下，希望妳可以成爲他的新娘。

長大後，愛情裡跌撞了幾回，發現童話故事的固定公式都是騙人的，現實生活裡根本沒有王子，騙子、壞胚子才是男主角，王子只活在童話故事裡。

參加了幾場婚禮，望著大螢幕上放映的新人婚紗照，二十世代的妳，心裡充滿羨慕，暗自告訴自己也要用力趕上，到時候自己的版本一定要更華麗更盛大。三十出頭的妳，羨慕中混雜了焦慮，因爲身旁的人開始提醒妳，時間不多了，趕緊找人嫁了吧。

三十五歲之後，還是覺得婚紗照很美好，但是妳發現要遇到一個正常的對象，比中樂透還困難，只能祈求奇蹟降臨。四十歲開始，妳根本已經自動轉成尼姑體質，無情無愛、無慾無求，成了愛情絕緣體，婚紗照這件事情，只能終生遺憾。

究竟是誰規定童話故事裡一定要有王子，王子候選人如果不夠格，爲什麼不能改寫劇本，先把他的角色刪除？又是誰規定，婚紗照一定要成雙。不能落單，要是找不到人和妳一組，妳就只能忍痛放棄實現夢想的資格？

有沒有想過，妳之所以對婚紗照充滿憧憬，可能只是單純因爲妳想看見自己最美好的樣子，而不是硬把自己的人生，和任何一個男人綁在一起。

眞的沒必要爲了拍到婚紗，把自己隨便嫁了；也沒必要輕易放棄妳的白紗夢，只因爲妳一直找不到人陪妳實現。

從小女孩時期跟著妳一起長大的公主夢很珍貴，不要隨便遺棄，更不要把它晾在待辦事項。找不到對的人，妳可以先選擇自己一個人。

miss_catherine_gong

710個讚

有人說，如果能和心愛的人一起看到楓葉飄落，就能廝守終生喔。< 想像力就是我的超能力 01 >

插畫illustrator : @LazyDon.2019

#凱薩琳孔 #캐서린공 #CatherineGong #幸福練習 #ORPHIC #單人婚紗 #單身婚紗 #單身精采 #我所走的每一步都是為了更接近你
#我會成為孔太太 #我是凱薩琳孔小姐 #等待加一或者不 #我和她們的單人婚紗故事
#插畫家illustrator : Don Ho #amagzing _ lazydon #lazydon.2019 @LazyDon.2019 @Amagzing.Amag

替自己寫一場顛覆童話的童話故事吧！

是妳選擇了單身，不是單身選擇了妳；是妳選擇了單人婚紗，不是雙人婚紗遺棄了妳。

女孩的單人婚紗，不晒假恩愛，只晒自己的美好，也晒自己的態度。妳自己買單，自己作主，用畫面向眾人宣告，妳的身邊寧可留白，也不願亂塡塞。

在只有新娘的婚紗照裡，妳可以是女王，也可以是公主。

哪怕王子還在趕路，還是途中不小心迷了路，妳都不會再著急。因爲妳已經先替自己實現了心願，其他一切都可以慢慢來沒關係。

單人婚紗拍的是爽度，何必在乎別人怎麼想

之前首度公開我在韓國完成的單人婚紗照時，一個男性友人開玩笑對我說：「一個人拍婚紗？這已經是國際孤獨等級的最高級了。」哈哈大笑的回應之後，我覺得他把我想得脆弱了。

拍攝過程中，我一點都不覺得孤單，反而玩得很開心。整個攝影團隊為了逗我笑，從頭到尾對著我「공유 공유（孔劉）」喊個不停，我只要負責盡興就好，不用害怕豬隊友不夠體面會破壞了畫面，也不用擔心豬隊友拍到生氣影響我情緒。

一個人拍婚紗，其實就跟一個人吃飯、一個人逛街、一個人看電影、一個人自拍、一個人旅行、一個人睡覺一樣，沒有誰規定做什麼事情都要兩個人才可以。

而且，要是跟不對的人一起從事某件自己熱衷的事情，不只比孤單更孤單，還附帶了難受。

對於「落單」或「成雙」的迷思，生活裡隨處可見。「雙數」象徵喜事，所以紅包一定要包雙數；「單數」代表不祥之事，所以白包約定俗成包單數。

可是到了考試或比賽的關頭，又必須追求無雙的第一名，說什麼都不要與人並列冠軍，如果不小心拿到第二名，可能會比第三名還要更傷心。

好混淆喔，到底是單數好，還是雙數好？到底是單人好，還是雙人好？

「單人婚紗」的事業成立之後，接觸了一些女生，她們幾乎都會提到，不知道完成這個夢想之後，爸媽會怎麼想？朋友會怎麼想？

就算她們早已跨越那個檻，完全認同自己的決定，還是難免顧慮自己的行為可能不被理解，甚至不被接受。

其實每個人的人生，都是自己在感受，自己在經歷，就算當下的選擇看起來有些標新立異，也不需要自我懷疑，更不需要得到別人的同意。因為我們一直都活在自己的人生裡，而不是別人嘴巴裡。

拍婚紗本來就是很多女生從小到大的夢想，如果王子一直遲遲不出現，何必苦苦等他出現？

「結婚」和「婚紗」不應該是連體嬰，「婚紗」應該有自我意識，不該被「結婚」牽著走。

我們尋找的對象，應該是可以一起生活的伴，而不是一起拍婚紗的人。當然如果可以遇到一個值得一起生活，也願意一起拍婚紗的好伴，那就是最完美的天作之合。

單身並不可怕，可怕的是，找到不對的人，終結單身。單人婚紗也不孤單，孤單的是，找到讓妳更孤單的人，演完單人婚紗。

沒有新郎的婚紗，姊更美

如果要我定義單人婚紗，我會說因人而異，它可以是「先行版」，也可以是「正式版」；可以是「回馬槍」，也可以是「最終回」。

如果妳不排斥婚姻，但是也不會太心急，對未來抱著隨遇而安的態度，那麼妳的單人婚紗就是正式版之前的「先行版」。既然命定對象好像少了點方向感，目前還在迷途中無法即時趕到，在他現身以前，妳可以先記錄當下美好的樣子，然後不疾不徐、優雅地等待他出現。

如果妳很篤定這輩子都不打算踏入婚姻，一個人的自由自在比較適合妳，那麼妳的單人婚紗就是永遠無雙的「正式版」。對妳而言，一個個體就足以組成家的單位，男人對妳來說，當裝飾都嫌累贅。

如果妳還存在婚姻關係裡，只是當年的婚紗照現在看起來根本慘不忍睹。當初的神隊友如今退化成豬隊友，妳也從小姐變成了媽，那麼妳的單人婚紗就是讓妳得到救贖的「回馬槍」。一個暫時拋夫棄子的私人行程，讓妳可以用畫面證明妳仍然保有未婚時的美好。

如果妳已經從上一段婚姻中脫隊，當年的婚紗照早已經被銷毀，因爲那些貌合神離的畫面好像一場鬧劇。拿到離婚證書的快樂，遠比當初拿到結婚證書更震撼，那麼妳的單人婚紗可以是妳的「最終回」，也可以是等待下次幸福降臨的「先行版」。這一次終於落單的婚紗，替妳慶祝重返單身的美好。

走在人生不同階段的我們，心態不同，狀態不同，單人婚紗的意義也很不相同。透過單人婚紗的實現，和自己深度對話，我覺得很有智慧，也很值得。

通通閃開吧，那些破壞鏡頭的男人們！不管妳未婚、已婚、離婚，都值得擁有屬於自己的單人婚紗。沒有新郎的婚紗，姊更美。

單身無罪，單人婚紗有理；我們的無雙婚紗，我們自己拍就可以。

大齡剩女逆轉勝

蜜桃變壽桃又怎樣，鮮肉還不是終究變臘肉？
比年齡更重要的東西，是眼睛看不見的態度。

前幾年我見過一則新聞標題「蜜桃變壽桃！昔日性感女神老花走味」，當下超級震撼，那標題下得未免也太狠，而且很糟蹋人。看了一下記者的名字，果不其然是個男人。

當時的我，依然困在世俗的偏差價值裡，一方面強迫自己接受即將成為供桌上壽桃的事實，也同時告訴自己，搞不好在別人眼中，我已經是「半個壽桃人」了。

現實生活中，因為年齡所遭受的不公平待遇以及歧視，也同時上演。

和臺積電男分手後，一個他的萬年好友對我說：「他當初之所以對妳那麼不好，不是因為妳不好，而是因為妳的年紀。妳比他大四歲多，妳急著結婚，他不著急，所以他當然不會對妳好。他現在的女友小他六歲，變成他急，女生不急，情勢就翻轉了。」

聽到那些話的當下，我很挫敗，我不明白為什麼年齡可以成為評斷一個女生價值的標準，或是貶抑一個女生的原因。

不只日常生活會遭遇這種不公不義，虛擬世界也逃不了。

我曾經在大陸淘寶網站上買了一樣高單價的智能商品，因為那樣東西使用上有技術門檻，所以下單前仔細問了一些問題。前端客服可能看我放的大頭照貌似可愛的臺灣妹，開始不斷獻殷勤。當下我很直接告訴他我的年紀，希望可以結束荒謬的情節。

東西運來臺灣後，發現店家寄錯型號，送來的東西比我原先購買的款式低階，所以申請退貨退款。沒想到店家惱羞，打字罵我：「東西不是都一樣嗎，只是型號不一樣，爲什麼不能用？難怪妳年紀這麼大還嫁不出去，一輩子注定當老處女。」

當下我非常生氣，覺得他憑什麼可以拿一個女生的年紀還有婚姻狀態，組成羞辱人的句子。

「就是因爲妳……，所以才嫁不出去」，這是世界上最討人厭，而且一點邏輯都沒有的因果句。通常會講這種話的人，都是條件和素質很差的男人。他們根本搞錯供需關係。其實在婚姻市場裡，我們是供應端，而不是需求端。我們不是嫁不出去，而是一直沒有碰到可以嫁也願意嫁的人。

那個狠毒的新聞標題從來沒有從我腦海消失，不過我終於把新聞標題拼成了對聯，它的下聯是「鮮肉變臘肉！昔日性感男神禿肥走樣」。

來吧，就來彼此傷害！

社會上，一直存在各種偏見和歧視，一個人的出生背景、職業位階、教育水準、收入水平、外在條件，通通都能招來價值判斷。但是針對年齡而來的這款歧視，往往都是衝著女性而來。

弔詭的是，好像幾乎找不到一種偏見或歧視，是針對內在的性格瑕疵，太多人都只在乎表淺的東西。

面對這樣病態的狀況，我們唯一能做的，就是肯定自己的價值。只要妳認同自己，別人就找不到立場否定妳。

之前碰過一個女生，選在她生日當天在臺灣完成她的單人婚紗，我們團隊想幫她慶生，特地買了蛋糕。因爲蛋糕店裡的問號蠟燭已經送完，只剩下有數字的蠟燭，所以我憑藉著記憶，拿了她歲數的蠟燭。

因爲擔心拿錯了蠟燭數字很尷尬，所以當天跟她確認了兩次是不是她幾歲的生日。第一次她沒有應答，第二次她有點失控：「爲什麼今天要一直圍繞我幾歲的話題？」當場我傻眼，有點後悔幫她準備了生日驚喜。

我的姪女去年夏天從美國回臺灣度假時，幾乎每天都會跟我說：「姑姑，我跟妳說喔，我很快就要五歲了。」今年開始，她一想到又會說：「這次我回臺灣時，我就快要六歲了。」小時候的我們都想快快長大，可是爲什麼當我們年紀越來越大，碰到別人問起我們的年齡，我們的應答卻越來越小聲？甚至還會因爲觸碰到這樣的話題感到不悅？

miss_catherine_gong

1025個讚

《남자친구》Happy Ending 的場景。慧喬有寶劍，我有你。< 想像力就是我的超能力 02 >

插畫illustrator : @LazyDon.2019

#凱薩琳孔 #캐서린공 #CatherineGong #幸福練習 #ORPHIC #單人婚紗 #單身婚紗 #單身精采 #我所走的每一步都是為了更接近你
#我會成為孔太太 #我是凱薩琳孔小姐 #等待加一或者不 #我和她們的單人婚紗故事
#插畫家illustrator : Don Ho #amagzing _ lazydon #lazydon.2019 @LazyDon.2019 @Amagzing.Amag

有人問我：「那妳爲什麼不乾脆拿十八歲的蠟燭就好？」老實說，我非常不能接受「永遠的十八歲」或是「永遠二十五歲」這種自欺欺人的說法，我覺得每一個年齡都很珍貴，不該刻意被模糊處理。

我很欣賞臺灣永遠的男神金城武的態度，今年已經四十五歲的他，前兩年受訪時主動提到：「我的年紀越來越大，也開始長白頭髮，經紀人說要刷黑，我說不要，什麼時候要有什麼時候的樣子，才是珍貴的。」

本來就是，說什麼，我們都應該擁有不畏懼揭露自己眞實年齡的態度。

從我身上，我發現一個有趣的現象，社會上確實對於大齡女生存在偏見，但是並非無所不在。更精準一點說，眞正會招來歧視的，通常是「視覺年齡」，並非「實際年齡」。

年過三十五歲之後，我只經歷了一次因爲年紀受到歧視的個案。那個自以爲是的建築師認爲，就算我外裝保持得很好，但是我內建的子宮已經衰老，沒辦法達成他兒孫滿堂的心願。我很想反問這個自視甚高又不懂得自我檢討的男人，難道他敢保證他不會精蟲數過少？

深究我沒有受到年齡歧視之苦的原因，我想是因爲我的視覺年齡硬是比實際年齡少了好幾歲。依照臺灣男人的膚淺程度，只要滿足了他的視覺，他一樣會把妳當獵物。

從旁人的態度裡，我幾乎找不到偏見或歧視，原因很簡單，因爲我沒有讓自己名符其實看起來就符合刻板印象中四十歲的樣子。

有一種比年齡更重要的東西，是眼睛看不到的，也沒辦法被量化，就是「態度」，我們的價值不是活在別人的標準裡，而是存在自己的生命裡。

這兩年我開始覺得大齡勝女是最幸福的一群，因爲我們更了解自己的喜好，經濟條件也更優渥了，完整屬於自己的私人時間也比已婚的人多上許多。我們可以在自己狀態最好的時候，好好跟自己獨處，也好好善待自己。

既然老天決定賜予我們這樣的人生歷程，當然要好好把握，把生活塡滿不留空洞，這樣未來當另一個人出現時，我們才可以毫無懸念地走向兩人生活，因爲我們過去已經把單身生活過得很滿、很過癮，沒有遺憾了。

如果沒有善用大齡的優勢，經常爲了找不到對象煩惱，這樣不只當下的單身生活過不好，以後的婚姻生活也不會好。雙重損失下，人生都白活了。

單身生活的自主性和延展性是無極限的，不只可以追夢，還可以追星。下班回家後可以賴在沙發上什麼都不做，週末可以睡到自然醒，不會有孩子來搖醒妳。撇開那些偶爾試圖激勵妳快點走入婚姻的過度關心或是酸言酸語，日子根本就過得輕鬆又愉快。

誰規定二十歲才是最美的年紀，我們每個人都可以重新定義最美的年華。年過四十又怎樣？年過四十還單身又怎樣？我反而覺得年紀就像「篩選器」、「過濾器」，把那些用年紀來衡量我們價值的男人濾掉，最後留下來的，才是值得一起走的人。

剩女逆轉勝一點都不難，只要有態度、也有行動力，努力讓自己的內在和外在不隨著年齡增長老化，就可以削弱年齡對我們的殺傷力。

勝女挑對象說什麼都要拿出完整的態度，不能沒魚蝦也好。好好挑、慢慢選，才不會又從勝女被打回剩女。

韓國婚紗，是我單人婚紗的起點，在那裡我看起來就是特別美。我第一次拍韓國單人婚紗，是三十八歲即將跨入三十九歲的一個月前；第二次拍韓國單人婚紗，我故意選在四十歲生日當天完成。不爲了結婚而拍的婚紗，就是多了自信光采，不袒胸露乳的婚紗，就是多了氣質高雅。

三十八歲是我拾回自信的一年，現在四十歲的我，對於年齡已經無所謂也無所畏。

我四十歲，我單身，我驕傲。因爲我已經成功逆轉勝，把那些跟大齡剩女相關的偏見狠狠拋在後頭。

就算我已經是壽桃又怎樣？至少是顆精品店的壽桃，非賣品，一般人捧再多錢也買不起，我只等待「姓孔，名地哲」的有緣人把我帶回家。

準新娘，來按鈴

妳的幸福和我的現在無關，卻和我的過去有關。
每一個好男人的誕生，都是好女人的血淚養成的。

我一向習慣深夜寫文章，常常寫著寫著天都亮了。那天清晨六點多，差不多結束手邊的工作，正準備躺平的時候，粉絲頁傳來一個私訊。

看了大頭照，心裡一驚，是前男友的未婚妻。當下腦海中，閃過各種訊息內容的可能，她究竟是來數落我，還是來質疑我，或者來安慰我？我沒有一點頭緒。點開之後，是長長的一段文字：

這兩年有三個分別四十二、四十五、四十三歲的女生朋友結婚，她們的老公都超級疼愛她們，不夠疼的幹嘛要嫁。大家都經濟獨立，也很享受一個人生活。

也有五十三歲的男生朋友，娶了五十歲太太，兩個都是首婚，到處做小孩花了一些錢，但也順利懷孕生下來，朋友很心疼老婆，又更愛她了。

參加其中一個好友婚禮時，想到她一路以來的風雨，我真的哭好慘。只要好好照顧自己，最後一定會遇到對的人。年紀絕對不是問題，女生一定要愛自己，耐心等待懂妳愛妳的男神來到。

還好新娘不是妳，現在的姊姊，比他的新娘還要美。

還來不及回應，女孩繼續耐心打著長文字，和我分享她過去的感情遭遇。

在遇見他之前，她也經歷了兩段不開心的感情。那兩個男生混雜了許多渣男特質，自私、跋扈、不體貼、沒擔

miss_catherine_gong

with just a single step.
at's that second step?

710個讚

期待傘下有一個你。

插畫illustrator : @LazyDon.2019

#凱薩琳孔 #캐서린공 #CatherineGong #幸福練習 #ORPHIC #單人婚紗 #單身婚紗 #單身精采 #我所走的每一步都是為了更接近你
#我會成為孔太太 #我是凱薩琳孔小姐 #等待加一或者不 #我和她們的單人婚紗故事
#插畫家illustrator : Don Ho #amagzing _ lazydon #lazydon.2019 @LazyDon.2019 @Amagzing.Amag

當、言語霸凌、把她當工具人、金錢上占她便宜、對未來給不起承諾。

她說那時候她真的很傷心，如果當時就有單人婚紗，她一定會去拍。直到我前男友的出現，改寫了她的悲傷愛情故事。

讀著她的文字，我諷刺地覺得似曾相識，我和她未婚夫過去的那些破事，如出一轍在她的過去上演。

我好奇她是怎麼找到這裡的，她告訴我，他的朋友們聊天時，有提起我正在做的事情，他也讓她知道我的帳號，所以她才能和我對話。

女孩繼續對我說：「我想跟姐姐說，他對我真的很好。小時候我都不聽媽媽的話，吃了幾次男人的虧，哭著回家找媽媽後，媽媽一直提醒我，女人是有能力讓自己幸福的。」

她雖然年紀很輕，但是早已看透愛情裡殘酷的真相。當一個女生愛得比較多，就注定辛苦，因爲不夠愛自己，就把男人寵成壞人了。

她說，他之前也會在上樓梯時，用力戳她屁股，後來她會趁著他走在前頭時，冷不防地攻擊他。現在他學乖了，沒事不會隨便出手。

看著她分享著她和他的互動，我覺得他們好契合。那時的我，對於一個男人有事沒事就在公共場合戳我屁股，覺得幼稚又愚蠢，讓我身心狀態都很不舒服；但是對她來說，卻可以和顏悅色的以牙還牙，甚至當成兩小無猜的小情趣。

當年我對於他把房子買在距離我原生家庭無敵遠的新店區，覺得很無奈，哪個女生不希望婚後還是可以離娘家近一些？而且房子買得老遠就算了，還要求我跟他一起負擔掛在他名下的房貸，道理怎麼都說不通。現在這個女孩很巧的跟他一樣同是新店人，女孩也說他現在大方多了，眞的對她非常好。

最後，女孩給我一段讓我五味雜陳的話：

他當時不知道他傷害到妳了，他只是做自己（把錢看很重、講話很機車、很皮、又愛搗蛋），但是他現在知道妳受傷了，那時傷得很深，所以後來他學會照顧人之後，應該也知道自己當年不懂事，沒有把妳照顧好。

有點諷刺，這份遲來的道歉，竟然是由他的未婚妻替他傳達，但是我真的很難原諒，因爲在那將近三年的日子裡，我沒有一秒鐘的時間，覺得自己是幸福的、相信自己是被愛的。

如果時光倒退回五年以前，我應該沒有現在的成熟來處理這場和前男友準新娘的對話。面對她的善意，我可能會看成不懷好意，覺得她用勝利者的姿態，嘲笑我的過去有多失敗。

但是現在的我欣然接受命運的安排，她用一種非常特別的方式讓我知道，愛情裡沒有永遠的壞人，再糟的人也可能改邪歸正；愛情裡也沒有永遠的悲劇型人物，過去感情再波折的人，走著走著也會遇到真愛。

雖然很殘酷，也有點不公平，但是妳故事裡的王八，可能是別人故事裡的王子，我想這是一種「前人種樹，後人乘涼」的概念吧。

準新娘的幸福，對我來說不是諷刺，而是鼓勵，她真的是一個討人喜歡、有正能量的女孩，我不禁咒罵那傢伙怎麼運氣這麼好，可以遇到這麼好的一個女生。

謝謝妳，前男友的新娘子
過去我經歷的那些難過，妳沒有經歷很好
過去我不曾擁有的幸福，妳現在幸福著很好
過去我不曾享有的待遇，妳現在享有著很好
過去我持續累積的傷心，現在離妳很遠很遠也很好

我沒辦法祝福他，但是我願意祝福妳，希望他可以永遠善待妳，把妳當成公主來保護。妳偶爾可以耍賴、偶爾可以鬧情緒，更可以永遠做自己。

our wish
的愿望

miss_catherine_gong

1025個讚

Tell Yoo My Wish 「갖고 싶어요！」

插畫illustrator : @LazyDon.2019

#凱薩琳孔 #캐서린공 #CatherineGong #幸福練習 #ORPHIC #單人婚紗 #單身婚紗 #單身精采 #我所走的每一步都是為了更接近你 #我會成為孔太太 #我是凱薩琳孔小姐 #等待加一或者不 #我和她們的單人婚紗故事 #插畫家illustrator : Don Ho #amagzing _ lazydon #lazydon.2019 @LazyDon.2019 @Amagzing.Amag

我也相信，幸運有一天一定會降臨在我身上，因爲我已經懂得好好善待自己。
眞心祝福妳，永遠幸福快樂！

她們的單人婚紗

秤斤秤兩的愛情

Sophie：如果我瘦下來了，我們去結婚好不好？

Sophie，三十二歲

「單人婚紗，紀念我的重生和銳變，正式告別十一年的曾經。」

他是Sophie大學隔壁班同學，大一上學期，一群人總是玩在一起。寒假時，兩人開始單獨出去約會，開學後，很自然的走在一起。

那一年，他們十八歲，都是彼此初戀。

大學四年裡，兩個人的感情一直很穩定，唯一不穩定的，是Sophie的體重。

因爲師大附近太多美食，Sophie養成了每天吃消夜的習慣，就這樣，她體重從五十四公斤一路攀升到六十四公斤，整整胖了十公斤。

爲了大學畢業前的謝師宴，Sophie努力瘦回到五十八公斤，可是出社會後，因爲工作壓力大，體重再創新高，一路衝破七十八公斤。

她大方跟我分享她當時的照片，我驚呆了：「七十八公斤？我的天啊，妳體重比孔劉還重，而且快要兩個我了。」

二十六歲那年，Sophie主動開口，問了男友對於未來有什麼打算，他沒有正面回應。接下來開始，Sophie每年都會丟出相同的問題。

終於，男友搬出了萬年通用版的理由：「我希望有車、有房、事業有成之後，再來談婚姻。現在一事無成，我還沒有準備好。」

話是說得很漂亮，可是卻一直不見他為了衝破這個自己設下的門檻，有什麼更長進的表現。

二十八、二十九歲那兩年期間，Sophie 和男友開始瘋狂算命，有時候一起同行，有時候分開進行。因為男生沒辦法確定自己的心意，對於該不該結婚始終很猶豫，所以他們雙方達成共識，對於沒辦法決定的事情，就交給天命吧。

他向 Sophie 坦承，感性上，他對她已經沒有感覺了，可是理性上，他覺得 Sophie 沒什麼不好，也已經習慣身邊有她的陪伴，所以他很迷惘，不知道應該順著自己的理性還是感性走。

為了找出到底「要不要結婚」的答案，Sophie 連前世今生催眠都去了。

前世裡，Sophie 是名俠女，男友是書生，兩個人非常相愛。

因為工作關係，Sophie 經常有危險任務在身。在一次執行祕密任務之前，Sophie 覺得這次可能再也回不來了，因為不想耽誤對方，所以提了分手，傷透了男生的心。

後來任務中，Sophie 果真差點喪命，多虧另一個男人救了她一命，為了報恩，Sophie 嫁給了她的救命恩人。

那一世裡，男友明知Sophie已經嫁給別人了，還是癡等了她一輩子，所以這一世裡，成了角色互換的對應關係。

「胖瘦」一直是卡在他們之間的問題，身邊的朋友紛紛勸她減肥，男友也對於七十八斤的她感到崩潰，可是Sophie 覺得，我們都在一起這麼久了，你為什麼還會嫌棄我的體重，你應該知道我是一個內在很好的人啊。

她承認當時有點反骨，因為她覺得用外表來衡量一個人的價值很膚淺，所以故意讓體重維持高點。加上她小時候就是有點肉肉的女生，媽媽常常恐嚇她「太胖會嫁不出去」，當時她就決定，長大以後說什麼都要找個可以接受她胖的男生，那樣她就可以證明，胖子也有人愛，胖子也會有春天。

她大笑對我說：「可是事實證明，瘦子的春天還是比較好一點啊。」

男生繼續糾結著「究竟該不該結婚」的同時，也向 Sophie 坦承，他希望自己的另一半是漂亮的，其實他不太能接受膨脹後的 Sophie。

Sophie 找到了他藏在字裡行間裡的條件，主動問他：「那如果我瘦下來的話，我們去結婚好不好？」

就這樣，「理想體重」成了談判籌碼，Sophie 終於願意花力氣讓自己變瘦，因爲只要瘦下來，兩個人就可以結婚去。

對她來說，爲了男朋友變瘦，不值得；可是爲了準老公變瘦，很划算。

結果，瘦是瘦下來了，可是他還是不想結婚，Sophie 才發現，能不能結婚，其實跟她的外表一點關係也沒有。

一路拖到三十歲，Sophie 對男友發出最後通牒。猶豫了兩三個禮拜之後，男友答應了，可是一個月後又反悔。Sophie 果斷提了分手，因爲她知道再等下去也不會有結果了。

兩人分開半年前開始，男友和一個單親媽媽同事頻繁往來，常去她家和狗玩。分手時，Sophie 正式問起了他們的關係，男友承認對那個女同事有好感，但是兩人還沒在一起。

我問 Sophie，當她知道他當時心理出軌的對象，是個離了婚又帶著小孩的媽媽，她內心有什麼衝擊？她一樣爽朗大笑地說：「靠，我當時就是輸在外表啊。」

分手後，Sophie 犯了一個很多女生都會犯的錯，以爲忘記上一段感情最好的方法，就是展開一段新的感情。很快地，她交了下一個男友。

他是朋友介紹的對象，雖然長相明顯不是她的菜，但是她還是試著交往了，因爲他的經濟條件非常好，也能給 Sophie 足夠的安全感，最重要的是，他非常渴望走入婚姻。

第一次見面時，他就提到想結婚，兩人相處時也是處處以 Sophie 爲主。雖然 Sophie 一開始對他沒什麼感覺，但是因爲他給得起所有前男友給不起的東西，漸漸地也好像喜歡上他了。

因爲接管家族事業的關係，他希望 Sophie 婚後可以把工作辭掉，專心在家裡相夫教子。他開出的條件對 Sophie 來說一點吸引力也沒有，因爲她還是希望可以靠著自己的力量，證明自己的能力。對於這一點歧見，兩人一直沒辦法取得共識。

這男生的「媽寶」程度不輕，因爲家產都是媽媽給的，所以很聽媽媽的話。爲了可以快速完成結婚的心願，

Sophie這一回願意放棄「婚後不跟婆婆同住」的堅持。可是男生的媽媽非常反對Sophie吃素，她認爲吃素對身體不好，以後沒辦法生小孩，要她在「吃素」還有「成爲她家媳婦」之間做選擇。

那男生完全沒辦法處理婆媳之間的問題，最後選擇放棄Sophie，繼續繼承家業。這段感情非常短，來得快，去得也快。男生很眞心，但是他談戀愛的下場都是媽寶的宿命。Sophie刻意選在這一切發生的一年之後，完成自己的單人婚紗。拍攝之前，她決定這一回要爲了自己瘦，最後成功讓自己再小一個尺碼，從L變成M。現在她也開始重量訓練，體態看起來更美好。

她告訴我，當她瘦下來，也完成自己的單人婚紗之後，她覺得那兩個男人的損失眞的太大了。她開玩笑對我說：「我第一個男友眞的是福薄，他在我最胖最醜的時候跟我在一起，現在我變瘦又變美，換他變胖子了。」說完後，不忘補上她的爽朗笑聲。

她和他還是維持著友好的關係，看到他現在的樣子之後，她覺得少了很多遺憾，就連看到他和那個單親媽媽的甜蜜合照，也一點感覺都沒有。

她也發現，完成單人婚紗之後，她的心境產生了不小的變化。以前Sophie對於結婚充滿幻想，一想到結婚，就會聯想到「求婚」、「拍婚紗」、「辦喜酒」這些浪漫橋段。拍完單人婚紗之後，因爲最浪漫的事情她都已經做過了，還證明了一個人也可以很浪漫，所以現在當她面對感情時，不會再那麼衝動，反而會考慮很多，比較冷靜。

也因爲婚紗照她自己先拍過了，所以將來結婚時，拍不拍都可以，因爲她已經替自己完成夢想了。不過如果未來老公很高又很帥的話，她覺得還是拍一下好了，而且一定要去韓國拍才可以。

有時候她會想，現在單身生活的美好，是她喜歡的樣子，如果因爲另一個人的出現，她不只需要改變當下的狀態，還要花力氣去經營關係。如果花了很多時間卻沒有好的結果，最後如果回到原點，不就白忙一場？

人生很多時候都會產生「蝴蝶效應」，就算只是一個微小的決定，都足以引起長期的連鎖反應。完成「單人婚

紗」之後，Sophie 開始檢視自己的過去，也重新規劃未來，心理素質的強度已經逼近滿點。

她從來就不是不婚主義者，只是她終於領悟了，進入婚姻以前，必須先找到那個對的人，而不是一個一起拍婚紗的人，因爲結婚的終極目的不是爲了拍婚紗，而是找到一個人好好過日子。如果眞的很想拍婚紗，當時又找不到天作之合的人來一拍即合，既然這樣，婚紗爲什麼不能先自己拍？

她告訴我，她很喜歡電影「比悲傷更悲傷的故事」裡頭的一句話：「人爲什麼要結婚呀？當你老的時候，或是需要被照顧的時候，那個人可以理直氣壯的一直陪在你身邊。」

我相信 Sophie 一定可以找到她的命中注定，也一定可以遇到屬於她的理所當然，因爲她一直都是那麼美好的開朗少女。

我眼中的 Sophie
一年前的失去 v.s. 一年後的獲得

我非常喜歡 Sophie，一個充滿正能量的甜美女生。

她臉上總是掛著燦爛笑容，彷彿她的世界裡永遠是晴天。她講話也非常無厘頭，三句裡頭總有兩句可以讓身邊的人大笑，她就像一個快樂製造機，吸引人想要再更靠近她一點。

這麼歡樂的女生，也有不開心的過去；這麼難得的好女生，也會被遺棄。她的故事再次證明，愛情裡頭，條件論根本就不成立。

短短一年的時間，她成長很多，身心靈都大進化。一年前雖然她失去了一個不再愛她的男人，還有一個愛媽媽勝過愛她的男人，但是一年後她找回了一個完整的自己。

她的活力一直在感染身邊的人，當初拍攝單人婚紗時，她獨特的人格特質完全發揮到極致。

在造型店化妝時，她眼尖發現一個好看的韓國男生，開心對我說：「姊，那個男生好可愛喔，我可以跟他合照嗎？」

當我準備前去開口時，才發現那個男生是當天要拍婚紗照的新郎。她的外景選在弘大街頭進行，這系列的街拍她處理地非常好，完全沒有害羞扭捏的樣子，非常愜意自在，一點都不在意路人眼光。

出發前往弘大的路上她就充滿期待地跟我說：「姊，我等等要路上找個韓國帥哥，跟他合照紀念。」因爲知道她是認眞的，拍攝團隊收到她的願望後，全部的人都沿路幫她留意有沒有優質男。攝影師更是積極，一聽到她說哪裡疑似有男生不錯，就衝去交涉。

只可惜一路走下來，只發現兩個不錯的單身極品，第一個因爲不好意思拒絕了，第二個是韓國警察，因爲勤務在身，只能跟我們說對不起。

最後我們放棄了，Sophie 跟我說：「臺灣找不到好男人，弘大附近找不到帥男人，怎麼這麼慘。我們飯店附近的帥哥就很多啊，可是現在回江南，應該來不及。」

「街頭肉搜韓國帥哥」這項任務，讓我跟 Sophie 都領悟，沿路找帥哥拍照這件事情，就跟我們找對象一樣，如果找得不是很順利，一直沒遇到符合條件的人，很容易因爲心急，犯下想要隨便抓一個的錯誤。

還有一些時候，當我們發現了不錯的對象，只能遺憾他們早已名草有主，這時候一動不如一靜，還是遠觀別人的幸福不去破壞比較好。

不過更多時候，我們明明都知道該往哪個方向去找，才會找到好對象，可是又擔心如果條件設限這麼多，範圍設定這麼狹隘，最後會不會一個都找不到？所以就把標準放寬再放寬，最後三流男人也入選了。

但是這樣是不對的，因爲就算沒找到人，也遠比招來一個鬼好。

不說一定不會有人猜到，個性這麼活潑的她，竟然是明星學校的數學老師，完全顚覆了一般人對於老師的刻板印象，我覺得她的學生很幸運也很幸福，可以和這麼酷的老師朝夕相處。

瘦下來的她，甜美得神似我的假想情敵金高銀，就算這樣，我還是很愛 Sophie，永遠的開朗少女，值得擁有風光明媚的好感情。

她在她的 Facebook 分享自己的單人婚紗照時，曾經寫下這一段話：

謝謝一年前你的誠實與坦白
讓我們不用因為習慣而綁在一起一輩子
讓我們重新檢視自己的追求
再一次為自己而活 為自己快樂
祝福你也祝福我
我們都已經活出更美的人生

我希望她能永遠保持現在的樣子，就算白馬王子的寶座一直空著也沒關係，因爲她已經每天都把生活過得很滿很開心。

親愛的 Sophie：

韓國的雙人婚紗在等妳喔，說什麼下一次都要找個又帥又對妳好的男人才行，而且千萬不能是媽寶。雖然以後的客人我不會再輕易同行，但是妳的話，我再忙都可以。妳一定會幸福的，因為妳已經把一個人的幸福，照顧得很好。那個可以一輩子理直氣壯照顧妳的人，一定會出現。

謝謝妳這一趟穿越恐懼的旅程，離開舒適圈之後，妳擁抱了更美的世界。

我不是不結婚，我只是不想跟你結婚

Nicole：你是我男友，不是我的爸爸二號

Nicole，二十九歲

「單人婚紗，想為努力活著的自己，留下一些美好的回憶。」

二十五歲那年，Nicole 和三十八歲的他，開始交往了。

兩人原本是同事關係，因爲男生不希望戀情受到太多關注，所以選擇不公開，共同朋友裡頭，幾乎沒有人知道他們在一起。

雖然 Nicole 身邊的朋友都曾經勸她，男生的外在條件不夠好，他們的組合有點不協調，她還是不以爲意。她覺得男生沒有什麼不良嗜好，況且對於外表她也不是很在意。

因爲男生年紀逼近四十的關係，中年大叔的危機感開始浮上檯面，交往過程中，頻繁提到他想結婚，也主動提出想跟 Nicole 家人見面的要求。

可是 Nicole 覺得，兩人的感情還不夠穩定，沒必要這時候驚擾爸媽，所以一直沒答應，對於這點，男方很在意。

或許是因爲十三歲的年齡差，兩人的想法差異很大，他會要求 Nicole 處處順著他的意思，有時甚至會限制 Nicole 的行爲或思想。

與其說他是她男友，他反而更像她的爸爸二號。

巨蟹座的 Nicole，很敏感、很細膩，也很容易被感動。她主動跟對方提過，希望偶爾可以有一些貼心溫暖的小舉動，像是在她生理期的時候，買碗紅豆湯或是熱巧克力讓她暖肚，可是男生卻責備她太物質了。

記憶裡，兩人幾乎天天在吵架，相處品質很差。可是現在努力回想，又想不起來當時到底在吵什麼主題，因爲全部都是一些無關痛癢的小事。

男生很易怒，常常彼此訊息傳著傳著，一不小心就惹他生氣。所以回覆訊息時，Nicole 總是小心翼翼，刪了又打，打了又刪，好怕哪一個字或是哪一句話，又惹得他不開心。

就算感情一直不是很穩定，兩人還是天天見面。問她難道不會覺得喘不過氣？她無奈的說，每天見面是男生的提議，因爲他覺得這樣可以給足女生所需要的安全感，所以她就順從他的安排。

只是高密度的相處，不代表高品質的關係。

一個事件的發生，讓 Nicole 不得不正視跟他之間長久存在的問題。

男生是一間廟宇的虔誠信徒，每次參加全國性的重大比賽之前，都會和同伴一起去廟裡拜拜。

前年，Nicole 正好要轉換工作跑道，男生提議帶她去那間廟拜拜，祈求一切順利。到了現場之後，Nicole 只願意拿香，不願意燒金紙，她覺得心誠則靈，拜拜不一定要有什麼特別的排場或規矩。

對於 Nicole 不願意燒紙錢的堅持，男生很不開心，他覺得那間廟宇是他的地盤，既然她來到了他的地盤，就應該聽他的，最後兩人鬧得不歡而散。

一年後，兩人再次來到他的聖地，踏進那間廟宇之前，先去早餐店吃個早餐。用餐到一半時，男生突然開口：「妳還記得去年在這裡發生什麼事情嗎？」然後開始翻舊帳，數落起 Nicole 的不是。

他說：「妳到現在都還不知道當初到底發生什麼事情，妳根本不能理解我爲什麼去年這麼不開心。」

他突如其來的壞情緒。讓 Nicole 一陣錯愕，不知道怎麼回應。後來男生獨自前往廟宇，留下她一個人在原地。她失神的滑著手機，正好在 Facebook 上頭滑到了我寫的文章，那一刻，她決定她要拍單人婚紗，因爲她覺得如果現在不自己拍，以後都沒機會拍了。

他知道 Nicole 完成自己的單人婚紗以後，故做輕鬆地說：「妳看，我很尊重妳，都不會阻止妳去做妳想做的事情。」當下 Nicole 表面沒有回應，但是心裡在抗議。她覺得拍婚紗是我自己的事情，你爲什麼要講得好像我應該感謝你的大器？因爲你的成全，我才有幸可以擁有我自己的單人婚紗照。

今年農曆過年前，男生又開始吵著要見 Nicole 的父母，他覺得都已經交往三年了，是該考慮結婚了，不要再拖了，他都已經四十一歲了。

刻板印象中，好像都是男生被女生逼婚的多，原來現實世界裡，女生被逼婚的個案還是存在的。

這一回，Nicole 有一種豁出去的念頭，心想：算了，反正我們也不會有未來，你要見我父母就給你見吧。

她一直覺得身邊這個人一定不是可以一起走到最後的對象，可是又捨不得分開，因爲害怕做決定，所以她希望透過男友和爸媽碰面之後的情勢發展，替她決定感情下一步要怎麼走。

見面那天，Nicole 的媽媽從頭到尾不發一語，連飲料也沒點，只待了五分鐘就離席，留下爸爸撐完全場。Nicole 當時雖然可以理解媽媽反應的由來。還是覺得有點太激烈了。

回家後，她賭氣不跟媽媽說話，媽媽選擇用簡訊的方式，溫和地向 Nicole 解釋。她說，自己生的女兒，談戀愛到底開心還是不開心，做父母的怎麼會沒感覺。女兒戀愛談了三年多，這回終於見到女兒的另一半了，除了失望之外，更多的是擔心。媽媽覺得她還年輕，對象可以慢慢找，眞的沒必要急著結婚。

爸爸則是安排了一場和女兒的單獨約會，爸爸訴 Nicole，當天碰面，他刻意選擇坐在那個男生的正對面，方便觀察他的神情變化。他覺得那男生的面相不是太好，看得出來是一個比較固執又自我的人，擔心 Nicole 跟他相處起來會很辛苦。不過爸爸告訴 Nicole，如果她堅持要嫁給他，他一定會幫忙說服媽媽。

那次不歡而散的碰面之後，Nicole 和男友的關係起了很大的變化。急速進入冷凍期。

第一時間 Nicole 感到恐懼，害怕失去。她本能地希望可以繼續走下去，所以主動問了男友：「要不要再努力看看？」男生告訴她：「我也想，但是妳們家的問題，只有妳可以解決。」

農曆過年時，兩個人都沒有見面，只靠著零星的簡訊保持基本的聯繫。

最後一次碰面，兩個人呆坐在公園靜默。突然間，男生開口提起自己的委屈，他覺得 Nicole 的家人讓他很難堪。對於 Nicole 從頭到尾都沒有幫他說話，他不能釋懷。

講著講著，他開始翻舊帳，把很多陳年往事通通搬出來講，一條一條數落Nicole的不是，這時候Nicole的情緒已經累積到臨界。

男生開口問：「我們現在這樣的情況已經沒辦法在一起了，那妳自己怎麼想？」

Nicole反問：「你心裡已經有答案了，不是嗎？」

男生起身丟下一句：「那就這樣吧。」就走了。看著他的背影慢慢離去，Nicole雖然很難過，卻沒辦法開口挽回，因為「我們再繼續試試看」這種話她真的說不出口。

當天晚上回到家，爸爸發現她的神情有異，但是沒有多問。Nicole擔心隔天上班時，如果不小心表現異常會嚇到同事，所以當晚向同事們紛紛坦承，她之前有男友，不過今天分手了，如果明天她的表現有點失常，希望大家可以原諒。

隔天，她一直有一股衝動，想問對方要不要複合，但是她忍住了。

她說或許是巨蟹座的關係，所以她的性格很悲觀，也很容易多愁善感，既然知道注定不是皆大歡喜的結局，不如就到此為止。

分手後的前兩天，她真的非常難受；第三天開始，開始覺得自己沒那麼難過了；再一個禮拜之後，看到他的照片，她覺得有點陌生，不太明白當初為什麼要跟他在一起。

她很快就從失戀的陰霾中解脫，因為當她冷靜下來回想過去，她覺得那是不健康的關係，連一些日常甜蜜都沒有，幾乎都是不美好的回憶。

原來，分手的當下，因為捨不得，都會戴著濾鏡美化過去，一旦走出了分手的陰霾之後，摘下失真的眼鏡之後，回過頭重新審視每一個片段，當下的情緒才是最真實的。

其實一開始兩個人的相處就有問題，但是她以為那是感情初期都會經歷的磨合期，所以選擇包容。久了之後，也因為已經習慣了對方的陪伴，所以幾乎不曾認真思考感情該走還是該停，有一種且戰且走的消極。

可是每當男生提到結婚時，她就會發現她很抗拒，可是她明明就不是不婚族，她還是希望未來可以步入婚姻，只是因爲現在身邊的對象是他，讓她對婚姻產生懷疑。

媽媽現在告訴她，晚一點結婚，或是不結婚也沒關係，只要她過得快樂就可以。爸爸對她的疼愛，更是讓她捨不得離開家裡。

Nicole在我心中，是一個帶有公主氣質的甜美女生。那天，我問了她未來對於婚姻或是婚禮的憧憬，她告訴我，她眞的很希望可以遇到一個，因爲娶到她，婚禮當天覺得自己很幸運也很幸福的男生。

她當時期待的神情，才是她在愛情裡綻放的樣子。

美麗的公主不需要冒牌王子的誓言，也不急著走向制式的童話，因爲國王爸爸早就替她打造了一座充滿愛的城堡，她已經是世界上最幸福的公主。

我很欣賞Nicole拒絕婚姻的勇氣，對很多急著想結婚的女生來說，非常不可思議。

就算正牌王子一直不出現也沒關係，她已經是國王心目中，獨一無二的公主。

我眼中的Nicole

找到正牌王子之前，我有拒絕結婚的勇氣

Nicole是一個帶著衝突感的女生，溫和卻很有堅持。外表看起來是冷淡系高傲美女，其實很擅長講好笑的垃圾話。

從她主動跟我聯繫，到決定拍照，最後匯款完成，整個過程不超過一小時，因爲太過順利，讓我開始懷疑人生，覺得天使降臨。

她的個性很討喜，很好聊，在我們正式見面之前，就已經沒什麼距離。

試穿白紗當天，她全素顏的出現，不化妝就已經是美人，她說她平時就沒有化妝的習慣。

她個性很乾脆，試穿了三件之後就率性地說：「姊姊，不用再試了，就這樣吧。」我知道其實她是擔心我太累，

體貼的讓我趕快收工。

她還注意到我應該還沒用餐，婚紗試穿結束之後，打開一個很精緻的紙盒對我說：「這家的蛋塔很有名，妳吃一個啦，妳應該還沒吃飯吧。」她的舉動讓我覺得暖心。

她外表看起來很像韓國女生，跟我有交情的古董店帥老闆還偷偷問我：「這女生長得很好看，是妳找來拍樣本的嗎？」

帥老闆爲了她，特地把古董店的燈全部關掉，搬出燭臺，點了滿座的白色蠟燭，畫面美到不行，結果她竟然抬頭跟我說：「要不要給妳吹，吹熄了孔劉會出現喔。」

收工後她對我說：「姊姊，謝謝妳，讓我有機會這麼美，好開心耶，人生最美的時候。」

我非常欣賞 Nicole 勇敢對婚姻說不的勇氣，很多女生從二十八、九歲開始，急著踏進婚姻，擔心一旦過了三十歲，身價就會暴跌。但是 Nicole 完全不一樣，對於婚姻，她有自己的優雅步調。

親愛的 Nicole：

雖然妳的外表看起來很冷傲，但是妳真的是一個很有溫度的女生。

妳常說，因為巨蟹座的特質，讓妳容易悲觀，習慣把事情都往壞的想。好希望妳可以試著學習善待自己，因為妳真的已經把身邊的人都照顧得很好了。

我手邊是真的沒有合適的對象可以介紹給妳，而且我身邊的單身男性友人年紀都偏大，我好怕會讓妳重蹈覆轍，只能跟妳說對不起。

之前妳已經不快樂地非單身三年多了，現在說什麼都要盡情享受當下的單身生活。

未來的某一天，妳一定會遇到那個，因為幸運娶到了妳，在婚禮上痛哭流涕的王子。

妳的美好，真的值得妳好好善待自己。

尋找八十歲不老公主，華麗登場

二〇一八年九月九日敬老節前夕，想起了二〇一三年電影紀錄片「不老騎士—歐兜邁環臺日記」，十七名平均年齡八十一歲的阿公，騎著摩托車環島十三天的壯舉。他們完成了別人眼中不可能的任務，扎扎實實地騎完一千一百七十八公里。

因爲非常欣賞不老騎士們不被年齡框架的勇氣和毅力，所以我和團隊特別企劃了「尋找八十歲不老公主，華麗登場」活動，募集三名八十歲以上的公主，希望替她們實現少女時代的婚紗夢。

對於那些不老公主來說，當年生長在亂世之中，生活很多艱困，可以和心愛的人相愛、相守，已經很不容易，天長地久更是上天的恩賜。

那樣的年代裡，婚紗照對她們來說，是最昂貴的奢侈品。

辛苦了一輩子，爲了家庭、爲了兒孫付出，她們從來沒有善待自己，也沒想過應該善待自己。

是時候了，讓她們可以穿越時空，跟她們當年的少女心還有公主夢再次相遇。

活動一釋出，馬上吸引很多關注，也成功募集了三名不老新娘，而且平均年齡超過九十歲。

謝謝這三位不老公主的完美演出，她們掙脫了很多世俗的框架，不再讓不老騎士專美於前。

我一直很討厭那種理所當然，認定每個年齡的人只能專注做什麼事情，或是每個年齡的人只能扮演什麼形象，

謝謝這三個阿嬤幫我們打破了年齡的界線。

沒有人有權力決定我們的人生，阿嬤都可以九十歲才拍婚紗了，所以過了適婚年齡還沒結婚眞的不是什麼天大的問題。很多美好，只是來得比較晚，永遠不會嫌太遲。

「不老新娘」挑戰「不老騎士」大成功！

八十歲不老公主　代表一號

阮綠嬌，九十六歲

孫女 Lily Chen 報名原因：

阿嬤九十六歲了，當年是帶著丫鬟嫁給窮小子，想讓阿嬤可以在人生中再留下一次美麗的倩影。

拍攝日期：二〇一九年一月四日

阮綠嬌阿嬤，民國十一年出生，民國三十年結婚。今年即將九十七歲了，身體還是很硬朗。

阿嬤一共生了四個小孩，當初是孫女幫忙報名活動的。

拍照當天，小兒子一家四口陪同她前來。看得出來全家人感情非常好。阿嬤化妝時，孫子從頭到尾一直握著她的手，穩定阿嬤緊張的情緒。

阿嬤當年可是富家千金出生，娘家的土地差一分就一百甲了。我稍微換算了一下，一百甲有二千九百三十四坪那麼大。

念高中時，學校老師介紹了阿公給她，兩個人開始交往，十九歲那年，阿嬤帶著丫環嫁給窮小子阿公。因爲阿嬤家境富裕的關係，當年兩人還有蜜月旅行，足跡遍及大陸東北、韓國。

當年因爲日本殖民臺灣，阿嬤從小接受日本教育，養成了日本人的習慣。就算不一定出門，每天還是會早起化妝。雖然已經高齡九十六歲，舉手投足之間還是非常高貴端莊，帶著千金小姐的優雅氣質。

造型師幫阿嬤化妝時，畫到一半阿嬤用臺語說：「賣勾委啊啦（不要再畫了），欸熊水（會太美）。」

阿嬤的老伴失智二十多年了，現在只能坐在輪椅上，也無法開口講話。阿嬤提到她的老伴，有點遺憾地說著：「那矣變阿捏（怎麼會變這樣）？」

孫女在旁邊安慰她：「阿嬤，妳今天回家時，阿公看到妳這麼漂亮，搞不好就開口說話了，還從輪椅上站起來喔。」

問阿嬤會不會覺得可惜，如果阿公今天可以一起來拍就更好了，阿嬤毫不考慮的馬上點頭，令人動容。

他們之間的感情歷經七十多年的淬煉，是純淨璀璨透亮的白金。

替阿嬤換上白紗時，不小心被我們發現，她竟然把藏私房錢的小錢包，縫在內衣的內層裡，這麼有年代感的行爲，讓大家不禁莞爾。

當她站在鏡子前，看到自己穿上白紗的那一刻，眼神中有藏不著的驚喜和嬌羞。原來所有女生都一樣，不管幾歲，內心深處永遠都保有少女心和公主夢，換上白紗後都能看見魔法。

阿嬤雖然已經九十六歲了，體力卻很驚人，現在每個禮拜天還是會固定上教堂做禮拜。阿嬤說，距離她上次到臺北已經八十年前了，這次一早就從屏東上來，中午緊接著化妝，下午進行拍攝，全程都笑咪咪的，配合度很高，只是偶爾會像個孩子一樣，用臺語問著：「拍好了嗎？累了。」、「筋骨痠痛捏。」

拍到一半她有點擔心地問我們，她流汗了，如果把味道留在衣服上怎麼辦，眞的很貼心。

家人特地帶了兩本阿嬤珍藏的相簿，裡頭有阿公阿嬤當年的婚紗照，還有蜜月照。阿嬤坐在椅子上，認眞的翻閱，時光彷彿倒回七十八年前，她陷入了當年的美好。

看到阿嬤現在的樣子，有一種深刻的領悟，「小時候的好命，是先天的；長大後的好命，是後天的」。嫁給什麼樣的人，就決定了妳下半輩子的命運，所以女生一定要嫁得好，日子才會過得好。就跟阿嬤一樣，可以活得這麼優雅從容。

非常謝謝阿嬤，以及阿嬤一家人的參與，陪著我們再次顚覆白紗的定義和意義。

拍攝前，連續陰雨了好幾天，當天終於放晴了，給了我們一個很舒服的好天氣，還有不會太黯淡也不會太刺眼的陽光。

「當妳有心要做好一件事情的時候，全宇宙的力量都會來幫助妳。」

一萬五千元，買不到希望，只換來連莊三十次的失望

立頻：我的自信，再也不允許陌生人摧毀

立頻，三十歲

「單人婚紗，是迎接三字頭的禮物，沒有新郎，只有自己，反而更閃耀動人。」

立頻是一個個性很溫和、很善良、很溫暖的女生，個頭嬌小，長相甜美，有一雙圓亮又清透的大眼睛，還有兩顆超可愛的兔寶寶牙。

雖然她的外表看起來超稚齡，其實心理很早熟，這跟她從小的成長背景有關。

立頻一出生，媽媽就因爲血崩過世。爸爸要工作沒辦法全心照顧她，就把立頻交給爺爺奶奶，所以立頻是由爺爺奶奶帶大的。

爺爺奶奶給了立頻加倍的愛，希望盡量減少當年意外對她的傷害，所以從小立頻並沒有因爲失去媽媽受到太多影響。只是不能常跟爸爸相處的遺憾，讓她產生戀父情結，特別偏愛年紀大的男生，所以國中時就交了第一個男友，對方足足大她十歲。

在臺灣，女生二十三歲，男生三十三歲的組合其實很常見，因爲大部分男人就是偏愛嫩妹。可是女生十三歲，男生二十三歲的個案，就眞的罕見，鬧上社會新聞都沒問題。

兩人是在交友網站認識的，男生的工作是攝影師。兩人的相處據說就跟一般情侶沒兩樣，不過可能立頻年紀太小，男生怕觸法，所以這是一段未成年小女孩和大人的純純戀愛。

問立頻當時怎麼會想跟大他十歲的成年男子交往，她說可能因爲她比一般同學來的早熟，加上隔代教養難免會

有代溝問題，青春期階段，她需要一個人年紀有點大又不會太大的對象，陪她聊天說話，填補一些情感上的空洞。

交往一年多之後，某天，一個女生用男友的手機把立頻找出去。兩人見面時，對方表明是男友的正牌女友，看到立頻瞬間嚇到，開口問：「妳怎麼這麼小？」然後問立頻不知道他一直都有女友嗎。

對方看她年紀小，覺得她應該是被騙，所以從頭到尾都沒有爲難她，只拜託她以後不要再跟男友碰面了。

當時面對這樣的場面，她竟然一點都不害怕。她問男友爲什麼要騙她？不是說早就跟前女友分手了嗎？男友卻理直氣壯的告訴她：「騙妳是因爲我想要跟妳在一起啊。」

這麼超現實的一段關係，讓立頻提早見識到成人世界裡渣男的可怕。

因爲她從小就很想結婚，希望二十五歲時可以準時把自己嫁掉，所以出社會以後，二十三歲時她就跑去報名月老銀行。

月老銀行的姊姊跟她說：「妳的年紀很輕，一定一堆人搶著要。」也因爲年紀很輕，所以入會費很低，立頻只花了一萬五千元就成爲正式會員。

我問她：「那像我四十歲的話，費用大概多少啊？」立頻說，大概要四、五萬左右吧。

想想這眞的是年齡歧視，對月老銀行來說，因爲我的年紀偏大，站在她們的立場，很難推銷出去，必須花更多的人力把我賣掉，那些人力成本就反應在我的入會費上。年輕的女生就不一樣了，因爲很好賣，所以她們不需要太費力氣，投入的工時相對少很多，入會費自然便宜。

立頻對我說：「可是我還是沒有賣出去啊。」

曾經有過一段瘋狂時期，每個六日幾乎都是立頻的「月老銀行日」。她們總是積極地聯繫立頻，問她週末有沒有空，要不要排約。因爲急著想把自己嫁出去，所以每個週末立頻都出門相親去。

月老銀行都會先傳對方的基本資料給她參考，上頭有對方的學歷、工作、專長、興趣，但是就是獨缺照片。所以每次打開相親小包廂的門以前，都好像開獎，不知道這次裡面裝的到底是人還是鬼。

每場相親都是以四十分鐘爲單位，就算對方再醜再恐怖，還是要撐完全場，簡直人間悲劇。如果幸運遇到看對

眼的，結束後就可以手牽手續攤去。

走出相親小包廂以後，雙方會各自拿到一份評分表，針對今天相親對象的整體表現打分數。在勾選分數的時候，不只她把別人數字化，別人也把她數字化。

她一共見了三十個對象，裡頭她覺得勉強及格的只有兩個，換算下來合格的比例大概是〇．〇六六六％，相當低。而且長相普通的人在銀行裡就堪稱帥哥等級了。

有五個相親對象讓她印象特別深刻，但是全部都不是好的回憶。至於其他那些相親對象，就算後來在路上遇到，也不一定認得出來。

經典相親對象一：媽寶男

就算年紀已經三十好幾，說出來每一句話裡頭都會夾帶「我媽」這兩個字。

立頻問他：「交過幾個女朋友？」他回答：「因爲我媽管我很嚴，所以我從來沒交過女朋友。」

再問他：「那你平時晚餐都吃什麼？」他說：「有時候我媽會煮給我吃，有時候我媽會給我錢去買便當。」

經典相親對象二：約砲男

每一場相親結束之後，雙方幾乎都會禮貌性的互相留LINE，但是會不會再聯絡就不一定了。

一個男生，某天突然傳訊息給立頻，沒禮貌地問她：「約嗎？」接下來說：「我們去看電影，然後『運動』。」

這個噁心的傢伙，不只態度輕浮，而且對話充滿性暗示，他根本把月老銀行當成約砲銀行了。

立頻馬上把他刪除封鎖，把淫蟲隔絕在外。

經典相親對象三：沒品男

這個男生在三十個相親過的對象裡頭，是唯一能看的，但是他的內在卻很醜陋。

和這個男生相親結束之後，月老小姐立刻打電話回報，她告訴立頻，對方嫌她太胖，不喜歡她。因爲男生自認立頻對她有好感，擔心有後續發展，所以特別向月老銀行表明自己的心意。

經典相親對象四：人間蒸發男

這個失蹤人口，是名警察，個性很自負，講話很自我，唯一的優點是他有一份穩定的職業。

相親後，主動約立頻出去三、四次。聖誕節還找她一起去看燈會。誰知道跨年前夕，人就徹底消失了，不知道是出了意外，還是被黑道追殺跑路了。

經典相親對象五：怪腔怪調男

這回來的是一個加拿大華裔，家境富裕，所以他的相親專屬包廂比較頂級。

他的個子很矮，講話口音很奇怪，立頻都聽不懂他在說什麼。那四十分鐘過得如一世紀那麼漫長，因爲她全程都在進行「猜字遊戲」。

這個嬌小的富家男孩很喜歡立頻，他告訴立頻，結婚後要一起回加拿大居住，不過他請立頻不用擔心，婚後立頻不用上班，在家裡當貴婦就好。

我把立頻實際花費在月老銀行的「金錢」還有「時間」換算成數學問題給她看：一萬五千元的入會費，讓她看到了三十個奇形怪狀生物，浪費了一千二百分鐘，也就是二十個小時。這還不包括往來的交通費用還有來回時間。

一萬五千元爲什麼不拿去看五十場電影？爲什麼要在小包廂裡浪費時間又浪費金錢，結束後還把「難過」帶回家。

她說她想認識肉肉的男生，因爲肉肉的男生可以給她安全感。不知道是指令下得不夠精準，還是月老銀行自動放寬標準，連續好幾次一開門都看到巨型生物對她微笑。

見了幾個肥男之後，每一個都對立頻展開熱烈追求。她很無奈，告訴月老銀行：「肉不等於肥，可以不要那麼胖嗎？」她們卻告訴立頻，標準不要那麼高嘛，放低一點比較好找對象。可是立頻說：「我根本沒有訂下什麼標準啊。」

她們對立頻的建議我非常不以爲然，找對象當然要好好找，降低標準找一個爛的貨色，準備將來快速離婚時使用幹什麼。

沒有人可以幫立頻決定她的人生，下修擇偶標準的下場，也沒有人可以替立頻承擔，既然這樣，就不要說出那種不負責任的話。

更何況，她花了一萬五千元入會，終極目的不是挑個次極品甚至瑕疵品回家，說什麼都應該保障她的消費者權益。

相親三十次下來，她發現自己越來越沒自信心，常常反問自己：「我到底哪裡不好，爲什麼都沒有人喜歡我？」可是只有一面之緣的人，要談什麼深刻的喜歡或是不喜歡？況且，被一個只有一面之緣的人打槍，有什麼好在意。他不喜歡妳，其實妳也看不上他，雙方互不相欠，爲什麼要難過？

都怪對方速度太快，早在妳開口拒絕他以前，搶先一步找個理由否定妳，結果難過就跑到妳這裡了。在我眼中，立頻應該是一個異性緣很好的女生，她個子不高，長相甜美、溫和善良、眼睛圓大、胸部豐滿，雖然有點肉肉的，但是肉得很可愛，到底爲什麼要去那邊任人挑三減四，而且那些人的條件還不怎麼樣。

其實問題從來就不在她身上，而是那個機制本來就很考驗人性。女生想要好好交朋友，可是男生因爲沒有年齡壓力，就會覺得既然花錢了，當然要物超所值，說什麼都要挑到最好的。

雖然同坐在相親小包廂裡，但是男女雙方的心態不同，目的也不同。男生會不停的拉高標準，女生則會一直降低標準。男生自認越老越值錢，慢慢挑沒損失，快快挑損失才大；女生自認越老越沒身價，就會想要趕緊找個人結案，就算不滿意也願意將就。

立頻曾經試著透過月老銀行的線上資料庫搜尋合適的對象，她說，從每個男會員上傳的照片看起來，人人都是帥哥等級，她不明白爲什麼打開小房間後，看到的都是很嚇人的畫面。

那些男生很認眞地列出了心目中「理想妻子」的條件，但是寫得都很抽象。看起來他們最在意個性，最常出現的詞彙是：文靜、善良、溫柔、體貼、大方、優雅、得體。對於長相的要求也是很籠統，大部分偏好：可愛型、成熟型、氣質型這三種。

後來，立頻終於在工作場合遇到了適合交往的對象，脫離和月老銀行綁在一起的人生。

公司一個小她五歲的弟弟對她很好，對她展開熱烈追求。一開始立頻很抗拒，因爲她一直都偏愛年齡成熟的男生。

但是這個男生很努力也很有心，靠著體貼溫柔還有成熟個性，打動了立頻，兩個人開始交往。

一年多的日子裡，相處都算愉快，可是後期開始爭吵。

立頻覺得，我年紀比較大，所以多照顧你一些是應該的，可是男生覺得，他需要的是一個女朋友，而不是一個姊姊或媽媽。他希望立頻可以給他好好照顧她的機會，他想證明自己是一個可以依靠的男人。

可是立頻還是改不了搶先照顧他的習慣，對他無止盡的付出，沒有停止點。這也讓男友找不到起始點可以向立頻證明自己是一個有肩膀的男人，最後男友提出分手。

因爲生活圈很小，沒什麼機會認識新朋友，立頻又開始透過網路交友。

她說，就算再正常的交友網站，還是會夾帶很多想要約砲的人在裡面。那些心術不正的人，一開始聊幾句就知道了。像她就經常收到「有興趣嗎？」、「缺錢嗎？」、「五千元要嗎？」這種噁心的訊息。

後來她在上頭，認識了下一個男友，對方大她六歲。

交往一年多以後，立頻主動問了對方對於未來有什麼計畫，男友回答：「如果妳懷孕我們就結婚。」男友的回答讓立頻很錯愕，也很傷心。她問他：「你不喜歡我嗎？」，男生回答：「喜歡啊，可是我覺得應該要先有小孩再結婚。」

立頻後來明白，他其實只是想要找一個確定會下蛋的母雞，所以果斷跟他提了分手，因爲她知道他要的是孩子，

而不是妻子。

分開後，對方傳了很多訊息試圖挽回，立頻堅決不讀不回，最近他才宣告放棄。對立頻來說，拍婚紗是她從小的夢想，她一直希望可以找到人一起拍。長大後發現，好對象眞的難找，既然這樣，何不先拍一組只有自己一個人的婚紗。

完成了婚紗夢以後，她開始覺得就算沒結婚也沒關係，因爲她已經把想做的事情完成了。索性連月老銀行打來約她去相親她也不去了。

她覺得自己一個人的日子多好啊，多一個爛人只是多一個負擔而已。

立頻在我心中，是一個很有魅力的女生，雖然不是纖細的體型，但是笑起來很溫暖，很燦爛，而且聲音很甜美，說起話來很好聽。

我不知道那些月老銀行的男人憑什麼嫌棄她，我怎麼看，她都應該是男生會喜歡的類型。

爲了要深入寫她過去發生的故事，和她約了吃飯碰面，結束前，她拿了一個袋子給我，對我說：「姊姊，謝謝妳對我這麼好，這是送妳的禮物。」

打開一看，我尖叫了起來，都是孔劉的周邊商品。有一本 KANU 的筆記本，一個印有孔劉照片的 KANU 保溫杯，還有一個 ASUS 孔劉限定版的行動電源。

她眞的是一個很有心，又很溫暖的女孩。

她告訴我，現在回想起來，跟那個小男友沒有結果眞的很遺憾，因爲當初他們所做的一切，其實都是爲了對方好，只可惜都用了對方不能接受的方法。

她一直以爲年紀大的男生才能照顧她，沒想到年紀最小的，反而心智最成熟，而且也長得很帥。

問她爲什麼不試著把他追回來，立頻說，因爲不太明白對方現在的感情狀態，所以她不想去打擾。有緣的話，兩個人就一定會再相遇，不過她眞的很想對他說聲謝謝，謝謝他當時對她這麼好，也謝謝他那時候把她照顧得那麼好。

現在她終於開始享受一個人的生活，因爲她發現，不管是現實世界或是虛擬世界，渣男一樣無所不在，在碰到正常的好人之前，單身是最安全又最舒服的狀態。

我眼中的立頻

如果可以是女王，為什麼要降級扮演灰姑娘的角色

剛開始和立頻接觸時，問她爲什麼想拍單人婚紗，她說因爲她想看看不一樣的自己。而且她覺得這輩子她應該不會結婚了，所以想幫自己實現夢想。

這已經不是我第一次聽到決定拍攝單人婚紗的女生說：「我這輩子應該不會結婚了。」爲什麼她們會有這樣的想法或是結論？這是一種篤定，還是一種悲觀？

立頻這次給自己的任務，希望可以嘗試性感風和女王風，跳脫以往的形象，看見不同的自己。

拍攝日當天，化完妝以後，從她清透發亮的眼睛裡，我看見小女孩的欣喜。

她從一開始有點放不開，到後頭根本就不用攝影師引導，整個人已經完全融入拍攝情境。

在我眼中，她是一個開朗活潑的女生，只是對自己少了那麼一點信心和肯定。

和她相處非常舒服，每次和她對話，她都會張著圓滾滾的大眼睛望著妳，然後拉著妳的手開心回應。

雖然結婚不是人生的必要選項，還是希望她不要那麼輕易替自己的人生下結論，未來很長，永遠不知道下一秒會發生什麼事情。

親愛的立頻：

其實妳真的是一個超棒的女生。

相親三十次一直找不到合適的對象，不是妳不好，而是妳命很好，才不用勉強自己進入一段充滿將就的婚姻。

真的沒必要為了相親失敗的經驗，開始否定自己。他們跟妳不來電又怎樣，其實妳根本也跟他們看不對眼。彼此都沒感覺，其實很公平，沒有誰輸誰贏，或是誰強誰弱。

很開心知道自從妳完成了單人婚紗之後，放下對婚姻的執著，也對前男友的回頭堅決說不，更重要的是，妳拒絕再去月老銀行參加任何一場相親。

愛情是這樣的，會出現的終究會出現，花錢去認識朋友不只太刻意，人也被商品化。

請繼續保持瘋狂追劇的生活日常，像現在這樣，韓國一個老公、大陸一個老公、臺灣一個老公、日本一個老公，持續把老公的版圖無限擴大，感覺很強大。

與其去相親看一堆醜不拉機的怪物，不如花時間看看這些各國的帥哥老公。這些帥老公可以讓妳身心靈都得到滿足，反觀那些怪物不但不知道自己很醜陋，還反過來打擊妳的自尊，到底是憑什麼。

記得把那些跨國老公的優點記錄下來，做為未來主動挑對象的標準。不要再讓自己像個相親專用的布偶一樣，任人擺布，隨人挑選了。

You are so sweet，謝謝妳精心準備的驚喜，那三樣孔劉相關的小禮物，說什麼我都會好好珍藏的。

八十歲不老公主　代表二號

張淑瓊，九十歲

孫女立頻報名原因：

我要推薦我奶奶張淑瓊，當年結婚時，沒機會拍婚紗，她還坐過轎子呢。

她是個很活潑，很可愛，很開明的老公主，我帶她去了很多地方，創造了很多回憶，我也希望能看她穿婚紗的樣子，一定很漂亮。

拍攝日期：二〇一九年四月十六日

不老公主代表二號張淑瓊，是立頻的奶奶。

立頻從小就是奶奶帶大的，一出生，奶奶就是媽媽。

她是一個很新潮、很開明的老人，一點都不像九十歲的樣子，依舊耳聰目明，完全不用助聽器，也不拄拐杖。不只聲音好聽，更是中氣十足。

拍攝當天，奶奶一現身在婚紗工作室，氣場就非常強大。整頭銀白色的頭髮，簡直是時尚界代表。一直到現在，她還保持上美容院洗頭做造型的習慣，而且堅持一定要上捲子，讓頭髮蓬鬆有型。

她身上一點老人斑都沒有，皮膚非常白皙，雙手的指甲修整得毫不馬虎，還特地擦上桃紅色的指甲油。

挑婚紗時，她一眼就看中了紅色款。她的選擇完全反應了她的心態和個性，永遠充滿熱情。換上之後，她一直開心地對著鏡頭比出勝利的手勢。

因爲她眞的太美，我問她：「奶奶，妳到現在一定都還有人追對吧？」奶奶自信地告訴我，現在走在路上，眞的會有其他老公前來搭訕，要請她吃飯喝咖啡。但是她都會告訴對方：「我先生在家裡等我喔，所以我不能跟你喝咖啡。」

拍照過程中，奶奶根本不需要攝影師的指引，攝影師只要負責按快門就可以。原來奶奶以前當過臨時演員，這些肢體動作或是臉部表情根本難不倒她。

因爲她有跳國標舞的習慣，拍到一半時，心血來潮現場抓了兩個男生來當舞伴，想拍出國標舞畫面的雙人婚紗照。可惜那兩個男生肢體不協調，沒辦法達到奶奶的期待。

收工時，奶奶一直擁抱大家，也握著每個人的手，不停說謝謝。她不吝嗇讓我們知道她有多開心，活到九十歲，她終於可以一圓婚紗夢了。

後來大家一起去用餐，奶奶和我們分享了好多她的過去。她就像一本書，裡頭藏了很多故事，値得慢慢閱讀。奶奶的老家在四川，爺爺是軍人，當年被派到四川駐營。無意間見到奶奶之後，驚爲天人。就去提親。奶奶的爸爸覺得軍人的收入穩定，馬上答應那門婚事。可是奶奶不希望自己的婚姻被擺布，開始鬧家庭革命。那年代的婚姻幾乎都靠媒妁之言，很像現在的月老銀行，好像只要有人喜歡妳，他的條件看起來也勉強可以，就可以將就在一起。

只是奶奶當時是靠媒人婆來提親，到了立頻這一代，婚事交給月老銀行幫忙牽線，我開玩笑對立頻說，祖孫差了一甲子六十年的歲數，但是都經歷了相同的事情。

奶奶最後終究還是反抗父命失敗，從四川嫁到南京去。一到南京，很快就隨著國民政府撤退來臺灣。

奶奶永遠記得，那天是一九四九年的正月二十九日，當時她正在炒「牛肉炒麻婆豆腐」，外頭突然一陣騷動，接著就開始逃亡的日子，一路從南京、上海、福州，逃到臺灣。

奶奶還記得搭船逃難時，她肩上背著剛出生的大女兒，爬著軟梯，不敢往後看，雙手緊握軟梯的繩子，每一步都要踏穩，才能保護好孩子，一不留神，就會葬生海裡。

逃到臺灣之後，奶奶再也沒見過自己的父母。

不知道奶奶心裡有沒有埋怨過，如果當時她沒有嫁到南京去，她應該一輩子都會待在四川，後面的人生也不會那麼多曲折。也不知道奶奶的爸媽臨終前有沒有後悔，當初堅持把女兒嫁掉，結果從此天人永隔，徹底斷了聯繫。

歷史眞的好殘忍，人生有時候也不遑多讓。

奶奶的爸爸一定不知道，他當時認可的對象，其實是個大渣男。

奶奶爲了他，生了十個孩子，孩子多到衛生署都發函來倡導節育。

生完第十個孩子之後，奶奶大概快四十歲，這時候爺爺開始有外遇，外面不停有女人。

他很少回家，也不曾分擔家用。每次回家，就是跟奶奶伸手討錢，甚至搶走小孩的學校註冊費，丟下一句：「讀那麼多書沒有用，給我啦。」就奪門離開。

爲了扶養十個小孩，奶奶到處打零工，什麼工作都接，像是幫人洗衣服啊、洗碗啊、打掃啊。奶奶甚至曾經把自己一整窩的小孩關在家，交代他們自己照顧自己，然後跑去別人家幫忙帶孩子。

十個孩子後來都很爭氣，也很孝順，現在假日都會回家陪奶奶聊天，帶她出去走走。

當時奶奶很想儘快結束婚姻關係，但是爺爺不肯。因爲知道奶奶不識字，他對奶奶說：「要離婚可以啊，妳有本事就自己寫離婚協議書啊，不然花錢去請律師幫妳，我就跟妳離婚。」

爲了可以順利離婚，奶奶想盡各種辦法，最後決定去抓姦。

某天，爺爺前腳才出門，奶奶後腳就跟了出去，親眼看見爺爺跟另一個女人進到一間房子裡。奶奶先不動聲色，接著衝去踢開房門，果然看到爺爺和小三衣不蔽體的纏繞在床上。

奶奶逮住機會，逼他馬上把離婚協議書擬好，雙方當場簽字。

終於，奶奶擺脫了渣男，重獲新生。

爺爺當初嘲笑她不識字的陰影，奶奶一直牢記在心裡，順利離婚以後，她開始去念補校，從最基礎的國小開始，一路念到高中，順利完成學業。

奶奶年輕時是美人胚，離婚後不乏追求者。後來的新爺爺為了追求她，陪她一起去學國標舞。雖然新爺爺的脾氣很壞，又很大男人，但是對奶奶超好。五十歲那年，奶奶決定嫁給他。結婚後，新爺爺提議想要領養一個小孩，但是奶奶覺得兩個人的年紀都這麼大了，還是一起好好生活就好。沒多久後，立頻出生了。因爲媽媽生產時血崩過世，爸爸無力獨自照顧立頻，所以新爺爺和奶奶把立頻當成自己的親生孩子，讓立頻一樣擁有父愛和母愛。

立頻說，新爺爺眞的是一個非常好的人，只要奶奶開口，沒有他做不到的事情，而且他對立頻更是視如己出。不過奶奶不太喜歡向別人提起現任老公是她的第二春，因爲那會喚起她第一個老公是「頂級特渣」的回憶。原本的壞爺爺，因爲突然心肌梗塞，不到六十歲就離開了。他走的時候，奶奶哭得很傷心。奶奶對他雖然沒有愛情，甚至帶著深沉的怨恨，但是當初那麼多年的糾葛，都在生命中留下深刻的烙印。奶奶不確定那些不堪，是不是可以隨著他入土，一起塵封埋葬。

開始賺錢之後，立頻開始帶著奶奶到處旅行，也一起去參加綜藝節目的現場錄影。奶奶有一顆很新的腦袋，喜歡做年輕人的事情，她從來就不服老，也不覺得自己老。

看起來非常硬朗的奶奶，過去其實身體很不好，開過十幾次刀：人工關節、乳腺炎、子宮摘除、疝氣……，甚至還曾經因爲蜂窩性組織炎，左腳差點截肢。

經歷這些大刀小刀的時候，都是立頻陪在奶奶身邊，她說，奶奶就像硬漢一樣，從來不向命運低頭，永遠的樂觀主義者。

奶奶說，她一輩子都沒有談過戀愛，活到九十歲，她不知道心動的感覺是什麼。一開始嫁給壞爺爺，是被爸爸逼的，後來嫁給新爺爺，是因爲孩子都大了，她希望老了可以有個伴，彼此照顧餘生。

聽到她這樣說，其實有點難過，也覺得遺憾。奶奶那個年代的婚姻，從來就身不由己，剝奪了她們自由戀愛的權力；到了現在，我們明明可以好好談戀愛，卻因爲急著結婚，就隨便談戀愛。就算不是那麼滿意對方，對方也不是那麼善待自己，只要他願意跟我們結婚，就可以馬上準備結婚去。

六十年過去了，怎麼還是沒有長進。

現在奶奶開始擔心立頻不結婚，有時候會叮嚀女孩子還是要嫁人，以後才有人照顧。立頻反問她：「奶奶，那我結婚了妳就不擔心嗎？」

奶奶說：「還是會擔心啊，擔心男人對妳好不好、公婆對妳好不好、有沒有生孩子啊，孩子生出來以後，孩子乖不乖、好不好帶。」

人生要擔心的事情眞的太多了，眞的不要爲了結婚，隨便抓一個人來補位。輕率地先解決眼前的問題，後面一整串的問題都將排山倒海而來。

從奶奶身上，我得到了一個很重要的啓發，渣男眞的什麼世代都有，苦情女也眞的什麼世代都可見。

那些曲折糾結的人生片段，過了就好。只要有勇氣離開原地，不再鬼打牆地反覆經歷，走著走著，前方一定有一片世外桃源在等妳。

說不上來爲什麼，不老公主的婚紗照，就是特別好看，有一種特殊的氣質和氣場。

年紀眞的一點都不重要，經過歲月淬鍊，才能看見經典。

初戀的句點，人生的新起點

Hsun：原來我的男朋友，後來也是她的男朋友

Hsun，三十歲

「原本希望二十八歲時，可以披上白紗出嫁，讓家人放心，結果卻是分手下場。我決定自己一個人獨自穿上白紗，即使沒有和他步入婚姻也沒關係，在最適合的年紀披上白紗，是送給自己還有家人最好的禮物。」

Hsun是一個堅毅的女生，她的嘴角弧線總是藏了倔強，其實她有一顆非常柔軟的心。

她的身材非常纖細，五官帶了古典美。雖然不是第一眼美女，卻是那種很有味道的女生，越看越舒服。

她和前男友都是彼此的初戀，入學沒多久就走在一起。大學四年，感情穩定，兩人和同學分租一層公寓，呈現半同居狀態，每天都一起行動，形影不離。

男友去當兵的那年，是兩人感情最好的時候，當時男友非常依賴她，經常抽空打電話給她。

出社會後，Hsun搬回嘉義，男友回到臺南，開始相隔兩地的生活。

兩人都在大醫院擔任護士的工作，第一年，彼此關係都還算正常。因為男友固定上小夜班，Hsun每個禮拜五都會搭末班車南下，在醫院外頭等待男友下班。那些往來的票根，她全部細心收藏，捨不得丟掉。

後來男友因為考量薪水比較多，決定從原先的排班制，改成固定班表的包班制。包班制的休假必須預先排假，因為Hsun是門診護士，固定六日放假，她希望男友可以盡量把假期安排在週末，才不會影響兩人碰面。

男友一開始都說好，後來開始找藉口不配合。

Hsun可以明顯感覺，自從男友包班後，變得有點怪怪的，原本她以為只是工作太累，後來連續好幾次發現，

男友明明說要上班，或是在家休息，卻被同事打卡標記，狀態顯示玩樂中。她問男友怎麼一回事，男友都說是很臨時的聚會。Hsun 認爲出去玩沒關係，但是可不可以讓她知道一下，不然她會覺得好像有什麼事情刻意瞞著她，感覺不好受。

某次忘年會，男友答應結束後會打給 Hsun，等了一整晚，都沒有男友的消息。想到一般忘年會都少不了瘋狂灌酒的橋段，Hsun 開始擔心起男友的狀況，決定主動撥電話給他。

好不容易聯繫上了，男友態度很差，他反問 Hsun：「我什麼事情都要跟妳報備嗎？難道我以後連去上廁所都要讓妳知道嗎？」

那次之後，男友再也不讓她知道他的班表，也開始封閉自己的行蹤，不再報備。

我想起自己以前也跟 Hsun 一樣，也會希望男友每天到家時讓我知道一下，透過這種方式，我好像可以得到最淺層的安全感。要是他記得打來，就表示他心裡有我；要是他沒打來，腦中各種小劇場就會開始上演，擔心他是不是出事了，還是跑去跟別人玩樂，更或者是，他心裡根本沒有我，所以才壓根忘了應該要打給我。

就算對方每天都記得主動報備，還是會懷疑他是眞的心甘情願嗎？還是因爲我都已經開口要求了，他只能答應？會不會他心裡頭根本就覺得好煩，其實他並不是眞的想和我聯繫？

所有的擔心，都源自於對於感情的信心不足，也包含對自己的自信不足。

女生有時候第六感都準得要命，Hsun 漸漸感覺，一名女同事的存在，開始威脅到他們的感情。每次男友和朋友偷溜出去，標記名單裡，永遠少不了她的存在。

那天，她怎麼樣都聯繫不上男友，腦海中閃過各種擔心，她不知道男友是不是發生什麼事情，還是跟那個女同事單獨約會去了，緊張的情緒讓她感到窒息，所以她嘗試登入男友的 Facebook 帳號，想尋找蛛絲馬跡。

結果她眞的發現，在男友失聯的這幾個小時裡，他一直和那個女同事持續對話。那個女同事因爲腳受傷，男友還專程送了午餐到她家去。

事後男友對於當天的行蹤交代，只說他那天很累，在家睡了一整天。

後來男友帶著 Hsun 參加同事婚禮，女同事見到 Hsun，不只不打招呼，更是全程刻意不交談也不對眼，把 Hsun 當空氣。從那時候起，Hsun 更加肯定那個女同事跟男友之間，已經不再是單純的同事關係。

Hsun 後來和男友出國，只要男友一在 Instagram 發文，那個女同事馬上留言示威。這一切 Hsun 通通看在眼裡，卻選擇隱忍，因爲她想起男友曾經抱怨，每次和她一起出國，總是看到她在生悶氣，讓他壓力很大。

Hsun 告訴我，其實她從來沒有亂發脾氣，只是因爲每次出國都是由她負責全部的行程規劃，個性嚴謹的她，擔心安排得不夠好，所以才會容易焦慮。

照理說，遠距離戀愛應該花更多心思維繫，但是男友堅持只靠文字溝通，不肯通話也不願意視訊，因爲他覺得跟 Hsun 沒話講，純文字可以減少無話可說的尷尬。

爲了配合男友工作時段的調整，Hsun 從原本的每個禮拜南下，改成一個月一次。每次去男友那裡，他都把她當空氣。兩個人幾乎不交談。他只是自顧自的打電動，她只好玩手機，兩人的身心開始很疏離。

她發現男友很多的衣物和包包都是她沒看過的東西，之前那些都是 Hsun 幫忙打理的。她問男友那些東西哪裡來的，男友眼神閃爍，只說是跟同事一起逛街時買的。

二〇一八年一月，那天晚上 Hsun 又跑去男友家裡過夜，突然間，男友接到一通電話，電話另一頭的聲音很大，聽得出來是女同事打來的。對方問男友要不要出去吃飯，男友當下的反應有點不知所措，刻意冷淡回應。

Hsun 再也承受不住，衝去廁所對著自己一直沖冷水，想讓自己冷靜下來。

後來 Hsun 硬搶了男友的手機，她有一股衝動想要打給那女生。沒想到意外地在男友手機裡，看到他跟他姊之前的訊息對話。

男友姊姊問他：「你現在是不是有備胎？還是把 Hsun 當備胎？」姊姊還責備男友，要好好解決事情，不要這樣耽誤兩個女生。

當晚，Hsun 主動提了分手，男友竟然抱著她痛哭，主動提出從下禮拜開始，Hsun 直接住進他家的要求，他希望 Hsun 可以開始每天「臺南－嘉義」往返的通勤生活，這樣兩個人就可以每天膩在一起。

Hsun 答應了，她認爲這是關係的曙光。

可是當她收拾好行李，準備南下定居時，男友卻要她不要再找他了，兩個人就到此爲止吧。她馬上衝下臺南，找男友問個清楚，但是雙方沒有達成任何共識。

從那之後，男友開始不太回訊息，最後他終於對 Hsun 說出：「妳不要再打來了，也不要再來找我了，我們就到這裡吧。」不只這樣，他還很誠實的表明，希望以後當朋友就好，他說：「我還是會結婚，但是不是跟妳結婚。」因爲前一年的年底，男友的媽媽曾經提到過年後要開始討論婚事，Hsun 跑去找男友的媽媽，問她接下來該怎麼辦。沒想到她對 Hsun 說，既然沒有要結婚的話，就分開吧，還要 Hsun 找男友的姊姊聊一下。

一路煎熬到三月，男友生日當天，Hsun 試圖和他聯繫，但是他就是拒絕任何接觸。Hsun 拜託共同朋友和男友試著聯絡看看，友人說，電話接通前的鈴聲，聽得出來人在國外。

爲了確認男友到底在哪裡，Hsun 找了男友的媽媽和姊姊確認。媽媽選擇說謊，姊姊則是有點生氣地對 Hsun 說：「他人是在國外沒有錯，但是妳該去做自己的事情了。」

四月時，共同朋友主動當協調人，想幫忙確認他們接下來的關係，看看是要分開還是繼續努力，那是 Hsun 和男友的最後一次碰面。

見面時，男友第一時間憐愛地摸了摸 Hsun 的頭，問她是不是都沒吃飯，怎麼消瘦那麼多。

他不承認小三的存在，只說 Hsun 的個性太剛烈，讓他沒辦法承受。Hsun 向他表明希望可以複合的心意，男友卻說要回家問他爸媽。

Hsun 給了他一個禮拜的時間思考，最後男友終於坦承，其實他早就已經跟那個女同事在一起一年了。

兩人本來約好，六月要一起去濟州島旅行，機票、飯店、行程，Hsun 早就搞定，而且一如往常的，這次出國的所有費用都是由她來買單。Hsun 問他，這趟濟州島之旅怎麼辦，男友竟然對她說，兩個人還是可以用朋友的名義一起出國。這時候 Hsun 的心已死，她終於看清，這段關係眞的該結束了。

問她到底爲什麼會對他這麼死心塌地，她說她一直忘不了，當初交往一個月不到時，有一回兩人騎車出遊，途中發生了車禍，男友第一時間的本能反應是保護她。那一次她只有輕傷而已，男友卻傷得很重。

她眞的是一個很善良的女生，一直到現在，她還是會擔心那個女生有沒有像她一樣善待前男友。

雖然已經事隔一年了，她還是沒有完全從情傷裡走出來。她對我說，她的心早就被他帶走，再也拿不回來了，也不想拿回來，她現在只能幫自己重建一顆人工心臟。

她問我：「把原本的心找回來幹什麼？找回來了，會不會下一次又遭遇一樣的傷心？」

我慢慢終於能夠理解她的意思，因爲眞的傷得很重，她好害怕再次經歷被背叛、被遺棄的感覺。原本那顆心，已經有了無法抹去的記憶傷痕，所以她寧可換一顆全新的心臟，就可以忽視曾經有過的那些傷心。

其實 Hsun 的故事，我們可能多少都曾經經歷。明知道對方根本不愛自己，還是努力想要改變什麼。結果卻讓自己越來越討厭自己，也讓對方更加輕視我們。

我很瞧不起她的前男友，劈腿就是劈腿，連承認的勇氣都沒有；想分手就分手，連開口的勇氣也沒有。兩個人在一起就應該有在一起的樣子，如果給不起一段關係，就不要強拉彼此留在原地。說穿了，「斷捨離」永遠是人生最難的課題。

我眼中的 Hsun

分開旅行，是最好的結局

Hsun 是一個非常勇敢的女生
她用光速，跨出很多人生原本的不可能
這趟旅行，謝謝他的不同行
讓她學習要善待自己
她的人生，也謝謝他的從此缺席

讓她慢慢找回自己最初的美好

那天，是四月初某個週末的下午，微涼飄雨。一個來自嘉義的女生和我約了碰面，當時她剛結束一段八年多的感情。

還記得Hsun當時的樣子，淚水盈眶，講話時身體還會微微顫抖。她告訴我，六月時，她計畫去濟州島一趟，她想送自己一個禮物，希望可以在那邊完成屬於她的單人婚紗。

她和前男友原本約好，兩人滿二十八歲時，要共組家庭。她一直覺得可以和初戀天長地久，在速食戀愛盛行的現在，非常難能可貴。

怯生生、溫和善良、敏感纖細，是我對Hsun的最初印象。

因爲濟州島的費用比較高，原本建議她要不要改去首爾。她才說出這趟行程是既定旅行，每年她都會精心安排和男友的兩人旅行，這回去濟州島的機票和住宿她都規劃好了。

分手前，她就已經察覺男方的異狀，也懷疑這次是否眞的可以同行，女人的第六感永遠最準，八年多的感情，果眞因爲另一個女生的闖入，終止了。

早在幾年前，她就有強烈的預感，未來某一天，那個女生的存在一定會威脅到她的感情，沒想到後來發生的一切，果然照著她預測的劇本走。

她最難得的地方是，她從來沒有對前男友或是那個第三者口出惡言，相反地她告訴我：「我在那個女生身上，看到我當年的自信自在，那才是他喜歡的樣子。」

我想起第一次見面，她一直否定自己，她覺得自己不夠好也不夠漂亮。男友希望她多打扮、多化妝，她很努力想變成他認可的樣子，結果卻把自己變成了四不像。雖然她還是喜歡原來的自己，爲了愛，她願意改變，可是不管怎麼努力，還是達不到男友的標準。

她很堅定地說，雖然他不去濟州島了，她還是會如期前往。她的決定讓我覺得這個女生眞的好勇敢，一般人遭

遇了這樣的情形，又會怎麼抉擇？

她的決定是最困難的決定，我揣摩過那趟旅行會有多難熬：登機時望著身邊空出來的座位、飯店 Check in 時，眼睜睜望著雙人床單人房、每到一個景點，成雙成對的情侶都會讓她觸景傷情、更別提一個人穿上婚紗時，強逼自己對著鏡頭燦笑，面對曾經預設好的新郎人物已經成爲過去的事實。

這一切的一切她全部都克服了。

不過當她看完毛片之後卻對我說，她覺得畫面中她笑起來的樣子，並不是眞的快樂。

我安慰她，是不是眞心快樂都沒關係，至少她證明了勇氣，少了他，她還是可以繼續前進，眼前的一切都只是過程而已。

前男友的從此缺席，反而完整了她的生命，從今以後，她再也不用爲了愛，扭曲自己最原始的最美好。

親愛的 Hsun：

妳真的是一個非常勇敢的女生。

雖然妳到現在還沒有完全走出失戀的傷痛，不過不要著急，也不要強逼自己，慢慢來，一定可以把自己的心找回來。

我相信或許在將來的某一天，他一定會想起妳的美好，但是那時候妳已經往前走得很遠，他必須搭乘火箭才能重新追上妳。

下一段感情請妳一定要用妳最真實的模樣撐完全場。可以很愛對方，但是絕對不是溺愛，更不是母愛。

妳一定會得到幸福的，因為妳真的值得。

很多美好的單人婚紗的背後，都有一段不怎麼美好的愛情故事。

謝謝那些無良的前任們，因為他們的不美好，成就了我們現在一個人的美好。

他們好不好，跟我們都已經沒有關係了。雖然偶爾想起，心裡還是會難過，但是難過的不是彼此沒有緣分走到最後，而是難過當時的真心被揮霍了。

他好不好，妳管不了，只要妳很好，就好了。

前男友，只是前男友；正因為他不夠好，所以就只能是前男友而已。

八十歲不老公主　代表三號

楊林別，九十歲

孫女楊昱儀報名原因：

我想幫我家國寶楊林別女士報名，紀念她即將滿九十大壽。現在爺爺已經往生了，我從小到大從來沒看過他們有拍過婚紗照。

拍攝日期：二〇一九年二月二十四日

楊林別阿嬤，是我見過最搞笑也最歡樂的可愛老人，這個「最高級」送給她一點都不誇張。她非常有潛力變成網紅，雖然已經高齡九十，還是活力十足。不只頭腦清楚，反應也快，完全是同步跟上新時代的舊人類。

這次是由孫女昱儀幫阿嬤報名，昱儀因爲爸爸離開得早，從小由阿嬤一手帶大。她跟阿嬤的感情很緊密，兩人的互動雖然有點沒大沒小，卻很有趣。阿嬤會叫她「不孝孫」，她會回敬阿嬤「不孝嬤」。

爲了讓阿嬤不會太累，拍照前一天，昱儀就開車載著阿嬤還有姑姑北上。昱儀擔心阿嬤會認床，所以偷偷給阿嬤吃了劑量很輕的安眠藥，讓阿嬤一覺熟睡到天亮，果然拍照當天，阿嬤電力十足，表現非常好。

阿嬤一直工作到七十二歲才退休，以前她每天都會上山採茶、採橘子。雖然長時間曝晒在陽光下，她的皮膚竟然一個斑點也沒有，還很白皙，叫我們情何以堪。

她很得意地說，她老公很帥喔，而且很疼她，把她當公主，兩個人從來都沒有吵過架，只是可惜阿公已經離開十幾年了。

問她有沒有常常想起他，阿嬤用力點頭。我們安慰她，阿公在天上看到她今天這麼美，晚上一定會託夢給她，告訴她其實他也好想她。

因爲阿嬤實在太可愛，所以我敢跟她開玩笑，我隨口問了：「妳現在有男朋友嗎？」阿嬤竟然大方承認。她的男朋友大她兩歲，今年九十二。

聽昱儀說，阿嬤的男友住在山上，阿嬤住山下。男朋友想阿嬤的時候，就會騎著電動車到山下找阿嬤，偶爾阿嬤也會叫計程車到山上找男友約會。

他們總會買一些好吃的東西，一邊吃一邊看電視，然後開始吵架。

「吵架」這個用語是昱儀的形容，因爲兩個老人家都重聽，對話只能用吼的，震耳欲聾又此起彼落的聊天，聽起來眞的很像吵架。

我問阿嬤怎麼認識男朋友的，她說她的男朋友是墓地管理員，他們在阿公墓地附近相遇的。阿嬤搞笑說，應該是阿公怕她無聊，所以特地顯靈幫她找了一個伴。

她說，她好想叫男朋友來一起拍喔。她講這句話的時候，表情好少女，空氣中頓時瀰漫了粉紅泡泡的復古香氣。我們答應她，只要男朋友願意，一樣可以免費拍到滿意，這是阿嬤專屬的福利。

問她當年有沒有拍過婚紗照？她說，那個年代怎麼可能，生活都不容易了。

如果不是昱儀告訴我們阿嬤不識字，我們絕對想不到阿嬤從來沒有受過教育。因爲跟她相處半天下來，發現她根本聰明絕頂、妙語如珠，完全有顆金頭腦，去主持綜藝節目都沒問題。

她一直碎碎念，說什麼還好她有先見之明，選了長袖的白紗，不然肯定冷死。雖然她挑選婚紗的方式，完全是基於禦寒考量，但是我們都覺得那套白紗完全就是爲了阿嬤而生，她撐起來後，整個人好有英國女王伊莉莎白二世

的架勢。

拍到一半，阿嬤開始大聲唱歌，發現我鏡頭對著她錄影，越唱越起勁，越唱越大聲。當天我們特別選了一個復古的場景，其中有一個角落類似以前的雜貨店，阿嬤拿著手搖鈴，搖啊搖的，大聲吆喝：「快來買喔，快來買喔。」眞的很可愛。

中間休息空檔，她把身子移到攝影棚的暖爐前，一邊剝著橘子，一邊教大家說日語。

她一直稱讚我很漂亮，說我媽媽生到我簡直賺到了，我也跟阿嬤說：「妳媽媽生妳也賺到了啊。」她聽說我還沒結婚，而且單身很久，要我加油，鼓勵我不要放棄，還有很多機會。

可能因爲經歷過日本統治時代，阿嬤是標準的哈日族，一直跟我說日本好、日本棒。我搖搖頭跟她說：「阿嬤，韓國比較好耶，我比較喜歡韓國。」當她知道我的終極目標是嫁給韓國人，她竟然用臺語笑我：「妳在做夢嗎？妳有認識嗎？」

雖然她已經九十歲了，還是保有小女孩的性格，會裝可愛、會抱怨、會撒嬌、也會小生氣。

拍到後來，她電力快用完了，努力撐著不打瞌睡。邊拍邊問我們：「已經拍幾張了？」、「會給我幾張？」、「還要再拍幾張？」

她問我們會送她什麼東西嗎，她想拿去跟朋友分享。既然阿嬤都開口了，我們決定送她一本超大相簿，讓她可以拿去跟朋友好好炫耀一下，也讓男朋友看看她究竟有多美。

她眞的是一個很迷人的老人，才說完再見，就開始想念。

妳有沒有想過，如果可以高齡長壽，九十歲的妳會是什麼樣子？妳有沒有找到一個範本可以追隨？我找到了，就是楊林別阿嬤。她就像個永遠不會老的大孩子，比我們都還有童心，我好喜歡她的快樂和自在。

希望阿嬤可以快點說服男朋友，兩個人手牽手再來拍一組國寶級的雙人婚紗照。

妳也在阿嬤身上看見了魔法嗎？不管妳現在幾歲，永遠都不要輕言放棄談戀愛的權利。好的戀愛，不只讓人愉快，也可以長生不老。

遇到渣男，從來就不是我們的錯

Sandy：我單親，我驕傲

Sandy，三十四歲

「單人婚紗，成就了我三十三歲愛自己的任性。」

Sandy是一個外表看起來性感又嫵媚的女生，留了一頭烏黑的長髮，還有一雙大眼睛。她最愛的男人，是Super Junior的利特，每次只要提到他，她的眼睛就會閃閃發亮。

她的個性很陽光、很樂觀，像個傻妞一樣特別愛講垃圾話。如果她自己不說，不會有人想到，她是一個獨自扶養三個小孩的單親媽媽；更不會有人相信，過去她經歷了那麼多讓人難以置信的眞實。

她的故事印證了「眞實比虛構來得更迷幻；虛構比眞實來得更逼眞」。

國中時，Sandy就認識了她的前夫，他是她的樂團教練，大她十一歲。升高一時，兩人開始談戀愛。

Sandy的爸媽都是第二春，她國小六年級時，媽媽外遇，跟著別的男人跑了，爸爸因爲要工作，經常不在家。從小她就渴望被愛，當時對於前夫的情愫，不單純只是青少年時期對於老師的崇拜，一部分也希望可以塡滿破碎家庭長大的不完整。

後來前夫考上教育學分班，要到外縣市實習，Sandy不想和他相隔兩地，因爲好不容易才讓「愛」塵埃落定，所以她想跟他一起到外地生活。

Sandy的爸爸很開明，覺得自己的人生自己決定就好，但是希望對方可以給女兒一個名份，不然外人看來很像私奔，對女生的名聲不好。所以Sandy高三那年先完成訂婚，一畢業馬上結婚。

前夫順利考上了正式老師的資格，Sandy 再一次跟著他搬遷到別的縣市。結婚之後，兩人的相處問題慢慢浮現。他生性多疑，動不動就懷疑 Sandy 在外頭跟男人亂搞。對於女人的想法，病態又偏執，他覺得天底下沒有不會出軌的女人，女人偷吃，天經地義。

Sandy 就像活在一個監控屋裡頭，一言一行都被放大檢視，甚至扭曲解讀。

因爲公公是軍人退役，對於整理家務的要求很嚴謹。前夫受到他的影響，覺得女人把家裡整理好是最基本的義務。

但是 Sandy 從小經常獨自在家，沒有長輩會開口要求她打理家務，再加上她大而化之的性格，所以不太在意小細節。

前夫認定一定是外頭有什麼東西引誘著 Sandy，她才沒有把心思放在家裡，想著想著，就認定 Sandy 一定有別的男人。

很快地，他們有了第一個孩子，孩子出生後，雙方在教養孩子的態度上產生明顯落差。軍人世家出生的關係，前夫覺得「打」最有用。可是 Sandy 不忍心，她覺得孩子還這麼小，況且不滿一歲的孩子，哭鬧是正常的。孩子滿週歲以後，和丈夫間的衝突越來越嚴重。

三個孩子陸續出生，前夫開始胡鬧，懷疑孩子不是他的。可是光從長相看來，三個孩子根本就是他的複製版。Sandy 熬不過他的疑心病，最後花錢去做親子 DNA 鑑定。

前夫學校裡的同事們也沒閒著，喜歡造謠生事。他們告訴前夫，好像在哪裡看到 Sandy 跟其他男人狀似親密地走在一起。前夫回家後大鬧一場，要 Sandy 解釋究竟怎麼一回事。就算 Sandy 提出了不在場證明，前夫還是一口咬定她就是在外面偷人。

Sandy 發現前夫不只對自己很沒信心，也覺得大家都會愛上 Sandy，所以每個男人都是他的假想敵。她曾經無奈地對前夫說：「你當我是萬人迷啊，走出去每個男人都會愛我嗎？我要臉蛋沒臉蛋，要身材沒身材，要錢沒錢，只有三個小孩，誰會要我啊。」

接二連三的精神折磨加上言語暴力，讓 Sandy 幾乎崩潰。她對前夫提議，以後送完三個小孩上學後，她就去他教室報到，他上課時，她就乖乖待在他視線可及的範圍，下班後再一起去接小孩。如果可以整天二十四小時都形影不離，他應該就不會再擔心 Sandy 可能做出對不起他的事情。

前夫這時候又說，他沒有那個意思，要 Sandy 不要放在心上。

孩子大一點之後，Sandy 開始到大賣場當收銀員，賺點零用錢。雖然前夫都會固定給她家用，但是查帳查得特別嚴，要求 Sandy 仔細交代每一筆開銷的明細，讓她覺得沒自由也沒人格。就連久久一次買件衣服犒賞自己，前夫也會質疑：「妳買這件是打算要穿給哪個野男人看的？」

Sandy 上班之後，兩人關係急速惡化。

大賣場裡，結帳的客人一個接著一個來，根本不可能有空檔接電話或是傳訊息。前夫對此完全無法接受也不能理解，總會對著 Sandy 大吼大叫，質疑她一定是在亂搞才沒接電話。

他的心應該是生病了。他的理智告訴她，應該要讓太太出去上班，可是不理智的那一面又會覺得，讓太太出去上班，等於送給她出軌外遇的機會。

李準基是 Sandy 的第二最愛，二〇一六年，「月之戀人─步步驚心：麗」上演時，她參加了臉書粉絲團的抽獎，幸運抽到韓國空運來臺的李準基周邊商品。她開心地拍照上傳，卻招來前夫在底下的留言：「都有老公的人了，外面還有小王啊，原來小王的雜誌就可以慰藉妳。」

Sandy 沉住氣，試圖和他溝通，讓他知道他這樣失控的留言，朋友都會看到，讓她很難堪。

同樣的事情不斷上演，對 Sandy 來說，簡直是精神凌遲。她終於厭倦了不停地解釋，不停地隱忍，開始對前夫冷淡，盡量避免同處一個空間。她的態度轉變，更加深前夫認定 Sandy 對婚姻不忠。

前夫只要心裡的檻過不去，半夜就會把她搖醒，開始檢查手機。一通一通問，這電話是誰打的，一則一則問，這訊息是誰傳的。

兩年前，爲了逃避和前夫的相處，Sandy 開始沉迷手機遊戲。當時玩的遊戲裡，有一項「結婚任務」，解除任務後，才可以進到下一關。Sandy 隨意找了一個玩家進行配對，被前夫發現後，惹得他醋勁大發。就算 Sandy 從來沒見過那個人，也不確定對方到底是男是女，他還是一口咬定 Sandy 精神外遇。

Sandy 被搞到要依賴高劑量的安眠藥才可以入睡，她終於主動開口提了離婚，沒想到前夫二話不說答應了，當場找來見證人馬上完成離婚協議書上的簽字程序，他告訴 Sandy：「我會答應跟妳離婚是因爲我愛妳。」

離婚後，小孩交由前夫扶養，但是 Sandy 的生活沒有太多改變，照顧小孩依舊是她的工作，每晚孩子入睡之後，她才回到自己租的套房休息。

和小孩相處時，Sandy 很努力幫他們做好心理建設，讓他們相信，大人離婚跟他們一點關係也沒有，爸爸媽媽都還是很愛他們，只是因爲眞的沒辦法相處，只好選擇分開。

離婚後的第七個月，Sandy 有了穩定交往的新對象。前夫發現後，覺得自己慘遭被背叛，從此禁止 Sandy 踏進家門一步，也不讓她接觸孩子。

原來前夫只是計畫性的短暫離婚，先給 Sandy 短暫的自由，他相信有一天她一定會回頭。

前夫任職的學校，開始傳出前夫跟班上一名國三女學生過從甚密的消息，他們在學校公然有許多親密行爲，被其他學生還有家長發現。Sandy 也聽孩子說，爸爸都把一個大姊姊帶回家，假日還會一起出去玩。

醜聞爆發以後，Sandy 察覺到前夫似乎有戀童癖，考量女兒年紀越來越大，爲了保護孩子不會淪爲下一個受害者，她連夜帶著三個孩子跑了。令人欣慰的是，女兒因爲她的警覺心，幸運的全身而退，她盡到了媽媽保護孩子的責任，沒有讓遺憾發生。

當年她的結婚婚紗照，其實是無心插柳。當時和前夫還沒有任何婚約關係，只是一起逛街時，剛好經過一家婚紗公司正好在做促銷，價格非常便宜。經聳恿後，他們決定拍一組類婚紗的情侶寫眞。拍完後，雙方才決定婚事，那組寫眞照自然成了他們的婚紗照。

Sandy 對那組照片很不滿意，關係惡化後，更是連看都不想看到，離婚後索性直接銷毀。

後來她無意間發現了我的文章，每一篇她都細細閱讀，最吸引她的是「單人婚紗」這四個字。

她說，市面上總是習慣把一個女生的婚紗照歸類爲「寫真照」，不會特別標明「單人婚紗」。但是她欣賞「單人婚紗」的態度，那是一個女生試圖掙脫框架的展現。

Sandy 曾經看過一篇報導，在歐美國家，其實並沒有拍婚紗照的習慣，但是臺灣人對此很熱衷，而且很講究細節和規模：要幾件白紗還有幾件晚禮服，要拍外景還是棚內，除了日景之外要不要有夜景。成品不只要精修後集結成冊，最後還一定要加碼洗出一張巨型相框才滿意。

但是那些東西的生命，隨著走進正式婚姻關係之後，很快地就宣告死亡，最後都是被丟在家裡最不起眼的角落，生灰塵長黴菌。

因爲她很早就步入婚姻，當其他女生都還在享受花樣年華的時候，她已經爲人妻爲人母，所以她很想替三十幾歲重生的自己，留下一些什麼。

原本她計畫三十五歲時再去韓國完成屬於自己一個人的婚紗照，但是後來看到「臺灣線」緊接著推出，而且還針對「離婚女生」、「失戀女生」提供專屬優惠，她決定先把臺灣線的單人婚紗做爲練習，明年再飛一趟韓國實現終極目標。

經歷過那麼多的大風大浪以後，她覺得三十五歲到四十五歲的女生，因爲有過一些人生歷練，更知道自己要什麼，散發出來的成熟魅力，是年輕女孩缺乏的氣場。

年輕女孩的生活，只有愛情，甚至希望愛情可以生出麵包；單身成熟女人的人生，麵包大於愛情，甚至當有了麵包，就更有自信，可以去追求更好的愛情。

到了熟女的階段，我們都很清楚自己要什麼、不要什麼，選擇對象時也更理性，這個時候所進入的婚姻關係，比較容易維持長久。

對於離婚，Sandy 從來就不避諱提起；獨自扶養三個小孩，她也大方承認，她覺得這些都只是人生過程而已，不需要因此否定自己的價值。

我很喜歡她說的一句話：「遇到渣男，不是我們的問題，但是如果沒有幫自己設一個停損點，揮霍的都是自己的時間而已。」這是她學習基金投資理財時，領悟到的道理。

後來她又談了一場戀愛，很快地發現不適合，馬上果斷的選擇分開。離婚後的戀愛，她會把停損點設得高一些，不會有什麼太長時間的觀察期，或是多給幾次機會再試試看。當一些雙方的價值觀不停在衝撞的時候，就該緊急喊停。

現在 Sandy 一點都不想談戀愛，她把重心放在自己、小孩、工作上。而且她正努力存錢，計畫明年去韓國再拍一次單人婚紗。

她已經交代三個孩子，以後她的靈堂，一定要掛滿在韓國拍的單人婚紗照，還要輸出一大堆人形立牌，讓前來跟她告別的朋友可以合照，永遠記得她最美好的樣子。說什麼她都要把自己的告別式，搞得像婚禮一樣。

「今生無緣嫁給 Super Junior 的利特沒關係，只要可以跟他拍幾張婚紗照就好」這是她現在最大的心願，希望有機會可以實現。

我眼中的 Sandy Superwoman

我沒有結過婚，自然不曾離婚，我也沒有小孩，很難理解當媽媽的辛苦，但是我一直覺得，單親媽媽是款難度最高的角色。

妳心目中的單親媽媽，是什麼樣子？

辛苦工作，負擔家計，還要一人分飾兩角，把爸爸的工作攬下來一起負責；賺的錢幾乎全部都花在孩子身上，想買件平價的衣服給自己都要考慮很久；朋友約好的聚餐玩樂，永遠只能缺席，因爲不可能放下孩子任性做自己。她們幾乎快要失去讓自己快樂的能力，還要強逼自己像個女超人一樣，隨時待命，準備下一秒出任務。

Sandy 完全顛覆我對單親媽媽的印象，她的堅毅、樂觀、正向，是所有離婚婦女的模範。

她給人的印象，異常樂觀，也異常開朗。她還是個瘋狂的追星族，迷戀 Super Junior 的隊長，手機裡大概存了上百張利特的照片。

如果不說肯定不會有人知道，Sandy 是一個帶著三個小孩的單親媽媽，雖然她只有三十四歲，最大的孩子已經念國中，最小的也已經上小學。

高中畢業沒多久，她就選擇就嫁給了自己的國中老師，當其他女孩才眞正要開始經歷戀愛時，她已經爲人婦也爲人母。

原本以爲老師是個穩定又可以依靠的選擇，誰知道前夫不只有暴力傾向，還濫用老師的職權跟女學生有不正當的關係，發現後，Sandy 連夜帶著三個小孩逃到外地，開始新的生活。

她不只努力扮演好媽媽的角色，工作上的表現也很優異，更重要的是，她一直讓自己自信自在地談戀愛。因爲她把狀態維持得跟未婚小姐一樣，再加上開朗的個性很吸引異性，所以追求者眾多。

Sandy 有一個態度，非常值得所有單親媽媽追隨。交往前，她就會跟對方坦白自己的狀態，如果對方不能接受，就不要彼此勉強。她完全不能接受雙方交往後，再拿她的現實狀態跟她爭吵，或是因爲她是離過婚的單親媽媽，就對她冷嘲熱諷或是另眼相看。

「愛情面前，人人平等」是她堅定的信仰。

我想起了我的一個朋友，離了婚，帶著一個小孩生活。她有一個交往多年的男友，非常照顧她，不過對方是有婦之夫。

我勸過她：「就算他再照顧妳，終究是別人的老公，要是被發現了妳還要吃上官司，這樣眞的好嗎？」

她卻告訴我：「我現在這樣的條件還能要求怎麼樣的對象？正常人哪可能跟我在一起？」

可是眞的不該是那樣的，沒有人會故意離婚或是故意單親。如果可以雙親，誰會選擇單親；如果關係可以延續，誰會不想繼續？

「選擇單親」跟「選擇單身」，都是非常勇敢又負責的決定。當另一個人的存在已經不能替妳加分，反而讓妳的人生千瘡百孔，就不要強留在身邊只爲了成雙。

離婚的身分眞的不是原罪，單親媽媽的身分也不該抹殺了追求眞愛的勇氣和權利。

親愛的 Sandy：

我真的覺得所有的離婚媽媽或是單親媽媽，都該向妳看齊。

失婚後依舊保有驕傲和態度，最很難得的事情。

雖然在外人眼裡，妳一直很樂觀，而且樂觀過了頭，但是我覺得外在形象越是表現樂觀的人，心裡頭通常都藏了一個曾經受過重傷的小女孩。

那個小女孩不常現身，也害怕被其他人發現，但是夜深人靜或是當妳低潮脆弱時，她就會跑出來和妳對話，一起把過去所有的難過，重新數過一遍。

雖然妳經歷了平常人沒辦法想像甚至無法相信的故事，但是妳真的很棒，沒有讓那些不堪擊垮妳，妳也始終沒忘記要好好愛自己，

說穿了，離婚不過就是另一次的分手，永遠都不要因為自己的離婚身分或是單親媽媽的身分，就放棄了追求真愛的可能。

單人婚紗是妳重新和自己熱戀的開始，請繼續加油，明年韓國線的單人婚紗在等妳。

請用最強大的吸引力法則向宇宙下訂，就算妳今生和 Super Junior 的利特注定沒有緣分，老天也一定會讓妳遇到一個，跟利特一樣好的好男人。

我的職業，讓我離真愛很遠

Joy：你們到底想娶的是我的職業，還是我的人

Joy，四十五歲

「單人婚紗，是我送給自己的生日禮物，我想看看不一樣的自己。」

Joy 姊姊，一個眼睛會笑的女生，有著溫柔又溫暖的磁場，所有跟她接觸的人都好喜歡她。她的膚質非常好，不說根本猜不出實際年齡。笑起來的時候，眼睛像彎月一樣，神似國民天后徐懷鈺。她主動大方說：「我是一九七四年生的。」她的態度讓我很欣賞。碰過很多不知道腦袋裝什麼的女生，問她們年齡時，竟然回答：「我不想說，年齡是女人的祕密。」答案揭曉，才二十末或三十初，都讓我很想翻白眼。那群女生都是允許男人歧視女人大齡的幫兇，妳們自己都不能肯定自己的年紀，男人嫌棄妳老whose的只是剛好而已。

Joy 姊姊是個理性到不行的人，從年輕到現在始終如一。進入一段關係之前，她會把觀察期拉很長，防衛心很重。一旦覺得不適合，就會立刻說再見。雖然從來沒有一段感情讓她刻骨銘心，不過從來沒有遇到渣男，也是一種稀有的幸運。

她是公立醫院的護士，生活單純而忙碌。年輕時爸媽和朋友很擔心她的婚事，積極幫忙安排各種相親。問她難道都沒有機會自主性地認識對象嗎？她搖搖頭。

護士這種職業根本就存在「找對象障礙」，每天接觸的男人不是醫生，就是病人。再問她，都沒想過跟醫生交往嗎？她說，公立醫院的醫生年紀都偏大，都是伯伯等級了。

對於婚姻，Joy 姊姊抱持著佛系態度，不強求也不執著，但是爲了減少爸媽的擔心，她唯一能做的，就是表面上乖乖相親去。

爸媽喜歡的和她喜歡的款式很不一樣，爸媽首推忠厚老實款，看起來越普通越好，只要五官一個都沒有少就過關。

她遇過好幾個連話都講不好，也不敢正眼看她的人，她不禁納悶：「我要認識這樣的對象做什麼？」但是爸媽都會勸她，這種呆呆的對象最安全，可遇而不可求。

Joy 姊姊的理性就像防護，幫她隔離很多爛關係。她覺得忠厚老實頂多代表比較不容易背叛（只是比較級而已），未必會對她好。那些一輩子缺乏異性緣的男子，只想快點結婚，這樣就可以對家人交代，還可以撈回一個免費洗衣、煮飯的太太。

好不容易相親遇到不錯的對象，彼此聊得來也看得順眼，爸媽又會跳出來反對。他們會說：「哎呀，他不是公務人員啦，薪水不穩定。」然後拒絕 Joy 姊姊跟對方繼續往來。

在她父母的觀念裡，挑對象一定要選公務員，生活比較有保障。

當時 Joy 姊姊才二十多歲，心想反正年紀還很輕，這個爸媽不喜歡就算了，對象之後再慢慢找。三十歲時她選擇繼續深造，完成學業時已經快三十五歲，那時候她發現，認識對象的機會相對少很多。

她的相親經驗跟打怪一樣，從以前到現在已經累積十次的經驗值。她說她有一個護士同事更誇張，瘋狂相親了一百多次，幾乎每個週末都在相親。上午一場、下午再一場，如此密集的安排，終於讓她找到一個看得順眼的老公。

因爲 Joy 姊姊公職護士的身分，相親時經常讓她見識到人性的算計和貪婪。

那些男人言談間都會不小心透露「娶一個護士回家，爸媽可以多活好多年」的企圖。他們都公然表示，如果可以娶一個護士老婆，自己的爸媽就可以得到完善的看護服務，不只省錢，也不用擔心爸媽被外籍女傭虐待。

她就碰過三個爸媽正好臥病在床的相親對象，他們都用充滿期待又興奮的眼神對著 Joy 姊姊說：「太棒了，這樣以後妳就可以幫忙照顧我爸爸媽媽。」讓她大翻白眼。

護士工作已經很辛苦，誰想上班工作，下班繼續工作。Joy 姊姊說，她自己都沒時間好好照顧自己了，還要照顧他生重病的爸媽，他到底是在娶老婆還是娶看護？

這是 Joy 姊姊的地雷區，只要一踩到這個點，她馬上宣判對方出局。他們的反應讓她覺得，他們只是看上她的職業而已。見面前，那些男人可能早就在家裡按著計算機，估算娶了她以後，一輩子可以省下多少外勞費或看護費。她的存在價值完全被量化。

距離 Joy 姊姊上次戀愛，已經是五年多前的事情。當時穩定交往一陣子之後，雙方開始論及婚嫁。那男生提到：「妳是公務員，薪水很穩定，結婚後我們的財務可以怎樣規劃。」那句話狠狠踩到地雷，Joy 姊姊對他瞬間降溫，主動提了分手。

三十六歲那年，媽媽的朋友介紹了一個土財主給她。對方跟她同年，家裡很有錢，嘉義鬧區某一條街都是他們家的土地，每個月光收租金就數錢到手軟。

第一次約會時，那男生開了一臺全新的 BMW 跑車來接她。Joy 姊姊問他：「你做什麼工作？」他回答：「倉管。」Joy 姊姊再問：「倉管薪水這麼高啊？可以開 BMW ？」他開心地說：「這是我爸爸送我的生日禮物啦。」這個答案讓她覺得不可思議，都活到快四十歲了，生日還會收到爸爸媽媽給的生日禮物。

Joy 姊姊又問：「聽說你是數學系的，怎麼沒有從事相關的工作？」那男生竟然回答：「倉管工作很爽很悠哉，壓力也不會太大，反正爸媽都會給我錢。」

Joy 姊姊完全不能接受他的答案，她覺得那男生好沒用，他不需要認真工作，錢就會從爸媽口袋不斷飛過來，這種人怎麼可以期待他對家庭有責任感。

更恐怖的是，那男生在家裡排行老么，上面有八個姐姐，其中兩個還沒出嫁。除了爸媽之外，上面還有一個阿嬤。因爲男生的爸爸也是單傳，阿嬤希望唯一的寶貝孫子可以快點結婚生兒子，這樣就可以後代有人。

這種家庭組成對於任何一個女生來說，簡直就是「恐怖煉獄」，Joy 姊姊自然很理性地：「謝謝，再聯絡。」

介紹人跑去跟 Joy 姊姊的爸媽告狀，數落 Joy 姊姊不知好歹，這麼好的對象根本千載難逢。而且對方很喜歡

Joy 姊姊，只要她願意，下個月就可以舉行世紀婚禮。

Joy 姊姊的爸媽也覺得她瘋了，媽媽後來持續念了她好多年：「當初嫁給那個地主就不用辛苦當護士了，每天在家裡當貴婦有多好？」、「每天遊手好閒就可以過好日子，妳幹嘛不要？」

可是 Joy 姊姊覺得人生不該那麼不長進，那對介紹人夫婦剛好也是大地主，夫妻兩人活到四十歲了從來沒有上班過，成天賦閒在家收租、看股票。他們從來沒有爲自己認眞去做一件事情，因爲也不需要，反正被動財會一直進來。可是這樣的生活有什麼意義，沒有上進心，也和社會脫節。

後來 Joy 姊姊又相親認識一個數學老師，他的家人不是學校校長、學校主任、就是學校老師。雖然只比 Joy 姊姊年長五、六歲，看起來卻像她爸，頭髮全白又禿頭，有過一次婚姻經驗，目前跟父母同住。

他一樣很喜歡 Joy 姊姊，但是 Joy 姊姊覺得非常不可以。

所有人都覺得那個男生的家裡條件很棒，爲什麼不要？Joy 姊姊不懂，「家裡條件很棒」的定義是什麼，難道就因爲全家上上下下都在教育界工作，就稱得上條件很棒？比起其他人在意的膚淺東西，她更在意能不能一起生活。

問起那男生放假平時有什麼休閒活動，他竟然回答：「在家看報紙。」她完全無法接受「看報紙」竟然可以算是一種休閒活動，她更沒辦法想像如果嫁給他以後，每個假日要在家裡看上一輩子的報紙。

就跟過去一樣，Joy 姊姊的媽媽還是不諒解她的任性和挑剔。

今年年初，身邊又有好心人介紹了三個對象給她。

其中一個，又是校園代表，這回來的是高中學校的職員，年約五十歲。他對 Joy 姊姊的印象非常好，Joy 姊姊也不排斥試著交往看看。交往一陣子之後，他開始嫌棄她的年紀，他說 Joy 姊姊的年紀有點大了，應該生不出小孩，他想去找一個三十出頭或是二十幾歲的女生比較安心。一瞬間，對他的好感通通轉成惡感，這人有什麼毛病，一邊對她有好感，一邊又嫌棄她太老。

另一個是年紀比較小的弟弟，一樣很欣賞 Joy 姊姊，一開始就主動提到希望兩個人的交往可以結婚爲前提。

Joy 姊姊告訴他，她已經工作二十年，身心都很疲累。而且爸爸已經不在了，媽媽又很依賴她，她希望可以多點時間陪媽媽，所以有提早退休的規劃，她問問對方有什麼看法。沒想到那個小弟弟說，他存的錢還不夠，希望 Joy 姊姊可以再忍個五年。

他還順便提出婚後的財務規劃，兩人結婚以後，他打算把兩個人的薪水合在一起，交由他統一管理，除了扶養他的爸媽，也會扶養 Joy 姊姊的媽媽。

Joy 姊姊覺得這是什麼神邏輯，那男生的價值觀根本很有問題。既然這樣，各自養各自的爸媽就好，爲什麼要把錢先交給他，然後再跟他伸手領錢去照顧自己的媽媽，根本就是多此一舉，搞不好最後還要看他臉色。

Joy 姊姊覺得，每個月各挪一部分的薪水做爲共同家用，其他各自運用，這樣比較合理，也可以減少紛爭。她也認爲，提早退休是她自己的人生規劃，她爲什麼要爲了一個男生，改變自己接下來的步調，只因爲那個男生的收入不夠，需要她的神救援。

如果一加一不能大於二，還會把她的一歸零，那麼爲什麼不繼續單身就好。

前年她接連遭遇了很多困境，先是因爲椎間盤突出，動了一次手術，接著面臨被好友誤會，被小團體孤立的無助，最後是爸爸突然罹患血癌，四個月後宣告不治。這一連串的打擊，讓她幾乎崩潰。常常一個人一邊開車一邊落淚，陷入了憂鬱，她覺得人生中好多遺憾。

原本要好的女同事，離婚後和一名已婚的醫生在一起，這段不倫的關係被 Joy 姊姊發現了，那個醫生爲了要保全自己的名譽，對外散播 Joy 姊姊在追她的謠言，企圖混淆視聽。結果，那個離婚的女同事覺得 Joy 姊姊搶了她的男人，其他同事也覺得 Joy 姊姊怎麼可以對一個已婚的醫生下手，

就這樣，她被原本隸屬的小圈圈孤立在外，她們不給她一點解釋的機會。她覺得好遺憾，原來善良地對待別人，不一定可以得到同等回應。女生之間就算過去感情再好，爲了捍衛愛情，毀滅友情都不覺得可惜。

緊接著爸爸生病，前年十月發病，去年二月離開，一切都來得措手不及。護理人員農曆過年期間沒辦法隨意排假，那陣子剛好爸爸病情惡化，媽媽擔心影響 Joy 姊姊上班的心情，沒有即時讓她知道爸爸病情變化。輪到 Joy 姊

姊休假時，趕到醫院才知道爸爸已經昏迷兩天。

隔天清晨四五點，爸爸突然清醒，告訴 Joy 姊姊他想回家。原本以爲爸爸回家後可以多撐個兩三天，誰知道兩三個鐘頭後就離開了。

Joy 姊姊很遺憾，她每天都在照顧別人的家人，卻沒辦法好好照顧自己的爸爸。因爲不希望相同的遺憾再次發生，讓她有了換工作的念頭。

好不容易從憂鬱中走出來之後，她想做一件事情，慶祝重生，

她說她潛水看了我的文章很久，讓她也想拍拍看。因爲她不知道自己什麼時候會結婚，可能五、六十歲才結婚，也可能一輩子都不會結婚。當下她覺得自己已經把狀態調整得很好，不管是體態或是心境，所以她想用畫面記錄當下的改變。

從小 Joy 姊姊的媽媽都說她是醜小鴨，妹妹高高瘦瘦的比較漂亮，讓她對自己一直沒有自信。

完成單人婚紗以後，她覺得自己完全脫胎換骨。著手準備換工作時，不管是筆試或是面試，她對自己都充滿信心，最後以第一名的成績錄取。在這之前，她連換工作的勇氣都沒有。

Joy 姊姊的媽媽也開始對她說：「我以前都以爲妳會胖一輩子，妹妹永遠都高高瘦瘦，現在竟然反過來了。」媽媽也不著急了，甚至覺得結不結婚都沒關係。不過還是一定要找個伴，不然她擔心以後她不在了，沒人可以照顧 Joy 姊姊。

不過 Joy 姊姊覺得一切隨緣就好，現在每天下班後的生活日常，就是在家打電動。每天玩線上遊戲不只很紓壓，那些虛擬世界的朋友，後來都成了她現實生活的好朋友。

因爲她重視價值觀大於一切，不會因爲自己年紀大了就隨便妥協。她的堅持就是最好的保護機制，讓渣男止步。

Joy 姊姊很清楚，就算她的職業是優勢，那也是她的事，關別人家裡什麼事。那些人到底要娶她的職業，還是她的人？她又不是生來準備嫁到別人家當外勞的。那些人看上了她護士的身分，覺得以後就可以把照顧父母的責任丟給她，那種心態非常不負責任。

沒有一個人，希望自己存在的意義被利益化，也不會有人希望上班時要工作，下班後還要繼續工作。她的無奈，應該是很多護士們的心聲。拜託那些想要占人便宜的男人們，拿出一點責任感好嘛？如果你們不想負擔照顧雙親的責任，那麼請你們努力多賺一點錢，這樣就有餘力可以請看護了。

我眼中的 Joy
不棄守原則，渣男遠離我

拍攝單人婚紗之前，Joy 姊姊從來沒有化妝打扮的習慣。

從小到大她一直深信媽媽的話，覺得自己是醜小鴨，離漂亮很遠。可是她明明長得很甜美，我最喜歡她那雙愛笑的眼睛。

很多女生害怕表明自己的年紀，有的甚至被叫「姊姊」還會生氣，但是跟 Joy 姊姊相處時完全沒有這種禁忌。自信自在的女生，就是比較迷人。

都什麼年代了，還在那邊年齡是女人的祕密，現在早就變了，「收入」還有「存款數字」才是天大的祕密，那些可是會招惹渣男上門，讓自己陷入危險。

爲了不讓媽媽失望，她都會乖乖去相親，但是她不願放下自己的原則，不會因爲年紀大了，就降低標準，或是爲了達成結婚任務，就放棄已經有的人生規劃。

她早就發現，透過相親認識的對象，通常沒有很好，但是也沒有不好，說穿了不過就是還沒結婚的兩個人，挑戰彼此擇偶的底線而已。

不是每個女生都有 Joy 姊姊這種一直打槍別人的勇氣，通常隨著年紀越來越大，原則也越丟越多。先趕緊找個人結婚才是當務之急，其他問題以後再說。

如果每個女生對於婚姻的態度，都可以跟她一樣從容而不慌張，渣男少了表現舞臺，肯定會自然消滅。

不結婚又怎樣，一個人自成一個自給自足的單位，一樣可以活得很精采。

親愛的Joy姊姊：

像妳一樣從來沒有遇過渣男的女生，在臺灣真的太少見了，那是妳託自己的福，讓自己好命。

談一堆不營養的戀愛只會耗損能量，還不如保持單身，好好蓄積能量。

那半年的日子裡，妳先是自己身體出狀況，接著是多年的友情終結，最後是爸爸突然患病離世，接連遭遇了生離和死別，一定讓妳身心俱疲。

很開心妳走過來了，而且選擇用單人婚紗宣告重生。沉潛之後，妳活出了新的高度。人生有些時候，就是必須先徹底毀滅，才能重建。

還記得拍照當天結束後，妳開心對我說：「我覺得自己跟女神一樣美啊，拍照一點都不累，而是非常開心，這段夢幻時光結束得太快！」

其實妳從來就不是醜小鴨，這世界上沒有醜女人，只有對自己沒有自信的女人。

很多女孩的人生都藏了好多故事，只要夠勇敢，那些艱難的曾經都會是人生很重要的過程。

我喜歡妳的不設限，妳說過，只要對方心態成熟，就算小妳五歲到十歲都可以，對妳來說價值觀才是最重要的東西。

聽到妳說，妳從來都不知道心動的感覺是什麼，本來我有點難過，但是下一秒又覺得，過去沒有，不表示以後不會有。很多事情，慢慢來，反而比較快。

希望那些禿頭肥肚、覬覦妳公務員身分、家裡又有雙親臥病在床的老男人們，從現在起通通退散。下一回換一個成熟穩重、帥氣可愛的小鮮肉登場吧。

我是棉花糖女孩又怎樣？我的甜度你永遠無法掌握

Emerald：不是我太高，是你們都太矮

「單人婚紗，幫自己圓夢，為二字頭的自己劃下美好的句點，迎接即將來到的三字頭。」

Emerald，三十歲

Emerald，一個外表很亮眼的女生，五官很洋氣。身高上看一百七十公分的她，擁有得天獨厚的身材，胸部很豐滿，還有一雙修長的美腿。

她不只長得漂亮，也取得了雙碩士文憑、目前是一所國中的英文老師。這些優勢不但沒有讓她的感情運順遂，相反地，通通成了她的負擔。

好心想幫忙介紹對象的朋友，最後通通放棄，因爲她的好條件在很多男人眼裡，看起來很刺眼，讓他們有壓力，好幾次連面都沒見到，對方已經隔空發給她好人卡，拒絕認識。

小時候經歷了爸爸外遇、爸媽離異，安全感是Emerald很重要的人生課題。她不在意對方經濟條件是不是優渥，也不在乎長相帥不帥氣，只要對方眞心喜歡她，兩人之間沒有背叛或欺騙，她是唯一，也是最愛，她就可以一直放心地愛下去。

距離上一次談戀愛，已經是八年前的事情。對方是她大學同學，對她非常好，給足了她要的安全感。只是大學畢業後，兩人必須相隔兩地，因爲Emerald不能接受遠距離，所以選擇結束關係。

從那之後一直到現在，好桃花一直都不開，爛桃花卻一直來。這幾年Emerald沒有眞正談過一場戀愛，但是渣男的出現卻從不間斷。

渣男一號

是她同校的男老師。他刻意對 Emerald 隱瞞自己有女朋友的事實，熱烈追求示好。後來學校小朋友跑去問 Emerald：「老師，妳不是跟那個老師在一起嗎？可是他的臉書上有其他女生耶。」Emerald 沒有那男老師的 Facebook 帳號，小朋友主動把自己的手機給 Emerald 看，滑了幾篇以後，她看清眞相，照片上的女生才是正宮，對他來說，她只是「準小三候選人」。

渣男二號

外表高大帥氣的百貨公司櫃哥。一開始就表明希望可以建立「利益交換」的砲友關係。他說：「我們可以一起好好享受性愛這件事情，不覺得很棒嗎？如果妳隨時認識新的對象，我也不會阻止妳，這種沒有約束的關係，可以帶來加倍的快感。」遊說了幾次之後，他發現 Emerald 態度堅定，只好放棄，繼續尋找下一個獵物。

渣男三號

朋友介紹的對象。兩人曖昧一陣子之後，對方悄悄地交了女朋友卻沒讓 Emerald 知道，反而要求 Emerald 去大陸找他，打算神不知鬼不覺的坐享齊人之福。

渣男四號

對 Emerald 做出很多曖昧的言行。後來 Emerald 鼓起勇氣向他確認彼此關係，他卻說：「我以爲我們只是朋友而已。」Emerald 覺得難爲情，原來一切都是錯覺而已。在她看來明明是追求或是示好的表現，在對方的標準裡，就只是普通朋友的互動而已。她很有風度地告訴對方：「沒關係，如果是我自己腦補了我們的關係，那我自己退回朋友關係。」

除了上面的四個渣男之外，還有一個 Emerald 國中的學長也來插花。出國留學回來後，開始和 Emerald 聯繫，兩個人曖昧長達了一年多的的時間，後來學長突然宣布要結婚了，新娘卻不是 Emerald。學長告訴她，之前他是眞的很喜歡 Emerald，但是 Emerald 一直沒有接收到他釋放的訊息，所以他才轉身去發展其他關係。

曖昧原來眞的讓人受盡委屈。

接二連三的渣男運，讓 Emerald 產生自我懷疑，到底是哪裡出了問題，爲什麼遇到的男人通通只想對她的感情或是身體占便宜？

爲什麼他們不能善待她，是不是因爲她不值得人家對她好？爲什麼他們最後都選擇了其他女生，是不是她哪裡比不上她們？爲什麼他們沒辦法好好跟她經營一段感情，是不是她的氣場出了問題？

女生們總會稱讚她的條件非常好，有漂亮的臉蛋、豐滿的胸部、修長的美腿，可是對於男生來說，卻不是那麼一回事。他們總會嫌 Emerald 太高、太壯、太胖，惡劣一點的還會跟她說：「妳還要繼續吃嗎？越吃越胖耶。」

男生眼中 Emerald 的形象，經常偏離眞實很遠。認識以前，都會認爲她很愛玩、可能同時間交往一個以上的男朋友。所以好男生不敢靠近，壞男生會以爲發現新獵物而欣喜。可是跟她熟識的男性友人，又會覺得她的個性根本像個男人。「認識前當情婦，認識後當兄弟」，是她注定的苦情路。

Emerald 想起了從小到大每次去算命，算命師都提醒她一定要晚婚，千萬不能早婚。他們還論定她是標準的情婦命，命盤看起來就是第三者的格局。

她覺得怎麼可能？從小到大看著爸爸一路外遇，她最痛恨的就是感情不忠。可是事實證明，那些渣男眞的差一點就讓她被動成了第三者。

就算每一個算命師都要她晚婚比較好，她還是設下了三十歲前結婚的門檻，所以二十六歲時，她加入了「月老銀行」。

去了以後，Emerald 覺得灰心。那些條件不怎麼樣的男人，總是可以找出各種原因嫌棄她，讓她開始懷疑：「我眞的這麼糟嗎？」

見了快十個人，其中兩個讓她印象深刻，到現在都還覺得莫名其妙。

一個是竹科工程師，相親結束後，月老銀行的祕書對 Emerald 說：「那個男生是覺得妳還不錯啦，但是他希望妳可以化個妝。」

Emerald 覺得離奇，她有化妝啊，化淡妝不行嗎？如果他喜歡濃妝女，去酒店找不是更快。如果淡妝都被嫌棄，以後結婚可是天天素顏在家，不就準備被休妻？何況，那個工程師長得也不怎麼樣，不過就是一個死阿宅，憑什麼這麼無禮。

另外一次，是月老銀行安排了一個社經地位很好的老男人給她。對方是一間大學的副教授，頭髮嚴重禿得厲害。月老祕書告訴她這個對象的條件有多好，名車豪宅一樣沒有少。可是 Emerald 不太明白祕書的標準在哪裡，她很想問問祕書：「如果這個禿頭教授要娶妳的話，妳會答應嗎？」

後來她拒絕再去月老銀行報到，因爲那裡就像一間珍禽異獸博物館。

鄰居們也加入了介紹人的行列，送來的對象，每一個都讓 Emerald 覺得跟她格格不入。她開始生悶氣，心想：你們介紹這樣的男生給我，是覺得我只値得這樣的人嗎？

前兩年，學校男老師介紹了另一個男老師給 Emerald，對方大她十三歲，有車有房。那個男人很疼她也很照顧她，常常會準備小驚喜，偷偷放在她的辦公桌上。

他對 Emerald 的好，讓她一度猶豫要不要試著交往看看，因爲她好怕再也遇不到一個人對她這麼好。可是她反問自己，我單身了八年多，難道等的就是一個我對他沒有什麼感覺的好人嗎？後來她決定順著自己的心意走，也不耽誤男老師的終身大事。

Emerald 從小家境非常富裕，幼稚園被爸媽帶去美國生活，後來爸爸外遇，爸媽離婚後，她被爸爸帶回臺灣，從此跟著爺爺奶奶生活。

去年的十二月二十八日，爺爺因爲猛爆性肝炎過世。爺爺一直是最疼她的人，Emerald 因此陷入低潮。這時候她認識了一個比她小三歲的男生，陪她度過最黑暗的時光。

每天從睡醒到睡前，兩人都會一直互傳訊息，對方也會主動報備行蹤。他們的互動模式有點像男女朋友，又像比普通朋友再要好一點的朋友。Emerald 不敢確定對方到底喜不喜歡他，她也不敢問個清楚。

男生一開始都會要求不要單獨出去，害怕被誤會，慢慢地他主動把多人約會模式改成兩人約會模式，甚至還帶著 Emerald 去見了他的高中同學還有全家人，所有人都覺得他們是一對。Emerald 問他：「我們是不是應該保持距離比較好，不然大家都誤會了。」男生又說：「沒必要啊，被誤會解釋一下就好了啊。」

那男生一直強調他們只是朋友，但是看到 Emerald 和其他男生走得比較近時，又會吃醋鬧情緒。Emerald 被他搞得很亂，只好去塔羅算命。就算塔羅永遠給她一樣的答案，正確版的答案還是只在那個男生的心裡。

她不明白為什麼這又是一次不上不下的關係？為什麼她永遠只能碰到這種不願意確認關係也給不起承諾的男人。她對這個男生確實有好感存在，可是她不知道下一步該怎麼走，這關係丟掉可惜，繼續擱著又怕浪費時間。問她為什麼不乾脆開口問清楚，她說因為她好怕再次聽到：「妳想太多了，我們只是好朋友而已。」

Emerald 試圖找出曖昧無限迴圈的關鍵，她覺得可能因為她不是臺灣男人會喜歡的女生類型。依照她的觀察，臺灣男人普遍喜歡個子嬌小、傻傻的、呆呆的、無害的、好控制的、沒威脅性的女生。這群女生跟 Hello Kitty 一樣，樣子討喜可愛，而且好像沒有嘴巴，不會回嘴，也不會罵人，就算被騙還覺得好幸福。

Emerald 有美顏、美胸、美腿，光身高，就可以壓制一堆臺灣男人，對於條件不夠好或是自信心不足或是帶著父權思想的人，通常會選擇敬而遠之。至於情場玩家，又會把她當成征服的目標，而不是穩定交往的對象。

有一個很重要的關鍵，就是「胸」。其他國家我不知道，但是臺灣男人普遍偏愛大胸。男人看到了那麼突出的性象徵，就會自動把胸部的主人歸在情慾組，所以大胸部的女生很容易招來壞桃花，好桃花完全進不來。

Emerald 說，當初她會想拍單人婚紗，一開始是先被我的文字打動，她開始認同「單身又怎樣，單身也很好」。後來她想送給即將三十歲的自己，一個不一樣的生日禮物，決定擁有一組屬於自己的單人婚紗。

拿到毛片後，Emerald 發現原來她也可以這麼美，而且每一張照片不用修圖就很漂亮。終於她可以從每一個畫

面裡，看見那些自己一直視而不見的美好。

以前 Emerald 都會覺得，身邊的朋友是因爲知道她沒自信，才刻意一直稱讚她很好，完成單人婚紗之後，她終於相信那些朋友對她的讚美，都是出於眞心。

她開心地拿著照片跟爺爺奶奶分享，雖然他們一直用臺語說：「瘋子喔，自己一個人去拍。」可是又掩不住滿意的表情，笑得很開心。

爺爺一直希望可以看到 Emerald 找到好歸宿，雖然爺爺生前她沒辦法完成爺爺的願望，至少她已經讓爺爺看到她穿上白紗的樣子，她覺得這一部分的遺憾，沒那麼遺憾了。

四月四日那天，我在仁川機場準備回臺灣時，收到 Emerald 傳來的訊息：

> 明天是阿公的百日，最近又看到妳的週年慶發文，看到了自己的照片。突然很感謝有妳們，我至少沒有讓爺爺太遺憾，他有看到我穿婚紗的樣子才離開。至少，我有做到這部分。
>
> 雖然我現在還是單身，但是，他至少曾經看到我穿婚紗的樣子。那時候的他，也是笑得很開心、很滿足。
>
> 謝謝妳們。

拍完單人婚紗之後，Emerald 覺得自己沒有像以前那麼急著結婚了，不過她告訴自己，以後結婚時，一定要找我再拍一次，這是一種有始有終，當初的起點也是終點。她想要大聲宣告：「我終於找到値得嫁的好人了，妳們看看，我帶了一個人過來，這一次請給我雙人版的婚紗吧！」

前陣子，她取得了文憑，人生中追求學術成就的階段到一個段落，終於有空閒可以閱讀教科書以外的書。

她把生活重心拿來找自己、做自己，大量閱讀以後，她開始肯定自我價値。以前別人說她好，她都覺得是善意的謊言，現在她不需要別人的肯定，就相信自己眞的很好。爲了別人的錯誤來否定自己，一點都不値得，也不正確。

所以她經常對自己喊話：「我値得好好被對待。」

她開始善待自己，想去玩就去玩、想吃大餐就吃大餐、想去按摩就去按摩，想到什麼都會即時去做，她已經學會一個人好好生活。

她發現，人生中除了想盡辦法把自己嫁掉之外，還有很多更重要的待辦事項。

我眼中的 Emerald 每個女生都值得好好被對待

當初跟 Emerald 見面以前，她一直強調自己身形很大隻，擔心沒有合適的禮服，她說：「男生都嫌我胖。」可是見到本人後，發現她一點都不胖，只是不符合世俗認定的骨感纖細。她的外表帶有得天獨厚的優勢，要臉有臉、要胸有胸、要腿有腿，而且她非常好相處，是個爽朗乾脆的女孩子。

那些男生對於她外表的批評，在她心裡生了根，雖然不會一刀斃命，但是負評累積起來，影響還是很大。

我告訴 Emerald：「妳一點都不胖好嗎，下次那些男生再笑妳，妳就回嗆，胖又怎樣，至少我比你高，我也長得美。」

果然，那些笑她胖的男生，幾乎都比她矮，長得也不怎樣。

那些講話沒品的人，其實心理都有病。他們對人做出人身攻擊，不是因爲他們覺得自己有多完美，他們都有性格上的瑕疵，才會以傷人爲樂。另一種是因爲自卑感作怪，因爲自卑，覺得高攀不起，所以採取攻擊戰術打壓對方，順勢提高自己的聲勢。

大學畢業後就沒有再談戀愛的她，有點無奈的說：「要找個對象眞的好難，我的要求也不多啊，只要比我高，好好講話，就可以了。」

「好好講話」眞的是臺灣大部分男生欠缺的修養，有的是講話欠深度，有的是喜歡講大道理，有的是喜歡老王賣瓜、有的只會狂講垃圾話、有的習慣使用命令句對話，不管哪一種都讓人搖頭，無法長久生活。

Emerald曾經接收的那些言語霸凌，幾乎每個女生也都曾經歷。過去受到攻擊的當下，我們第一時間的反應幾乎都是自我否定。可是仔細想想，我們爲什麼要去在意那些不入流的批評？會說那些話的人，條件通常也都不怎麼樣，就算外表過得去，品格也絕對不高尙。那種人說的話是有什麼價值或是公信力？既然這樣，我們又何必耿耿於懷。

我們應該培養新的反應，當別人再次對於我們的外表品頭論足時，我們要有「回嘴」的能力。如果噤聲不能讓世界更美好，那麼就勇敢頂回去。

別人不能善待我們，不是我們的錯。人在江湖走，一生難免會遇到幾個渣，拿別人的過錯來懲罰自己，是最愚蠢的事情。如果今天我們的心受傷了、難過了、被辜負了、被揮霍了，把心收回來就好，然後像Emerald一樣，告訴鏡子裡的自己：「我值得好好被對待。」

親愛的Emerald：

謝謝妳選擇單人婚紗，向二十世代告別，迎接全新的三十世代。

其實妳的一些遭遇跟我過去的經歷有些雷同，我們身上那些其他女生會羨慕的優勢，都會讓我們莫名其妙地距離壞男人很近。

這是一件很不公平的事情，T恤套在別的女生身上就是舒服的休閒風，但是穿在豐滿的女生身上，就是有甩不掉的情色感。

就算我們再潔身自愛，還是會惹來很多不懷好意的渣男上門。

但是請妳一定要相信，遇到渣男不是妳的錯，懂得自我保護，讓自己不受傷害，才是最重要的事情。

感情空窗了那麼久不是壞事，戀愛談多了有時候人生反而會壞掉。在那個對的人出現之前，妳可以多做那些會讓自己開心的事情。

我知道妳很愛林俊傑，拍照當天，只要一提到「林俊傑」這三個字，妳馬上會笑得燦爛如花。上次妳更是興奮地告訴我：「我昨天夢到林俊傑跟我求婚耶。」

我一直很鼓勵人追夢，因為如果不去追，妳永遠不會知道自己有多少能耐，妳也永遠不會知道，這世界上不可能根本就不存在。

新聞報導不是都說，林俊傑喜歡胸部大、腿漂亮的素人嗎？妳要胸有胸，要腿有腿，現在更是比婚紗照裡的妳還要瘦上十公斤，他的理想型不就是妳難道還有別人嗎？

希望林俊傑可以快點開眼看到妳，遇見妳以前，他都已經未卜先知替妳寫了「小酒窩」、「愛笑的眼睛」這兩首歌，這不是命中注定，什麼才是命中注定？

祝福三十歲的妳，可以遇見妳最愛的林俊傑，如果妳的野心再大一點，讓林俊傑變成那個對的人也可以。

你真的愛過我嗎？

Sarah：從謊言掙脫後的蛻變重生

Sarah，三十四歲

「單人婚紗，是想知道穿著婚紗的自己，有多美。斬斷了過去充斥謊言的感情，決定送勇敢的自己一份禮物。第一次好好看看現在綻放燦爛的自己，笑得開心。我是自己人生的主角，我會活得讓人嫉妒。沒娶到我的你，現在後不後悔？」

Sarah，一個美到讓我窒息的女神系女生，每次和她說話，望著她的臉我都會失神，覺得這女生好精緻。配上她柔柔的聲音，整個人完全就是上帝的傑作。

她出生於很好的家庭，家中三代不是醫生，就是從事醫學相關領域的工作，她本身是醫院的藥師。她沒有千金小姐的嬌氣，也不會像仙女一樣不食人間煙火。她很隨和、很貼心、很溫暖，開玩笑起來也是沒在客氣，相處起來非常舒服。

原本以爲這麼美好的女生，一定是美麗愛情故事裡的公主，沒想到愛情是她過去的最大難題。

三十歲那年，Sarah 的學姊介紹了同醫院的醫生給她。雙方都覺得對方條件不錯，又聊得來，很快地，兩個人決定在一起。

外人看來，一定會覺得這一對非常匹配，人生勝利組的結合，根本是天作之合。

交往初期，兩人非常甜蜜，幾乎天天見面，下班後總會相約手牽手去公園散步，可是 Sarah 還是隱約覺得有些地方不對勁，像是男友的洞洞鞋上，開始冒出幾個有少女感的鞋扣，家務也好像有人幫他打理。

當她發現男友 Facebook 帳號時，要求互加好友，可是男友用「我沒在用」、「我忘記帳號密碼了」、「臉書沒有隱私」這類理由來搪塞。

一開始男友就表明自己很需要空間，喜歡獨立的女生。還說他有兩支手機，一支是私人號碼，一支是公務號碼，雖然兩個門號都有讓 Sarah 知道，但是他宣稱私人的很少用，打了也找不到他，暗示 Sarah 固定打公務機比較好。

「交往過幾個女友」這麼基本的問題，他也可以每次的回答都不一樣。兩天前才說三個，兩天後像得了失憶症一樣變成兩個。

Sarah 懷疑過他會不會已經結婚了，再次跟介紹人求證，對方保證男友眞的單身，因爲他們多年交情了，如果眞的已婚，介紹人不可能不知情。

對外，男友從來不會主動承認他有女朋友，對此他也有一套解釋，他覺得感情是自己的事情，沒必要到處張揚，他希望別人可以把重點放在他的專業上。

交往兩三個月後，男友的態度漸漸變得冷淡。兩人從天天見面，變成一個禮拜一次，而且男友三不五時就會上演失蹤記。

溫和的 Sarah，從來不跟他大吵，總是用理性的方式試著跟他溝通，也讓男友知道，他經常性的失聯，讓她心裡很難受。

男友總會安撫 Sarah，要她不要多想，不要不開心。他告訴 Sarah：「我知道妳想要的是什麼，給我時間，我會努力。」雖然他的態度總是誠懇，但是對於 Sarah 來說，她要的「眞心」，是一段關係裡最基本的東西，不需要努力就應該存在。

男友後來坦承，因爲之前和親戚一起投資房地產，身上背了六千多萬的債務，有時候她聯絡不上他，是因爲他眞的在努力工作還債，他希望 Sarah 可以多體諒他的難處，也承諾等到親戚順利把房產脫手後，情況一定會改善。

Sarah 很心疼男友的遭遇，擔心男友的經濟狀態影響到他的基本生活，所以盡可能在生活日常上照顧他，吃的、喝的、用的、穿的，通通 Sarah 買單，偶爾也會準備一些禮物，給男友驚喜。

後來男友無意間得知，Sarah之前交往過的對象，是他的舊識。男友非常生氣，覺得爲什麼Sarah不主動跟他坦承。Sarah覺得那都是六、七年前的事情了，而且那個前男友早已經結婚生子，沒必要刻意提起。

事發後，男友不見面、不接電話、不回訊息，他選擇用冷暴力來懲罰Sarah。

Sarah使出最後通牒，傳訊息告訴男友，如果他繼續逃避，那麼她只好直接去門診間找他。他這才告訴Sarah，他需要冷靜一下。

因爲前男友事件，兩人分手了，半年後又復合了。

原本以爲一切可以重新開始，沒想到復合後的關係更糟，見面的頻率從一個禮拜一次，拉長到一個月一次。

男友的態度越來越冷淡，而且爽約的情形越來越嚴重。

男友從來無法精準確認下一次兩人碰面的時間，只會丟下一句：「我明天找妳。」或是：「我這禮拜一定找時間陪妳喔。」

好不容易約好了，時間到了卻不見人影，怎麼樣都聯絡不上。不管Sarah怎麼打電話或是傳訊息，他全部冷處理。好不容易聯繫上了，他又會拿「很忙」當藉口。

Sarah不只一次對他說：「你的時間是時間，我的時間也是時間啊。你跟我說今天要見面，我把整段的時間都空出來給你，結果你卻突然跟我說你回臺南找爸媽。你不知道我在等你嗎？你還記得跟我有約嗎？」男友竟然大言不慚地回應：「我現在不就跟妳說了嗎？」

他一點都不覺得自己有錯，就算他經常讓自己的女朋友，從晚上七點，一路傻等他到凌晨一兩點。

這類「爽約」又「失聯」的情況，一直頻繁發生。

他們的約會很不像約會，很少在外頭行動，也從來沒有一起到外面吃頓飯，約會的地點，不是公園，就是Sarah家裡，而且他經常匆匆來，匆匆去，就像一陣風。

兩人只去電影院看過一場電影，敲定時間後，Sarah先上網購票。到了約定日當天，男友故態復萌，藉口臨時有事走不開，需要改期。

下一個約定日，男友演技上身，一開始裝病裝得很嚴重，原本試圖再次爽約，最後還是出現了。他不小心說溜嘴，告訴 Sarah 那部電影其實不好看，間接洩漏自己被迫二刷。

一到電影院，男友行徑更是怪異，先躲在暗處觀察四周環境，確認沒有認識的人出沒，才拉著 Sarah 衝去搭電梯，好像他是通緝犯，擔心警察十面埋伏。

有時候，男友會在晚上十一點左右傳訊息給 Sarah，告訴她：「寶貝，我今天很累，我要睡覺了，晚安。」如果 Sarah 沒有在收到訊息的當下，馬上打給他，等到下一次可以順利聯繫上他，要很久之後了。電話接通了，也不用期待他可以好聲好氣的說話，他總會不耐煩得說，他很累了，要睡了。幾回掛掉之後再打去，卻顯示他正與人通話中。

男友常常拿開刀當藉口，只要一進開刀房，當天就完全找不到人。後來 Sarah 從其他同事那邊得知，其實每次手術都在晚上八點前結束，根本不像男友說的忙到午夜十一、二點。

後來 Sarah 開始聽聞男友的黑歷史，對於歷任女友，他都會告訴對方，兩人的交往是以結婚爲前提，也承諾會帶對方回家見父母。可是時間一到，他又會找各種藉口拖延，最後再搞失聯。同樣的劇情上演了好幾回，他已經是慣性累犯了。

交往第三年，Sarah 告訴男友，如果兩個人對於未來沒有共識，就不要繼續走下去了，因爲她眞的不年輕了，不是他可以玩弄感情的對象。男友答應 Sarah，年底會跟她求婚，請她再等一下。

Sarah 一直記得爸爸提醒她說的：「山盟海誓比不上白紙黑字。」白紙黑字才有永久的法律效益，山盟海誓的效力，可能短到只有當下而已。

於是她先獨自買了房子，一方面是爲了年底的婚事做準備，一方面也是考量婚前置產，才能完全屬於買屋人所有，如果拖到婚後再買，就會變成夫妻共有。

男友知道 Sarah 買房後，那陣子心情特別好，也對 Sarah 特別好，兩個人還一起認眞討論了房子未來該怎麼裝潢。可能是自覺對那間房子一點實質上的貢獻都沒有，他說：「寶貝啊，房子都讓妳一個人負擔，一個人忙，眞的辛苦妳了。」

新居落成後，Sarah 對他說：「今天我帶你去看我們家吧！」看完後，男友很滿意、很開心，也當場拿出一張準備好的卡片給 Sarah，上頭寫著，他覺得自己很幸運，可以和 Sarah 相遇，如果可以，他希望牽著 Sarah 的手走一輩子。

既然房子也買了，Sarah 覺得對方應該要跟她的爸媽碰面了。

之前男友每次說要帶 Sarah 去見他的爸媽都沒有實現，Sarah 問他什麼時候要跟她的父母見面，男友也一直拖延。這回男友終於承諾一兩個禮拜內，一定會安排和 Sarah 的父母見面，Sarah 把他說的時效，當成最後底線。

見面日的幾天前，男友突然對 Sarah 說：「寶貝我跟妳說一件事情，我這幾天要出發去韓國進修三個月，醫院派我去學技術。」Sarah 聽了傻眼，未免太突然了，一般這種出差行程，醫院都會提前告知，男友一定早就知道了。

Sarah 哭了，問他怎麼可以這樣子。不過其實 Sarah 心裡早就有底，男友本來隨時都有可能爽約，就連見面的前一秒都還會有變數發生。終於，Sarah 開始萌生放生的念頭。

他要 Sarah 不要哭，他說三個月後就回來了，中間如果有空檔，他一定會飛回臺灣陪她，還主動承諾下次去韓國一定帶她去。可是三個月裡頭，男友不曾飛回臺灣。

男友去韓國的時候，兩人幾乎天天聯絡，差不多準備回來之前，Sarah 問了他的班機時間，她想去接機。男友一開始不肯講，後來給了一個日期。

男友預定返臺當天，Sarah 在機場苦等了六個小時，都不見男友出現。後來直到她看了醫院的門診表，才確定他回國了。

關於男友的負面流言越來越多，有人告訴 Sarah，他的風評眞的不太好，而且好像在其他醫院已經有交往七、八年的女友。

Sarah 不知道爲什麼好好戀愛這麼難，在這段關係裡，她從來沒有快樂過，發生的每一件事情都那麼不眞實。她也不確定，兩個人是不是眞的同步在愛情關係裡，還是說，男友的感情世界裡人口太擁擠，擁擠到他沒辦法做好

時間管理。

灰心的她，悄悄地把臉書上的感情狀態改成「單身」，後來 Sarah 再度加碼得知，男友之前到處對外宣稱自己單身，希望身邊的人幫忙介紹對象。

Sarah 徹底死心了，因爲男友之前都告訴她，雖然他不會主動提起自己有女友，但是如果別人問起，他一定會表明自己非單身。

Sarah 終於清醒，她知道這段關係該結束了，這一次，她態度強硬地要求男友當天晚上出來講清楚。

一見面，男友態度就很惡劣，他不耐煩地問 Sarah 又在發什麼神經，Sarah 說：「你自己做了什麼事情，你心裡明白。」

Sarah 只說出了幾個關鍵字，男友就主動把自己的幾樁醜聞全部補充完畢，反駁那些都只是謠言而已，是有心人士在抹黑他。

Sarah 告訴他，其實很多事情她都有聽說，不過爲了顧及他的面子，所以從來沒有戳破。她要求男友立刻把手機交出來：「交往四年我從來沒有檢查過你的手機，現在你馬上拿出來。」男友不肯：「如果妳要看手機的話，我們就分手。」

Sarah 早就打定主意要分手了，她說：「分手就分手，請把你的手機交出來，我知道裡面會有我想要的答案。」男友還是不肯把手機拿出來。

關係終於結束了，Sarah 的噩夢，也終於醒了。

兩人最後一次見面，分開前，渣男醫生對 Sarah 說，她眞的是一個很美好、很善良、家教也很好的女生，他知道他眞的傷她很深，他只能眞心地對她說對不起。

兩人最後一次聯繫，是透過訊息。渣男醫生說，他當初眞的很愛 Sarah，他也有用眞心對待那段感情。Sarah 傳了一篇〈男人不愛妳的七項指標〉給他，裡頭提到的每一項都可以把他瞬間擊斃。

她決定把他的帳號封鎖刪除，從此把他隔絕在她的世界之外。

後來 Sarah 花了很長的時間才走出來，回頭看看過去四年多的日子裡，她好像談了一場「假性戀愛」。兩個人名義上在一起，但是實際上感情卻很疏離。從第二年開始，兩人一年內見面的次數不超過十二次，跟發薪水一樣的頻率。還有好幾次是間隔了兩個月、三個月才碰面。

那個渣男對於 Sarah 來說，可能始終是一個謎，她到現在還看不透他眞實的樣子。

雖然那都已經是一年多前的事情了，現在回想起來，Sarah 還是會難過落淚。她問過我：「傷害我是不是會有快感？」其實那些都不是 Sarah 的問題，她唯一的問題就是，沒有守好停損點，才讓傷害蔓延了四年。

Sarah 的故事絕對不會是個案，醫院裡，好多醫生的愛情故事聽起來都跟鬼故事一樣可怕。高學歷不等於高品德，男醫生劈腿女護士、男醫生出軌女醫生、甚至男醫生性侵女病患的新聞不斷上演。醫術高明，不代表愛情裡不會草菅人命。

不過醫院只是社會的縮影而已，當任何一個男性握有金錢、權力、地位，如果他的品德低劣，就會在愛情裡肆意妄爲。

爲了 Sarah，我的小偵探魂再次啓動，透過人脈，間接找到了那個渣男醫生的大學同學。答案揭曉，他未婚，但是有一個交往十年以上的女朋友，雖然不知道爲什麼一直不結婚，不過兩個人的感情外人看來很穩定。

其實，在渣男的世界裡，沒有人是他的唯一，每個人都只是眾多人裡頭其中之一而已。

我眼中的 Sarah

美麗的公主不需要帥氣多金的王子

Sarah 眞的是很棒的女生，很眞誠、很善良、很美麗。

她的廚藝非常好，而且非常多才多藝，有空時會開授課程教人皮革手作。她身上用的包包，全部都是她自己親手做的。

雖然出生富裕家庭，但是她一點千金小姐的驕傲都沒有。她說，她爸媽給她最好的嫁妝，就是她的專業牌照。她不喜歡帥哥，也不喜歡有錢人，她只想找一個聰明有智慧、有愛有溫暖、給得起專一的好人。

她的恐怖愛情故事，再次加深我長久以來的偏見：再有威望、再有醫德的醫生，在感情裡也可能下流無德。沒有德性的醫生，放著漂亮的元配不顧，天天找年輕小護士玩耍；說要忙開刀，其實都和外遇對象在床上糾纏；說要看診，其實都跟出軌對象含情脈脈對望。

Sarah 的故事驗證了，壞男人根本就不需要多麼美好的女人，但是他同時需要很多傻女人，滿足他各個層面的需求。

再美好的女人遇上了渣男，感情路也是注定曲折。

其實不只醫生，三師（醫師、建築師、律師）通通都是感情裡的高風險群。所以女生應該戒掉擇偶時的職業迷思，三師不代表就是幸福快樂的保證，相反地，碰到這些職業的男人，更應該謹慎的三思，等到通過層層考驗之後，再來決定終身。

親愛的 Sarah：

妳真的是一個像女神一般，很美好的女生。

那四年多的日子裡，真的辛苦妳了，妳的善良，讓妳一再退讓，渣男說的那些理由，妳雖然知道不能相信，還是說服自己相信了。

現在回頭看看過去，妳一定很不解，為什麼明明跟那個人在一起四年多的日子，可是記憶裡卻好像從來沒有在一起。

妳所遭遇的那些光怪陸離，之前我被山頂洞人纏身時，很多情結都似曾相識。只能說，那是渣男的固定套路。那些爛人不要臉至極，用盡所有的怨念詛咒他們到老死都太客氣。

幸運的是，妳終於從噩夢中掙脫，雖然逃脫的速度緩慢，但是走出來就好了。

妳常常會擔心，如果超過適婚年齡，還沒辦法定下來，之後會不會越來越難找到好對象？不要著急，也不要緊張。妳過去之所以一直遇不到好對象，是因為妳沒有把自己定位好，明明是女神級的女生，當然要把眼睛放在頭頂，才能遇到足以跟妳相配的男神。

那種聯誼活動拜託不要再去了，越去越傷心而已。妳每次去，我都可以想見那群男人見到妳一定會驚嘆女神降臨，但是驚為天人之餘，不管後續追不追妳，都不會是妳追求的正確答案。

快三十五歲還單身又怎樣，請不要擔心找不到好對象。四十歲的我都可以優雅地單身著，妳還很年輕，有什麼好怕的。

只要把各方面的狀態調整到最好，實際年齡就永遠不是扣分題。

放眼望去，條件好的大齡女子這麼多，哪一個不是都讓人不可思議地單身著，所以我相信，條件好的單身大齡男子也一定存在。

不然妳看看，孔劉（這個我已經下訂了）、金材昱……，韓國那邊單身的男神一大堆，妳怎麼會擔心沒有好條件的好對象呢？

不要著急，一定會有最好的在前面等妳，最棒的壓軸，精采可期。

請記得，女神一定要配男神，妳將就找一個平凡人或是下等人，只是可惜了自己而已。

五二年華，風華絕代的美

Janice：我不是嫁不掉，我是不想嫁

Janice，五十二歲

「單人婚紗，想拍就拍啊。管妳想不想結婚，時間喬好，就GO吧。」

Janice，現在是臺灣某大集團的一級主管，也是我十年前的直屬主管。

她的美，找不到言語來形容，很難讓人相信，五十二歲的年華可以美得如此經典，歲月彷彿在她的臉上靜止，卻在她的智慧盛開。

很多人初次見她，都會驚呼她好像東方版的Angelina Jolie（安潔莉娜裘莉）。幾乎每個來拍單人婚紗的女生，也都會特別跟我提起她。她們總是用欣賞、羨慕、欽佩的口吻，想從我這裡知道更多關於她的故事。

好多女生害怕變老，Janice的眞實年齡對她來說反而是加分題，讓人驚嘆原來五十二歲可以長得和我們的刻板印象很不一樣，也可以活得跟我們想像中不一樣。

她成了一個値得跟隨的範本。

Janice的美，低調而不張揚，沉穩而不喧鬧，自信而不孤傲，那是二十五歲女孩身上永遠找不到的美好。

十年前，在臺灣當時最風光的電子商務平臺，Janice帶領一個龐大的部門，我們和牛爾老師還有Kevin老師合作，自創達人保養品牌，每天在網路上和數字賽跑，創造出來的年營業額高達十億臺幣。

部門女生雖然多，但是我們大多數都很良善，不會勾心鬥角。雖然多年後大家都另有發展，但是到現在都還和Janice保持聯絡。

我的單人婚紗事業剛起步時，第一時間 Janice 就挺身說：「來拍吧。」我知道她除了支持我的理念之外，也想拉我一把，讓更多人看見我做的事情。

對於感情以及婚姻的看法，之前很少跟她聊起，這是第一次聽到她這麼眞實地剖析自己的成長背景還有內在狀態。有高度的女人，果然用自信和智慧，活出生命的深度和廣度。

她生長在思想傳統的六十年代，當時臺灣民風保守，每個人都努力活在社會價值的框架內。女人畢生最重要的任務，就是結婚生孩子。很多人會替自己設定一個年齡，在那之前一定要找到對象，進入婚姻。

但是 Janice 天生反骨，從小她就不覺得長大後一定要結婚，對於談戀愛也沒有太大的念頭。

不過年輕時，她也曾經迷途。當時因爲想快點離開原生家庭，她把對於理想對象的期待，投射在對方的形象裡，不停自我暗示，眼前這個人就是可以救贖我的王子。可是她所以爲對方的樣子，其實都只是幻覺而已。

慶幸老天眷顧，Janice 雖然昏頭了幾次，但是每次都可以在最後一刻清醒，冥冥中有一股引力，即時把她拉出來。

可是她的一些朋友就沒有這麼幸運了，因爲不喜歡原來的家庭，匆忙把自己嫁了。切換到新的家庭以後，才發現新的生活也不如所願，她們只是從原本的黑洞，跳進另外一個黑洞而已。

原來很多人的人生，都在重播相同的片段。就算換了對象，相同的劇情還是重複上演；就連進入新的家庭，也複製了原生家庭的悲劇。

二十二歲時的一場火災，燒掉了 Janice 從小到大珍藏的東西。那些收藏品、紀念品、喜歡的衣服，不管她曾經保護得多好，通通被一把火燒成灰燼。

收拾殘局的時候，她心想，當老天眞的要幹嘛的時候，攔也攔不住，一把火就可以無情的把她全部的東西化爲烏有，前一天她根本沒想過隔天會發生這樣的事情。

從那天起，她的人生觀起了很大的改變，她決定活在當下，及時行樂。

這個事件也連帶影響了 Janice 的感情態度，她覺得，我跟你以後會不會結婚，什麼時候會結婚，都不重要，我們當下的快樂，比什麼都重要。

她二十幾歲的時候，一些朋友常常會用憐憫的口氣問她：「妳都二十好幾了，怎麼都還沒有男朋友啊？」在他們的認知裡，到了那個年紀還沒有男朋友，肯定是哪裡有問題。

可是 Janice 一點都不覺得沒有男朋友是一件有錯的事情，不需要被關切，更不需要被同情。

職場上一些善心姊姊們，都會熱心幫忙介紹。就算她每次都謝絕別人的好意，最後都被設局騙去。好幾次相親下來，她都會白眼翻不停，心裡翻滾出一些有怒氣的旁白：「妳覺得這個男的會是我的菜嗎？」、「妳介紹這種貨色給我，是覺得我們同等級嗎？」、「媽的，這個不能看就算了，又聊不起來。」

很多女生都曾經問她：「Janice，妳長這麼漂亮，一定很多人追對不對？」我也問過一樣的問題。沒想到她跟我說，追求者的總累積人數眞的不多。

關於「被追」，Janice 分享了一個觀點：「被追」這個行爲，其實不只是單向的討好而已，而是雙向的互動，關鍵在於：「妳到底要不要釋放出願意被追的訊息？」如果妳願意被追，就會釋放善意，如果不願意被追，對方就會自討沒趣主動離去。

Janice 本來就對感情抱持著隨緣的態度，加上她自始至終都覺得「婚姻」不是人生中的必選題，所以部分的男生會覺得她是感情絕緣體。

不過，她後來發現，另一部分的男生之所以沒有對她展開追求，是因爲「不敢追」也「不想追」。

當年臺灣信用卡服務蓬勃發展期間，Janice 任職於臺灣四大民營銀行之一，很年輕就當上了信用卡部門的業務主管。當時爲了要擴大銀行卡片的市占率，Janice 經常要拜託各分行的同事協助推廣。

那個年代，信用卡的審核很嚴格，有再多的房產卻沒有工作的人，申請時都會被退件，因爲銀行擔心當事人不具有還款能力。

一個年紀比 Janice 小七歲的分行男同事，當時是財富管理的頂級專員，手邊握有一堆貴賓客戶名單。那些大地主明明比誰都有錢，信用卡申請書卻慘遭退件，男同事非常不滿意總行的制度，和 Janice 起了衝突。後來

Janice 把這些案子帶回公司處理，遊走內部相關單位之後，最後疏通成功，逐一核卡。

因爲有著這樣的革命情感，Janice 和那名男同事後來成了好友。有一天，男同事很認眞地對她說：「Janice，雖然妳長得很漂亮，但是男生都不會想追妳。今天換做是我，也不會追。」

Janice 活到三十歲，第一次有人這樣直白地對她說實話。原本她以爲是因爲七歲的差距，男同事生才這樣說，可是他告訴 Janice，其實是因爲她長得漂亮，工作能力強、又很聰明能幹，談吐口才都很好，所以男生不敢追，也不想追。

後來她慢慢印證了那個男同事說的就是事實，女人過了一個年紀以後，如果長得漂亮，工作能力又好，感情上就是一片死寂。

普通男人喜歡的是「漂亮」、「溫柔」、「笨」、「聽話」這些條件的總和，一個女生長得再漂亮，條件再好，只要她的特質裡混雜了「聰明」、「有個性」、「有想法」，男人就會自動閃退。

Janice 開玩笑對我說，像我跟她這種眼睛超有神又大顆的女生，只要眼睛稍微再張大一點，用力看男人一眼，他們嚇都嚇死了，怎麼可能會有愛意。

當她好不容易終於進入一段關係，相處一陣子之後，又會發現對方對她的感情好像不純粹，對方喜歡的不只她的人而已，還包含了可以從她那裡得到的好處和利益。

Janice 開始分不清楚，對方對她的關心到底是出自於眞心，還是因爲他必須對 Janice 表達關心，他的需求才可以不斷被滿足？

簡單一點說，因爲 Janice 在掏錢時候很大方，不會跟一些女生一樣，覺得男人幫女人付錢天經地義，她的這個性格是男友所喜歡的，發展到最後變成一種理所當然。Janice 無法分辨，男友到底是眞心喜歡她，還是因爲跟她在一起的時候，不只可以過得好、過得爽，荷包也不會少。

她遇到的這種問題，都是條件好的女生才會碰到的難題。

社會觀點從過去到現在一直沒什麼長進，對於大齡又未婚的女性，第一時間的直覺都是「這個人是哪裡有問題」，不結婚的狀態都是一種被動的不得已。

她很不喜歡人家問她：「妳長得這麼美，怎麼會嫁不掉？」她非常霸氣地說：「搞清楚好不好，我不是嫁不掉，我是不想嫁。」

Janice的媽媽從她二十歲開始就一直煩惱她的婚事，每次都用不捨的口氣對她說：「妳都幾歲了，怎麼還不結婚？」

Janice的姊姊很早就嫁了，可是嫁得很糟，後來姊姊離婚後把孩子帶回娘家生活。

Janice很嚴肅地問她媽媽：「如果結婚最後的結果是離婚，這個婚還要結嗎？」如果沒有找到對的人就草率進入婚姻，那麼結婚就只是一個儀式而已。如果走完這個歷程之後的盡頭是離婚，那麼可不可以乾脆避掉最源頭的錯誤。

從那之後，媽媽再也不跟她討論這個惱人的話題，但是偶爾還是會擔心：「妳不結婚，老了以後怎麼辦，誰可以照顧妳？」

Janice覺得這又掉進另外一個框架裡：女人老了就一定需要「被照顧」，那個「給予照顧」的人，一定要是妳的丈夫。可是臺灣各大醫院去繞一圈就會發現，大部分都是女人在照顧男人，女兒或外勞在照顧女人。那個被認定應該要給予照顧的人，並不一定會如妳所願。

她說，如果結婚的目的，只是爲了老了有人照顧，那麼婚姻的定位也太偏差，只是在買一份養老的保險而已，而不是尋找合適的人生伴侶。

Janice有一個好友，經常出差日本，跟她分享了日本目前很流行的「高齡離婚」。很多女人在婚姻裡壓抑了一輩子，當初之所以選擇不離婚，是因爲孩子還小，想給孩子一個完整的家庭。現在孩子都長大成人了，決定拿回自由，重新回歸屬於自己的人生。

有趣的現象是，男人離婚後，連生活都沒辦法自理；女人離婚後，開始快樂做自己。原來很多時候，「結婚只對男人有利，離婚卻是女人受益」，如果兩性不能平等，那麼婚姻制度只是獨厚男人而已。

Janice發現，很多女生會替自己訂下各種人生計劃表，像是「二十五歲前念完研究所」、「三十歲前結婚生小孩」，可是人生充滿各種變數，計畫永遠敢不上變化，飛機航班都會因爲各種因素延誤或取消了，人生豈可以被零誤差掌握。

站在理性思考來看，晚婚其實比較好，因爲獨身的歲月拉長了，不只成熟度增加，也更了解自己要什麼，這個時候所選擇的對象，比較容易走得長遠。

我問Janice，到了現在這個狀態，她還會想談戀愛嗎？她告訴我，其實她還是蠻相信感覺和緣分，遇到合適的對象也不排斥，不過她完全不強求。

她還是會在意對方看起來乾不乾淨、長得帥不帥、身材好不好、頭髮有沒有禿、氣場正不正、講話會不會討人厭，當然除了這些之外，對方的學經歷也很重要，說什麼都要找一個旗鼓相當的對象才可以並駕齊驅。

不過也因爲把標準拉得很高，符合條件的對象根本就可遇不可求，感情上很難再冒出火花。

也因爲結婚從來就不在Janice的人生購物車裡，自然對於拍婚紗沒有特別的憧憬。

相較於大部分的女生把「單人婚紗」當成一個圓夢的儀式，或是一個人生階段的迎接或是告別，對於Janice來說，眞的就是單純拍照而已。

如果要她定義「單人婚紗」，她會很率性的說：「就是飛到韓國，享受明星等級的禮遇，拍一組專業的照片，只是照片裡的自己穿著婚紗而已。」

可是她不會把「單人婚紗」和「藝術照」畫上等號，因爲她發現當她穿上婚紗時，還是會有自己沒見過的那一面跑出來。

有時候她會忘記她做過這件事情，因爲那就像她生活日常的一部分，想做什麼就會去做，那組照片就像是她出國旅遊時，帶回來的照片。

只是眞的爲難她了，爲了替我的新事業打氣，Janice完成單人婚紗後，好像受到一些委屈，雖然她並不覺得那是委屈，可是我還是替她抱不平。

她在她的臉書大方地分享了整組照片之後，下方很多男性的留言看起來都不懷好意，明顯的明褒暗貶。他們表現出來的態度都是「原來妳這麼想結婚喔」或是「妳的臉皮還眞厚」。

一些年紀和她相仿的女生，反應也很特別，她們都會稱讚 Janice 很勇敢。可是對於 Janice 來說，她一點都不覺得完成單人婚紗的拍攝跟勇敢可以扯上什麼關係。「勇敢」兩個字背後的意義，好像暗示著 Janice 做了一件不符合她年齡該做的事情，或是 Janice 竟然完成了她們想做，但是沒勇氣去做的事情。

不管是哪一種，都代表她們還被困在世俗的框架裡。

這趟旅行給 Janice 最大的震撼，是她見識到了韓國團隊的專業、敬業、用心、禮貌。因爲有了親身接觸的經驗，讓她明白韓國之所以有今天的成功，都是因爲他們的民族性還有工作態度。

Janice 拍照當天，是其中一個團隊成員最後一天上班的日子，讓 Janice 驚訝的是，對方始終保持敬業有禮貌的態度，堅持到最後一分鐘；不像臺灣人，最後一天上班都在打混摸魚，跑完離職程序後就想快點閃人。

Janice 果然是大公司的高階主管，看事情的角度和我們很不一樣。透過這次跨國性的職場交流，她開始思考未來應該要找什麼樣的工作團隊。

仔細回想 Janice 對於婚姻和感情的論點，太年輕的女孩很難理解，社會化不夠的女生也很難體會。

在她身上，任何人都可以輕易發現，眞正的美是一種不受年齡干擾的狀態。如果每個五十知天命的女生，都可以像 Janice 一樣活得自信漂亮，我們根本就可以靠著自己的力量，衝破那些衝著女人而來的年齡歧視。

爲什麼她五十二歲了還可以這麼美，我想除了天生底子好之外，更重要的是，她有掙脫世俗框架的勇氣。她完全自主掌控了年紀，不讓年紀反過來操控她的人生。不結不該結的婚，不談不值得談的戀愛，活出屬於自己的獨一無二。

只要活得很有姿態，一個人可以過得比兩個人更精采。

我眼中的 Janice
妳是最疼我的前主管，也是我的好朋友

Janice 一直是最疼我，也是讓我最心悅誠服的前主管。

以前在職場上，我不是那種逆來順受的員工，如果主管太笨、不講理、能力不足、態度囂張跋扈、手腳不乾淨，我一定會反抗到底。

之前還是苦情上班族的時候，我先後一共遇過四個大齡單身女主管，裡面有三個跟鬼一樣恐怖：有的瘋狂想要把自己再次嫁掉，有的刻意對女員工不友善，有的希望女員工可以爲了公司利益，向男客戶靠近。

以我自己的親身經歷來看，單身大齡女主管的不良率高達七十五％，Janice 是難得的二十五％。

雖然她自己是工作狂，但是她不會拖我們下水。以前最常被她罵，都是因爲被她發現在加班。她覺得到底有什麼事情不能隔天再做，要賴在公司不走。

雖然她的位階很高，但是從來不會擺出高高在上的姿態，也不會咄咄逼人拿權位壓制下屬，更重要的是，她很有同理心。

當年一個部門女同事，發現交往多年的男友劈腿了，整個人意志消沉，Janice 主動放了她一個好長的假，讓她出國散心；還有一個女同事懷孕了，但是男友不想要，甚至跟提她分手，Janice 也是給了她一個長長的假期，要她心情穩定，身體也恢復之後，再回來上班。

十年前的我，年輕氣盛，趾高氣昂，驕傲猖狂，但是 Janice 很早就看出我的善良本質，她用很多愛來包容我，慢慢把我導向討人喜歡的樣子。

當初她主動跟我說：「單人婚紗，來拍吧！」第一時間我有點驚訝，因爲Janice 在我心中的形象，離婚紗很遠。我比誰都清楚她眞正的目的，是想用實際行動支持我正在做的事情。

完成單人婚紗後，她在她的臉書寫下一段文字，每次看了都很感動：

Catherine是個好女孩，我一直很喜歡她。個性熱情奔放、大方自在，待人真誠良善，就是愛恨分明。之前的她為了「想要結婚」在愛裡吃盡苦頭、沒了自我，現在的她，才是她應有的樣子，而且她還會更好！真心認為，那位韓國好男人，不是夢，某天會實現！

Janice眞的非常疼我，ASUS的營運長是她的好朋友，那時候我好怕運氣不好，抽不到「ASUS ZenFone 5攝影派對」的入場券，這樣我就見不到孔劉了。Janice知道後，馬上幫我打電話給營運長，告訴他有事要請他幫忙。營運長第一時間還問她：「妳是電腦壞了喔？」知道Janice是要幫她的愛徒要門票之後，哈哈大笑，後來特地留了VIP席的座位給我。

事後我也才從手機行銷部門主管Mary那邊得知，爲了我的這張票，營運長特地寫信到人資部門，請他們跟行銷部門聯絡，一定要保留一張可以近距離看到孔劉的票。

就這樣，我成功在二〇一八年六月二十四日的ZenFone 5發表會現場見到孔劉了。

大多數的人，一想到大齡單身女主管的第一個反應就是「保持距離，以策安全」，離職後，更是希望菩薩保佑，今生永遠別再相見，所以我非常珍惜跟Janice的緣分。

我一直相信，工作需要遇見伯樂，愛情也需要相同的運氣。

只有伯樂才能一眼看出我們的與眾不同，也珍惜我們難得的美好。如果工作上一直沒遇到伯樂，反而遇到神經病，良禽擇木而棲，請勇敢離職吧；如果愛情裡還沒遇到伯樂，千里馬可以先休息，不要爲了追愛瘋狂跑個不停。

那些一直煩惱自己爲什麼嫁不掉的女生，都應該看看Janice，只要一念之間，妳也可以是不敗的勝女。

只要找到生活的重心和方向，就一定會發現，那些爲愛而生的苦惱，都是虛無的假議題而已。

親愛的Janice：

謝謝妳一路以來對我的照顧。

妳知道我是一個很不好安撫也很難哄騙的孩子，一定要是我覺得值得的人，我才會拿出善意。當我真心喜歡一個人，就是真的會喜歡到底，而我是真的很喜歡妳。

我們兩個生肖都屬馬，才讓我聯想起「伯樂與千里馬」的故事，謝謝妳，看見了我的好，也謝謝妳，一直真心善待我。

這年頭，恐怖的大齡單身女主管真的一大堆，我相信妳在妳的位階，一定也聽聞許多慘不忍睹的女主管虐待女下屬的事件，謝謝妳一直是清流，讓我相信就算有七十五％的不良率，還有二十五％的良率可以期待。

能陪妳完成單人婚紗，再帶著妳一起在我最愛的國家玩耍，真的是我很大的榮幸。

那天妳跟我說：「Catherine，妳一直娃娃臉，是因為心很純。」聽到妳的肯定，我很開心。其實我也覺得現在的妳變得很柔和，不再像十年前那麼銳利。

我很認同妳說的，過去正向經驗和負向經驗的累積，堆疊成我們現在的樣子，人生是我們自己的，我們有權利決定要讓它長成什麼樣子。

我希望等到我五十歲的時候，也可以像妳一樣美得這麼經典。

我不是很確定我以後到底會不會結婚，雖然那兩個妳也認識的神算都信誓旦旦地說我一定會嫁到國外，但是未來不管怎樣，不管我們身邊有沒有男人都沒關係，年老時我們都還會有彼此。

但是我還是要再次提醒妳：「名牌包包不要買太多。」、「不要一直搭小黃，臺北市搭捷運真的很方便。」

親愛的伯樂，請讓我們一起繼續優雅地老下去。

我們到底在一起一年，還是十一年？

Miki：你有點慢，我等不及，婚紗我自己先拍囉。

Miki，三十一歲

「單人婚紗，公主體驗，夢想實現。」

Miki，一個來自澎湖的女生，臉上永遠掛著甜甜的微笑，講話輕聲細語，動作也慢慢的，是個很有氣質的女生。她很容易害羞，也很容易大笑；很容易開心，也很容易緊張；很容易許願，也很容易滿足。這樣個性的女生，應該是很多男生的天菜。不過如果對方有渣男體質，交往一陣子後，可能會開始使壞，她的人格特質很容易召喚壞蛋。

她的戀愛經驗很少，只交往過兩任男友而已。

第一任發生在久遠的高中時期，當時只是爲了談戀愛而談戀愛。後來考上了臺北的大學，認識了後來的學長，學長很喜歡 Miki，非常照顧從外地北上求學的她，殷勤追求一陣子後，Miki 答應跟他交往。

交往初期，Miki 很開心，她喜歡跟學長相處時的輕鬆自在。

一開始，Miki 感覺學長喜歡她比較多，他主動花了很多時間陪她。慢慢地，當她投入全部的感情之後，學長那邊卻淡了，他開始抱怨 Miki 太黏。

因爲 Miki 每天都會問：「你明天有沒有要來找我？」「你爲什麼都不來找我？」，學長覺得壓力好大，見面好像在做功課一樣。終於他受不了，殘忍地告訴 Miki：「跟妳在一起，感覺很差。」

善良的 Miki 雖然很難過，但是她知道是因爲雙方的步調不同，男友先熱後冷，她先冷後熱，才讓關係生變。她覺得談戀愛就是彼此都要快樂，不忍看到男友那麼不開心，所以主動提了分手。

分手後，Miki 還是很喜歡他，沒辦法放下，兩人的互動，從檯面上發展到檯面下，成了「有實無名」的關係。相處時還是會帶著過去習慣的親密動作，約會也跟所有情侶日常一樣，吃飯、逛街、看電影。

這樣特殊的關係，因爲雙方都沒有人喊停，兩個人就很有默契地繼續。

這當中，學長好像有試圖追求其他女生，最後都沒有結果；Miki 卻一直把重心放在學長身上，就算有人對她示好，她也把別人當空氣。

在 Miki 心裡，學長一直都霸占了「男朋友」的位子，可是對學長來說，Miki 只是「前女友」、「女性密友」而已。分手後的交往期間，Miki 從來不敢跟學長要求什麼，因爲她覺得沒有名分，說什麼都沒有立場。

學長畢業後，跑去臺中念研究所，Miki 一有空檔，就跑去臺中陪他。

某一個晚上，學長在 Miki 面前接了一通電話，神情有點不太自然，當下女生的直覺就告訴她，應該不是普通朋友打來的。隔天早上，她趁著學長外出替她買早餐，偷看了他的手機。

看完後，Miki 全身發抖，學長回來時，她哭著對學長說：「我知道我不能看你手機，可是我還是看了，那個女生是誰？」

學長沒有給 Miki 任何答案，只是試圖安撫她的情緒，那天以後，兩人斷了聯絡。

當學長再次回到臺北時，因爲地緣之便，兩人的地下關係又開始啓動。Miki 這次終於鼓起勇氣開口：「我們現在到底是什麼關係？」學長一樣給不起答案。

Miki 給他兩條路選，一個是讓關係正常化，另一個是分開。學長選了分開。

後來 Miki 回到澎湖準備考試，雖然心裡還是放不下他，可是對方都已經做出選擇，再加上地緣上已經失去隨時見面的便利性，所以 Miki 強迫自己專心讀書，不去煩惱感情問題。

順利考上公職後，Miki 終究還是忍不住，主動和學長分享這個消息。學長答應請她吃飯慶祝，就這樣，兩人的孽緣繼續藕斷絲連。之後只要 Miki 來臺北，就會和學長膩在一起。

這段不正常的關係，就像嗎啡一樣，不吸會死，吸了也會死。Miki 整個人被卡在夾縫中，不能前進，也無法後退。

對於無法解決的問題，好像只能依靠算命，Miki 開始尋求命理上的解答。

她拿了學長的照片，跑去看了前世今生。通靈者對Miki 說，每個人都應該有好幾世的靈魂，但是不知道為什麼，她就是看不到 Miki 中間幾世的畫面，只能追朔到源頭。

Miki 生命的源頭，是個仙女，當時學長是天庭裡職位很高的官，也是玉皇大帝身邊的愛將，Miki 和學長彼此一見鍾情。

某天，學長約她去看雪、看月亮，這在天庭是禁忌，被發現後，男友就被處罰，從此被貶入人間，再也不能重返天庭。為了可以繼續跟學長再續前緣，Miki 後來決定下凡間。

因為學長潛意識的靈魂到現在都還不能釋懷為什麼要接受這樣的處罰，所以這一世裡，他不會選擇跟 Miki 走入結婚關係。

通靈者還說，每個人的手上都綁了紅線，可是 Miki 身上的線特別短，根本就綁不住任何人，所以不只不能跟學長在一起，也沒辦法跟任何人在一起。

我總覺得這個看前世今生的人功力不太好，邏輯有問題，講述故事的能力有待加強，聯想力也有點弱，不只浪費了 Miki 的錢，也摧毀了她追求愛情的信心。

二十九歲那年，學長突然對 Miki 說，他要結婚了。

第一時間，Miki 腦中一片空白，怎麼這麼突然，這當中她跟學長的關係一直都有持續啊。她冷靜問學長：「你們什麼時候認識的？」她想知道兩段關係到底重疊了多久。但是學長還是一如往常，用沉默帶過。

對於這一天的到來，Miki 早有心理準備。她內心一直處於一種矛盾的情緒，一方面希望這一天可以快點來，只要學長結婚了，這一切都可以結束了；一方面又害怕這一天的發生，那代表她跟學長之間，真的什麼機會都沒有了。

因為一直沒辦法下定決心，所以她把結束關係的決定權留給對方。Miki 不只一次告訴學長：「如果你交了女朋友，請你一定要跟我講。」誰知道對方一直都沒說。她自認不是敏感的女生，不太會去注意小細節，可能因為這樣，才一直都沒發現有什麼不對勁。

Miki 一直以為學長的感情世界跟她持續同步單身中，她所期待的復合奇蹟還有可能發生，沒想到學長一開口，就是直接告訴她婚訊。

她還是很善良，覺得自己的故事不算太慘，也覺得學長不算渣男，可是我怎麼看都覺得這也是一種渣男典型。兩人帳面上真正交往的時間只有一年，可是關係卻持續了十一年，後期學長還默默地遊走兩個女生之間。雖然 Miki 自我反省，覺得都是她主動的，但是這種事情，一個巴掌拍不響，男生如果沒有那個念頭繼續，任憑她怎麼求也求不來。

我開玩笑問她，到底是一個渣連續嚼了十一年比較慘，還是十一年內，遇到很多口味不同的渣比較慘？我們都沒有答案。

我相信交往的第一年，Miki 是真的很快樂，那一年份的開心，足以讓她願意花上十年的時間等待，希望可以重新回到當初的美好。

可是，人生有時候很殘忍，很多事情過了就是過了。這段長達十一年的關係，終於正式落幕。

問她，和學長的這段關係，給她最大的影響是什麼，她竟然回答：「我希望以後的男友可以跟他一樣，長得好看、身高要高、肩膀要寬。」

我欣賞 Miki 的誠實，我跟她都是「外貌協會」的榮譽會員。我們不會言不由衷地說：「只要他人很好，對我也很好，就好了，外表怎麼樣不重要。」沒有那種事，外表對我們來說真的很重要。

Miki 更強調因為自己不是嬌小型的女生，如果男生不夠高挺，不只畫面看起來不協調，對比之下還會讓她顯胖又顯壯。

和學長關係正式切斷了以後，因爲年紀的關係，也因爲年紀相仿的表姊們都結婚了，讓 Miki 也好想可以馬上結婚。可是因爲家住澎湖，Miki 根本很少有機會認識男生。

問她爲什麼當初會想拍單人婚紗，她告訴我，從以前到現在，她就非常確定自己是那種「想結婚是因爲想拍婚紗、度蜜月」的人。

她把「結婚」、「婚紗」、「蜜月」當成一個套組，「結婚」是主要商品，「婚紗」和「蜜月」是內贈的非賣品，無法拆開販售。因爲很想要得到「婚紗」和「蜜月」，所以她一定要先把「結婚」買回家。

她說，如果沒有拍單人婚紗，她後來可能會草率地跟下一個出現的男生結婚，這樣就可以馬上實現拍婚紗和度蜜月的夢想。

後來她無意間看到了我的文章，非常很開心，她激動地對自己說：「這個就是我要的。」

完成單人婚紗後，她更肯定自己之前眞的是因爲想要拍婚紗，才會急著想結婚，現在拍完後，眞的不急著結婚了。

比起結婚，她現在更想談一場有品質的戀愛，她也開始思考一些現實的問題，不會再那麼輕易地投入一段關係。從韓國回來後，她開始喜歡蘇志燮。爲了可以參加蘇志燮二〇一九年二月十日臺北場見面會，認眞搶票。當天她遠從澎湖跑來臺北，只爲了可以見到她心目中的男神。

最近朋友介紹一個男生給她，對方一樣是澎湖人，穩定上班族，整體感覺還不錯，兩個人也聊得來，可是有兩個點讓她卡住了，

她一直希望另一半的身高可以上看一百八十，可是對方只有一百七十三；在她未來的人生規劃裡，她希望可以離開澎湖，到臺北生活，可是如果跟這個男生有什麼發展，就表示她要一輩子待在澎湖了。

她可以感覺到對方釋放的強烈好感，但是她開始思考一些以前不曾認眞思考的問題，像是「我到底喜不喜歡這個人」、「我眞的願意爲了他，放棄未來的理想生活嗎」、「他只有一百七十三，跟我差不多高，我眞的可以不在意身高嗎」。

其實她的爲難在我看來很簡單，眞相是，她根本沒有那麼喜歡對方，如果眞的喜歡上了，那些問題都不是問題了。她一直蒐集那個男生不適合她的地方，只是爲了阻隔自己後來將就喜歡上他的可能性。

她連續說了好幾次：「還好（單人婚紗）拍完了。」如果沒拍，現在遇到這個一百七十三的男生，可能就決定跟他結婚了。

Miki 對於婚紗的期待，不是特例。臺灣離婚女律師李晏榕就說了：「臺灣人婚前都只知道開開心心拍婚紗。」爲了可以快點拍婚紗，所以草草結婚去；結婚後發現兩個人根本無法相處，然後再匆匆離婚去；當初拍的婚紗照怎麼辦，當然就是全部銷燬，不然還能怎麼辦。繞了一圈，最後回到原點，不只白忙了一場，還折損了元氣還有歲月。

爸爸媽媽現在很著急，希望 Miki 可以快點結婚。今年農曆過年時，媽媽對她說，希望明年這個時候，她已經準備嫁人了。在爸媽的觀念裡，還是覺得要結婚生子，人生才完整。

她笑笑帶過，因爲婚姻的事情眞的要靠緣分。而且現在有時候看到身邊的人帶孩子，她都感到恐怖。

她覺得最近的生活過得很不錯。每天下班後，散步、打電動，假日和朋友出去走走，她很享受現在單身的狀態。但是 Miki 說，她記得我曾經分享一句孔劉說的話：「我希望能再更幸福一點。」她希望眞正適合她的愛情，可以降臨，她就可以向幸福靠近。

我眼中的 Miki

揮別錯的，才能跟對的相逢

我很喜歡 Miki，因爲她很單純、很可愛。只是她好容易緊張，搞得有時候我也跟著緊張起來。

我很欣賞她認眞的個性，當初隨著出發日期逼近，我天天都可以收到她的每日一問，完全可以感覺到她對單人婚紗的期待和重視。

她是一個神奇的女生，有時像杯溫開水，有時又像鮮豔雞尾酒，某些衝突的特質，在她身上混搭得可愛。Miki 的爸媽都是老師，從小她就是爸媽眼中的乖小孩，這次的單人婚紗讓爸媽都受到驚嚇了，他們不敢相信一向循規蹈矩的她，竟然會先斬後奏，偷偷跑去韓國，自己一個人把婚紗照給拍了。

還有一件差點讓她媽媽昏倒的事情，Miki 去年知道我年底打算去看「Mr. Show」韓國先生猛男秀，她一直吵著要跟著我去，最後不幸被她媽媽知道，媽媽把她罵了一頓：「還沒有結婚的女生怎麼可以看這種東西呢，被其他人知道了別人心裡會怎麼想？要看等到結婚以後再去看。」

Miki 媽媽的反應讓我們都笑了，這種東西當然要婚前看啊，婚後再看，不只老公生氣，婆婆也會抓狂，還會被冠上不守婦道的罪名。不過最後她還是選擇服從，反正她最想拍的婚紗已經拍到了。

記得拍攝當天，第一站先抵達明星御用造型店，髮型師幫她捲電棒時，她突然轉頭對我說：「姊姊，對面那個髮型師長得好好看喔。」然後露出害羞表情。我問她：「妳想跟他合照嗎？」她不好意思的點了點頭。

當時，我好想大叫：「怎麼又來了。」前一天是 Sophie 看上別人的新郎，今天換成 Miki 看上髮型師。不過仔細一看，那個髮型師神似嫩白版的朱智勳。

經過交涉後，髮型師爽快答應了，主動說：「我們去樓梯間拍吧，那裡的燈光比較好看。」拍著拍著，髮型師主動拿出自己的手機跟 Miki 自拍，拍完後還貼心的分享照片。Miki 對我說：「韓國男生怎麼又帥人又好。」

化妝時，她也像個超級興奮的小女孩，一直偷看化妝師，把人家搞得也害羞起來。她很公平的俊男美女通通愛，一樣要求化妝師跟她合照。

平時走質樸路線的她，穿上婚紗後，瞬間變身超級名媛，女神氣場都出來了，在場的每個人都驚呼她女神。原來有一種身形體態，真的是爲了白紗而生。

她的韓國單人婚紗之旅，是她送給自己的三十一歲生日禮物。因爲生日當天，幾乎都在飛機上和機場巴士上度過，所以我特別麻煩韓國那邊，幫我準備一個生日蛋糕。

拍照當天，利用空檔，我們一群人先集體消失，再把現場的燈通通關掉，接著捧著插了象徵三十一歲蠟燭的蛋糕，出現在更衣室裡，Miki 先是楞住，後來抱著我大哭大笑的，她告訴我，她眞的很感動。

攝影師也是走一個韓國帥氣暖男路線，收工後人就不見了，Miki 以爲他人先離開了，沒想到他突然從自己的辦公室走出來，手上拿了一個禮物盒遞給 Miki，說是要給她的生日禮物。

打開一看，是當天外景拍的一張照片，攝影師好像有讀心術，竟然看出 Miki 最喜歡菅芒花外景，所以從中挑了一張，洗出來，放進一個會發光的相框裡。

這些經歷都讓原本對韓國男生沒有太多想法的 Miki，好感度大增，回臺灣後，偶然間看了蘇志燮的電影「雨妳再次相遇」，開始迷上蘇志燮，成了蘇太太。

蘇志燮夠高，肩膀也夠寬，完全符合她的理想型，現在反正她也沒有男朋友可以看，就看看蘇志燮讓自己開心。她對蘇志燮是眞心的，去年十月底，Miki 特地親手寫了好幾頁信紙的信，拜託我去韓國時，幫她寄到蘇志燮的經紀公司 51K，她想祝他生日快樂。

年初的蘇志燮見面會，她更是拼了命的搶票，讓自己可以見上他一面。見面會當天，她看到蘇志燮在臺上幫另一個女生戴項鍊，她覺得如果那個人是她，該有多好。

問過 Miki，對於以後結婚時的婚紗有什麼想法，她告訴我，其實已經沒有特別要求或期待了，不過還是要拍一些簡單的，因爲婚紗照是婚禮現場不可缺少的裝飾品。

她當然是希望可以再去韓國拍，但是還是要考量男生的狀態，如果對方預算夠、配合度高、也願意滿足她，那麼說什麼都一定要去韓國完成；但是如果情況相反，一切從簡就好。

結婚版的婚紗不能盡如人意也沒關係，反正最獨鍾的版本，之前自己單身時，就已經實現了。

親愛的 Miki：

聽到妳說：「還好我把單人婚紗拍完了，不然我現在一定到處叫別人幫我介紹，然後草草決定跟那個人結婚去，因為我真的很想拍婚紗。」真的覺得謝天謝地。

我欣賞妳的坦承，因為妳一直都很誠實面對自己的內心狀態。

曾經我也是那樣的女生，因為想要快點拍到夢幻的婚紗，想要快點辦場盛大的婚禮，所以很想快點結婚，因為如果不結婚，那兩件事情我想做也做不了。

可是後來發現，我們應該尋找的「可以一起生活的對象」，而不是「可以一起拍婚紗的對象」。「結婚」和「婚紗」不是連體嬰，擁有把它們拆解的智慧，可以活得更好命。

聽說朋友要帶妳去參加大型的聯誼社，我不排斥妳去試試看，但是希望妳不要抱持太多希望。就像我問妳的：「妳覺得妳會喜歡的那種男生，或是擁有妳喜歡條件的那些男生，他們會去聯誼嗎？」妳想都沒想，馬上回答：「不會。」

我再問妳：「如果蘇志燮今天的身分不是藝人，他到現在都還沒結婚，他會去聯誼中心找對象嗎？」妳再次肯定的說：「不會。」

既然妳是標準的外貌協會，也很篤定自己要找哪一型的男生，更清楚那些男生不可能出現在聯誼中心，那麼妳去要做什麼？

還記得妳分享過的這段可愛文字：

在那個人出現之前，我願意等，把自己活得更漂亮，才值得你出現來愛我。只是你有點慢，所以我等不及，婚紗我自己先拍囉。

那個人應該已經在路上了，他真的只是動作慢了一點，不要著急。

不要聽信別人跟妳說的什麼「騎驢找馬」這種鬼話，沒找到馬的時候，為什麼一定要隨便抓一頭驢來騎。先自己一個人用走的不行嗎？

我是孔太太

一個人的頭等艙

在妳的生命中，有沒有最重要的一天，是一輩子都不想忘記的回憶？

二〇一八年六月二十五日，臺北飛往首爾，大韓航空 KE692 班機，我見到孔劉了。

六月中旬，因爲工作需要，我飛了一趟泰國。我的兩名御用命理師總是嚴厲的叮嚀我，我的八字適合往北方走，沒事千萬不要跑到南方去，否則會遭來壞運氣。雖然我一再印證他們的預言，但是工作沒得挑選，也不容許任性，只好硬著頭皮往南國去。唯一的解套方法，就是泰國回來之後，立刻朝北方移動。

六月二十四日當天，ASUS 舉辦了「ZenFone5　攝影派對」，孔劉應邀出席，說什麼我都不能缺席。而且華碩的營運長是我以前主管的好友，特地留了 VIP 席的座位給我，所以我把啓程到北方的日子延後，等到 ASUS 活動結束的隔天，再飛往韓國，順便處理公務。

我拜託平時幫忙處理機票的旅行社阿姨，幫忙預訂六月二十五日的航班，心想孔劉應該也是差不多時間回韓國，我決定提前送自己一個很特別的生日禮物，訂了頭等艙的座位。與其說刻意，其實我想看看天意。

攝影派對活動結束的當晚，好久不見的前同事 Mary，也是負責整場活動的 Asus ZenFone 行銷部主管，在 Facebook 上頭傳了訊息給我。她說活動進行時，她在臺上有看到我，但是來不及和我相認。

我知道當下如果開口問她孔劉回程的航班，一定可以提前知道答案，如果我們不同班機，還來得及改期。但是我還是決定不爲難 Mary，也決定等到最後一刻再揭曉。我告訴自己，有緣的話，就一定會相遇。

距離上一回搭頭等艙，已經是三十多年前的事情。那次是爸媽帶著弟弟和我到美國旅行。

這幾年除了爸媽飛往美國探望弟弟時，我會幫他們升等之外，我自己都是搭乘經濟艙就可以，要我奢侈的往頭等艙去，不只捨不得，也覺得沒必要，反正飛機上不是睡覺就是打開電腦工作，擠在什麼艙都一樣。

當天出發到機場的路上，我內心還是有一點煎熬，因爲不太確定能不能和孔劉同一班飛機回去。總想著最壞的結果，要是等等沒碰到孔劉，整趟飛行會有多失落。

到了候機室，看到一群媒體在現場等候，Bingo，就是這班飛機沒錯！

頭等艙可以優先登機，我把自己安頓好後，發現旅行社阿姨的訂票策略好像太過精準。班機上，只有六個頭等艙座位，據說頭等艙通常不會滿，而且還很空，因爲以短程飛行來說，商務艙的CP值比較高。

阿姨幫我選定了最右邊那一排靠走道的位子，我猜想，旁邊靠窗的位子應該就是孔劉的座位。第六感第一時間告訴我，兩個人緊鄰而坐，他肯定會不自在，應該會選擇挪到別的位子。

心裡閃過各種接下來可能發生的情境，最後決定以不變應萬變。繼續留在原本的座位。

距離班機起飛的時間越來越近，一位年紀稍長的空姐走向我，用不是很流利的英文對我說：「今天頭等艙只有兩個人，妳旁邊的位子，是一個韓國人。請問妳介意換到中間排的位子嗎？」

老實說，空姐刻意堆出來的笑容讓我有點難受，我不禁懷念起經濟艙的新鮮空氣，但是我覺得她的提議很好，留點緩衝的空間，對彼此來說都不會太壓迫，所以馬上起身移動到中間排的位子。

沒多久，一個穿著花襯衫，看起來似曾相識的臉孔，朝著我走來，對著我看了幾秒，接著就往商務艙走去，他是孔劉的御用髮型師。

還來不及回神，那個很好認的頭號保鏢也走了過來，一樣朝著我看了幾秒，然後一樣往商務艙走去。

緊接著，一個很高很高、肩膀很寬、戴著墨鏡、穿著白色T恤、淺藍牛仔褲、搭配粉紅色球鞋的男生出現了，他在我右邊那排靠窗的位子坐了下來，把他原本手上那頂淺藍綠色的帽子，放在前面的桌子。

我這才會意過來，他是孔劉，孔劉來了！

我刻意不關注他，不讓他有壓力；我也決定不打擾他，讓他好好休息。當下我沒有一點心跳加速、小鹿亂撞的心情，反而出奇平靜，即使他和我只隔了兩公尺不到的距離。

miss_catherine_gong

710個讚

慶熙大學，好美。

你的過去我來不及參與，你的未來我不想缺席。

插畫illustrator：@LazyDon.2019

#凱薩琳孔 #캐서린공 #CatherineGong #幸福練習 #ORPHIC #單人婚紗 #單身婚紗 #單身精采 #我所走的每一步都是為了更接近你
#我會成為孔太太 #我是凱薩琳孔小姐 #等待加一或者不 #我和她們的單人婚紗故事
#插畫家illustrator : Don Ho #amagzing _ lazydon #lazydon.2019 @LazyDon.2019 @Amagzing.Amag

那一刻對我來說，他是孔地哲，他不是孔劉。

幾分鐘過後，戴眼鏡的經紀人，從後頭的商務艙走來，悄悄對他說了一些話。孔劉突然轉過身去，伸長了身子，對著後頭的商務艙望了一下，然後，起身跟著經紀人走了，一去不回。

就這樣，國際巨星從頭等艙跑到商務艙去，把頭等艙留給我一個人獨享；頭等艙裡沒有羅曼史上演，只剩下我一個人而已。

空姐主動走過來對我說，如果我想要靠窗的座位，可以換位子。就這樣，孔劉原本的位子，變成了我的位子。

後來他就一直在我正後方的座位，我們中間隔了一個簾子而已。

飛機降落後，我起身往商務艙走去。才一站起來，坐在商務艙第一排的頭號保鏢，預備動作就開始準備。我有一種預感，只要再向前一步，我大概就會倒地陣亡。

我有點害羞地對孔劉說：「Would you please sign for me？」

他看了我一下，點點頭，也示意保鏢不要對我出手，接著他起身，接過了我的 Samsung Note8。

我好羨慕我的手機，因爲它幸福又安穩地躺在孔劉結實又溫暖的大腿上好久。後來孔劉把手機遞還給我。從他的眼神裡，我覺得他應該已經認出我是臺灣的 Catherine，但是礙於身分，他不能開口和我相認。

我笑著對他說謝謝，轉身回到頭等艙的座位。

飛機停妥後，我先往前艙門走去，他們一群人也跟了上來。在艙門打開之前，我跟孔劉之間，一直只有一公尺的距離而已，只是頭號保鏢始終盡責的杵在我和他中間。

幾分鐘的時間裡，我完全沒把他當成大明星，主動和他說了一些話。私底下的他一樣很隨和，說什麼都會認眞聽，也會回應。他的聲音很好聽，說英文的腔調也很好聽，現場立體聲簡直餘音繞梁、盪氣迴腸。

「鬼怪」裡頭，恩倬在加拿大的街頭對他說了「사랑해」，我則是在頭等艙專用的機艙門口對他說了「I love you so much」，他靦腆的微笑回應，艙門也正好打開，跟他揮手說了掰掰之後，他就被一群人護送了出去。

我在後頭望著他的背影，不知道爲什麼，我好像看到了寂寞。雖然他身邊總是擁擠，保鏢、經紀人、助理，永遠以他為同心圓的中心，呈放射狀的黏在他身邊，但是他們也像重重圍牆，讓他與世隔絕，他很難可以自由行動，也不太可能有自我意志。

他的背影，讓我想起了之前他在CNN「Talk Asia」專訪裡，曾經被問到：「你快樂嗎？」他說，那是世界上最難回答的題目。在外界看來，他賺了很多錢，擁有名聲和榮耀，不管他回答快樂或不快樂，都必須要更小心。他只能說：「我希望能再更幸福一點。」

他的回答很有深度，也震撼了我。

孔劉的人生不也反應了我們的人生？生命中所有的選擇，都會讓我們得到什麼，也失去什麼。單身、非單身，結婚、不結婚，都會給生活帶來不一樣的獲得和失去，就連追求不同的對象，或是跟不同的對象交往，也會產生不同的失與得，人生每一次的決定，結果都是不同的取捨與得失。

從來就沒有完美的人生，也沒有滿分的感情，只要當下覺得值得，就是最好的選擇。

下飛機後，我馬上和媽媽分享飛機上發生的事情，媽媽認為一定是我騷擾他，才害他從頭等艙逃到商務艙去。我一直保證我真的很安靜，從頭到尾完全沒有失控尖叫，根本連出聲都沒有。媽媽這才對我說：「妳剛剛應該對他說，你不要走啦，頭等艙留給你，商務艙我去就好。」

我身邊一直有一群男性朋友，覺得我很可笑，他們總是嘲笑我不自量力，斷言我一輩子都不可能見上孔劉一面，更別說可以和他交談。他們覺得我因為欣賞一個韓星，擋掉了身邊所有的桃花，不只不切實際，而且愚蠢至極。在他們心裡，天子與平民，永遠都是平行線，不可能有交會的一天，更何況我還是一個超級大齡的四十歲女子，比平民還更下等。

我選擇不用言詞抗辯，拿出具體事實，讓他們啞口無言。

六月二十四日「ZenFone5　攝影派對」活動當天，我跟孔劉從頭到尾都只隔了十公尺不到的距離；六月二十五日那天，長達兩個多小時的飛行裡，我們始終都保持一公尺左右的距離。

這世界上從來就沒有什麼不可能的事情，只要有心，天地的力量都會來幫妳。

BINKY
CAT
빙수

miss_catherine_gong

1025個讚

為自己很喜歡的人，寫一本書，
是我這輩子做過最浪漫的事情。

插畫illustrator：@LazyDon.2019

#凱薩琳孔 #캐서린공 #CatherineGong #幸福練習 #ORPHIC #單人婚紗 #單身婚紗 #單身精采 #我所走的每一步都是為了更接近你
#我會成為孔太太 #我是凱薩琳孔小姐 #等待加一或者不 #我和她們的單人婚紗故事
#插畫家illustrator : Don Ho #amagzing _ lazydon #lazydon.2019 @LazyDon.2019 @Amagzing.Amag

知道人生中最大的幸運是什麼嗎？就是在妳發現一個美好的男人的當下，妳正好幸運地單身著，而不是和任何一個不滿意的對象虛度光陰。這時候就可以驕傲地對他說：「爲了等到對的你，我選擇剩下自己。」

我都可以用吸引力法則見到孔劉了，這世界上，還有什麼天大的不可能？

如果妳也有我的勇氣，也有我的篤定，或許可以像我一樣，找個男神來努力。有了男神，誰還需要不夠格的男人？

男神可能遠在天邊，也可以近在身邊。當人妻們暗夜裡只能望著枕邊人的臉垂淚嘆息，男神永遠都可以讓人神采奕奕。

不管妳現在幾歲，過去經歷了什麼，找個有質感、有溫暖、有水平、有智慧的男神，豐富妳的行動力。

不要小看男神的魔力，男神選得好，他的存在就可以化成一股強大的力量，推著我們像池裡的小魚一樣，不停力爭上游。也正因爲男神遠在天邊，爲了拉近差距，說什麼都要加倍努力。

從二〇一八年六月二十五日那天起，對孔劉來說，我不再只是一個活在每份禮物和書信文字的虛擬人物而已，在他的世界裡，我整個人變得立體鮮明，是個有形象、有畫面、有聲音、也有故事的人。

就算情節有點超乎常理又如何，韓劇「經常請吃飯的漂亮姐姐」裡頭就有一句經典臺詞是這樣說的：「打破禁忌，才是專業人士。」

後記

二〇一八年六月二十八日，我從韓國回到臺灣，很快的，七月七日我又因爲工作需要，再次回到韓國。停留的時間，正好跨到孔劉的生日，我準備了禮物，還有生日卡片書，在七月十日當天，再次親自送到他的經紀公司。

給男神的「家書」，一直都是另類情書，我從不曾讚頌他外在的美好，或是告訴他我有多愛他，因爲我自始至終不曾迷戀任何一個他在劇裡頭的形象，我欣賞的，是他的本質。

這回的家書裡頭，我變成了討債集團，要他快點還我錢。

我告訴他，對他來說，搭頭等艙可能就像喝水呼吸一樣自然，但是對我來說卻不是那樣。早知道他會從頭等艙跑去商務艙，當初我買商務艙的票就好了，幹嘛一個人獨享頭等艙的寂寞。我也讓他知道，看到他被經紀人帶走的那一刻，我彷彿看到自己的錢瞬間飛進水裡，所以我要求他還給我頭等艙和商務艙的價差。

我還說，我明白頭等艙裡孤男寡女共處一室，好像眞的有點危險，但是爲什麼危險的一定是他而不是我，他那樣逃走，對我很不公平。

不只這樣，我還在Instagram上，找到那個把他從頭等艙帶到商務艙的兇手照片，特地把照片用拍立得列印出來，貼在卡片書的其中一頁。在他酣笑的臉旁邊用力寫下：「我一輩子都會記得這張臉！」

當然以上全部都是對孔劉說的玩笑話。

每次書寫一些什麼給他，我都很欣賞自己的態度，因爲我有跟他平起平坐的勇氣，一點都沒有因爲他是大明星，就百般討好或是低聲下氣。對我來說，他就是一般人，一直都是孔地哲，孔劉只是他的工作而已。

其實我心裡頭眞正想對他說的是，那天眞的很對不起，害他從頭等艙跑到商務艙去，但是我從頭到尾都無心打擾。我原本眞的只是希望可以蒐集一趟有他在身邊的飛行，靜靜陪伴就很好。

我完全可以理解他被帶走的原因，礙於身分，他做任何事情，都必須小心翼翼，因爲對我一無所知，對於任何來路不明的人，經紀人都要幫他迴避。

親愛的孔地哲先生：

下一次如果我們還有機會在頭等艙相遇，說什麼我都會鼓起勇氣，用韓文輕聲地對你說：「這一次，能不能請你不要走？留下來陪我好不好？」

miss_catherine_gong

710個讚

因為很喜歡這裡，所以想起了你。
多希望你也在這裡。

插畫illustrator : @LazyDon.2019

#凱薩琳孔 #캐서린공 #CatherineGong #幸福練習 #ORPHIC #單人婚紗 #單身婚紗 #單身精采 #我所走的每一步都是為了更接近你 #我會成為孔太太 #我是凱薩琳孔小姐 #等待加一或者不 #我和她們的單人婚紗故事 #插畫家illustrator : Don Ho #amagzing _ lazydon #lazydon.2019 @LazyDon.2019 @Amagzing.Amag

被丟進垃圾桶的孔劉桌曆

和 Kathy 姊姊，是在 Facebook 上的孔劉社團認識的。

因爲我是廣告行銷背景出生，二〇一七年 ASUS 砸重金請孔劉代言 ZenFone 時，我很認眞在社團裡寫了一篇「爲什麼 ASUS 要找孔劉來代言」的分析，引起一些迴響，Kathy 姊姊在當時主動加了我好友，我也破例同意了陌生人送出的好友邀請。

她說我眞的亂有智慧一把的，據說有點通靈體質的她，預言了我一定可以見到孔劉本人，後來果然成眞。她說因爲她很喜歡我，所以她願意把孔太太的位子讓給我，她當孔姊姊就好了。

大我十歲的她，是個有故事的人，當年的九二一大地震震碎了她原本美好優渥的生活，因爲一些原因，她結束了婚姻關係。

這些年，上天開了她好幾次玩笑，我不知道她有沒有埋怨過這些艱困的考驗，不管怎樣，她終究一關一關走過。我佩服她強大的行動力，剛認識她時，她馬上很得意的和我分享一段從 Instagram 下載的影片，內容是孔劉第一年代言 ASUS ZenFone 4 時，來臺灣辦活動，當天活動結束之後，他的御用髮型師在飯店內開了直播，分享一行人玩耍的畫面。

姊姊要我特別注意餐桌上那本攤開來的書，她說，那本 *The Power of Now*，是她費盡千辛萬苦，和司機搭上線，請託司機轉交給孔劉的禮物，她不敢相信她送的禮物和卡片竟然被打開了，而且還得到很好的對待。

我知道離婚後，她有一個一起生活了好多年，彼此照顧的伴侶，但是姊姊很少提起那個大叔的事。

因爲工作的關係，我常常往韓國跑，一次我正好經過孔劉代言的商店，進去拿了一些有他肖像在上頭的印刷品，除了自留之外，也大方問了姊姊要不要，她很開心我想到她，更開心的是，她可以拿到孔劉相關的小禮物。

禮物送出去沒多久，姊姊跟我說，因爲我送她孔劉的東西，大叔跟她大吵一架，所以分手了。

不知為什麼，當時我有點自責，總覺得我的一片好心給她帶來了困擾，那麼多年的感情就這樣結束。後來我很少再問起那個大叔的事，只知道他們偶爾還有聯絡。

姊姊和我分享過一張她當年的結婚照，她常常跟我說，她要快點減肥，等她瘦身成功，一定要去韓國拍一組只有自己的單人婚紗照。她覺得當年的婚紗造型現在看起來有點土氣，而且後來離婚了，回頭去看當年的婚紗照，百感交集，留也不是，丟也不是。

二〇一八年底，姊姊說她的身體一直不舒服，感冒咳嗽持續了一個月，看了好幾次醫生情況都沒有改善。後來她去大醫院檢查，因爲肺積水抽了一千三百ＣＣ，醫生說她疑似肺部惡性腫瘤，接下來要進行核磁共振還有斷層掃描。

她看報告結果的那天，我好緊張，一直期待可以收到好消息。當她傳了「肺腺癌四期，轉移腦部」給我時，我整個人呆掉，腦子一片空白。我不知道要怎麼回應，那個時候說什麼好像都不合適。

她暫時不打算讓父母知道，決定先隱瞞自己的病情。問她：「有人可以照顧妳嗎？」她才告訴我，前陣子那個大叔努力和她修補關係，最近兩個人又走在一起了。她說，大叔會照顧她，請我不用擔心。

因爲希望可以隨時掌握姊姊的狀況，所以請她弄了一個LINE的群組，把大叔一起加進來。大叔私底下曾經跟我通話幾次，我一方面感受到他眞的很在意她，也很怕失去她，可是另一方面又覺得，他們的關係其實不是那麼健康。

考慮到姊姊接下來即將進行一連串的治療，身體會變得很虛弱，所以我假裝若無其事的跟她說：「姊姊，我想送妳一組單人婚紗照，我知道妳現在可能沒有體力到韓國，那我們先拍臺灣版的好嗎？等妳好起來，我再送妳一組韓國版的。」

姊姊沒有明確的接受或拒絕，最後是由大叔代替她給我答案。姊姊的想法是，我的好意她心領了，但是她想要等到自己完全好起來再去韓國拍，她會把這個心願當成對抗病魔的動力。

同時間我也從大叔口中得知，其實大叔一直希望可以給姊姊一個家，可是姊姊都沒有答應他的求婚。一瞬間我動過念頭，到時候乾脆送姊姊韓國版的雙人婚紗，讓大叔可以跟她一起拍。

前幾天，姊姊跟我說她心情很糟。她說因爲正式進入二〇一九年，她把去年我從韓國帶回臺灣送她的孔劉桌曆拿出來，準備迎接全新的開始，沒想到大叔看到桌曆，跟她吵到天翻地覆，最後還命令她在寒冷的夜裡，把那本桌曆拿去社區大樓的垃圾桶丟掉。

她說這不是這陣子第一次發生了，她弟媳婦送她的孔劉抱枕，她一拿進門，馬上被丟出家門。

她心裡很難過，因爲她從來沒有把未拆封的東西丟掉，而且還是別人送的東西。她整夜失眠，不懂爲什麼大叔要這樣逼她，而且他習慣一不高興就跑去喝酒，喝醉回家就是姊姊磨耐的開始，雖然沒有肢體暴力，但是言語暴力和精神凌遲，都讓人難受。

姊姊的家人後來終究還是得知她的病情，也知道大叔常常惹她傷心，都勸她回娘家住，才能安心修養。

我完全明白那本新桌曆對於姊姊的意義，新桌曆象徵一年的開始，她可以整新出發。而且孔劉對她而言具有特殊性，每天望著孔劉的照片，可以給她力量。當初她的心意都可以排除萬難成功交到孔劉手上，而且孔劉本人也很珍惜的收下了，那麼還有什麼是不可能的事情？她一定會好起來。

我很生氣大叔的自私和跋扈，我不能理解他怎麼可以這樣對待一個病人。就算他幾乎天天陪在姊姊身邊，但是比起陪伴時間的長短，陪伴的品質更重要。

不得不承認，有大叔這樣症狀的男生不算少。去年底出發去韓國工作前，我統計了身邊朋友們需要我幫忙帶回哪些男神的桌曆：孔劉二本、蘇志燮三本、朴寶劍二本，丁海寅一本……我一點都沒有因爲自認孔劉是我一個人的，就獨占他的桌曆。

扛了一堆月曆回來後，一個已婚的朋友跟我說，她只敢把蘇志燮的桌曆放在家裡的抽屜，偶爾拿出來翻閱欣賞；另一個已婚的朋友跟我說，她好怕朴寶劍的桌曆被老公發現，不敢放在家裡太久，隔天馬上拿去公司安置。

我不是很懂，爲什麼我老公的桌曆，我都願意大方跟好友分享，那些男人們卻要對著沒有生命的桌曆拼個輸贏。桌曆裡面的男神是絕對不可能變成眞人，從桌曆中走出來，跟他們上演一場「搶妻大作戰」。

姊姊說，大叔是個控制狂，才會命令她把孔劉的東西丟了。但是在我看來，控制行爲的背後，起因於自卑，覺得自己不夠好、覺得自己對姊姊不夠好，才會對著孔劉桌曆生氣。

其實不太公平，男人硬碟裡珍藏了海量的A片，還有數不清的AV女優的寫眞照，被另一半發現時，就會辯解那些都是男人間的無私分享，還會灌輸女人，看A片是正常到不行的男性集體運動，眞的就只是無聊打發時間罷了，無關情慾流動。

當女人發現了另一半是A片愛好者，通常都會先吞忍，憋到受不了，就跑到討論兩性關係的論壇裡尋求解答：「我男友／我老公好愛看A片，對於他的這個嗜好我很在意，請問我正常嗎？我該怎麼辦？」幾年前，我就曾經發現當時的男友跑到A片討論區，讚揚某個AV女優有多銷魂。看到那些文字的當下，簡直五雷轟頂，卻沒有拆穿他。

想想，這個世界對女生眞的很不公平，男人看A片就是「天經地義的正常嗜好」，女人欣賞韓國帥哥就是「不守婦道、花痴腦殘」，爲什麼可以這樣雙重標準？

有的男人會嫌棄自己另一半的外貌比不上AV女優，那我們可不可以也要求男人跟每個韓國男神一樣美好？有些行爲，眞的很難單一判定究竟是對還是不對，因爲從彼此的立場來看，會有不一樣的答案。面對這種情況，成熟的大人都要培養雅量去接納對方的喜好，不要動用情緒勒索，強迫對方放棄那些其實無傷大雅的空間，只爲了讓自己心理好受。

某種程度來說，大叔也眞的做到了「不離不棄」，但是「不離不棄」的背後，應該是一份高品質的關係。就算他九十％的時間都很用心照顧姊姊，但是當那十％致命的傷害出現時，他所有付出的好，都變得得微不足道。關係的衡量，從來就不是用好壞的占比來衡量，當一些不該存在的行爲發生了，就是壞關係。

被丟進垃圾桶的，不只是孔劉的桌曆而已，還有對於姊姊的尊重。就算他可以控制姊姊的行爲，卻關不住她欣賞孔劉的心，那麼他所堅持的又有什麼意義？

姊姊告訴我：「我命可以沒有，但是我的靈魂不能沒有自由。」我想這是她一直沒有答應再次走入婚姻的關鍵。人生很短也很長，如果剩下的日子不多，一定要開心過生活，遺憾才會少一點；如果剩下的日子還很長，對生活更要有所堅持。否則人生有多長，痛苦就有多長。

親愛的姊姊，妳一定會好起來，韓國線單人婚紗的禮物我準備好了，歡迎妳隨時領取。

孔劉桌曆被丟掉了沒關係，我很快又要去韓國了，到時候再買一本給妳。

說好了，下一次說什麼都不能允許任何人把妳珍惜的東西丟掉。如果對方還是堅持要把孔劉的桌曆丟掉，那麼請妳先把那個人丟掉吧。

限定單身女孩作答的填空題

我出社會第一份工作的老闆，傳了一張圖文給我，上頭用簡體字寫著：

「單身的女孩不要著急，也許上帝心裡的想法是，我要把這個可愛的女孩留給＿＿＿＿」

那張圖文是從微信上的朋友圈開始流傳，原版上頭的空白處已經填好了答案，是大陸的一線演員胡歌。多麼可愛又充滿正能量的一段話，對於已經單身很久的我來說，一整個很勵志。

頓時我完全開悟，單身根本就是一種幸福到不行的狀態，當別人的考試已經交卷，我的還在等我作答，我可以大膽向宇宙下訂單，指定一個美好的男人。

過去每交往一個對象沒多久，就急著想把他的名字塞進身分證背面的配偶欄位，只因爲覺得年紀到了，要是不趕緊把自己嫁了，就再也嫁不掉。但是和幾名渣男交手後，又進入另一種遁入空門、阿彌陀佛的境界，發現兩個人還不如一個人，就算我想兩個人，對象也不會再找臺灣男人。

其實人生的婚姻考試沒有時間限制，考場也永遠不會關閉，更沒有明文規定：「男性無年齡限制，女性限定三十五歲以下者才得入場」。要是妳想獨身一輩子也可以，沒有任何一條規定載明每個人都必須參加婚姻考試不可。

關於進入婚姻，每個人都有自己專屬的獨立考場，試卷的內容也不相同，最後的分數也只對自己有意義，所以完全不需要和別人相比。既然這樣，急什麼呢？沒有做好準備就匆忙上場、慌張交卷，下場只是陪考送死而已，等待下次捲土重來。

雖然沒有限制一個人可以重考幾次，但是那些曾經被填下的答案，不是鉛筆寫的，沒辦法輕易除錯，更不可能不留痕跡。考卷上的答案來來回回的塗改，當初心裡的那塊瑰寶，早已傷痕累累。

老實說啊，不考試頂多被長輩碎碎念而已，重考太多次可是會被嘲笑的。

「單身的女孩不要著急，也許上帝心裡的想法是，我要把這個可愛的女孩留給＿＿＿＿」

「孔劉」是我的答案，所以我用了滿滿的吸引力法則，向宇宙下單。

妳的答案是什麼呢？如果妳都知道，＿＿＿＿一定要填入男神的名字才值得，爲什麼過去要容忍自己跟任何一個人渣的名字綁在一起？

【話題延伸】

每回和女生朋友們相約聚餐，朋友們都會問：「妳想吃什麼，我來找。」

每次我總會先回答「孔劉」，等到換來朋友的一頓咒罵之後，才願意正經回答。

有時候換我主動問她們想要吃些什麼，「朴寶劍」、「蘇志燮」、「金材昱」，諸位男神都可能是想吃的食物首選。

前陣子一個好友問我，這次碰面想吃點什麼。看完韓劇「男朋友」之後，我覺得寶劍弟弟眞可愛，雖然十多歲的年齡差距讓我無法把他當正餐，但是下午茶、甜點之類應該不會太過分。所以我頑皮的搶了她的答案，回答了：「朴寶劍，金材昱也可以。」

好友的反應又激烈又直接，瞬間丟了「幹」給我，還認眞警告我：「寶劍是我的，要吃也是我先吃。」

那瞬間我覺得女孩們都好可愛也好矛盾。

如果說，妳最想吃的食物是男神等級的米其林餐廳，那麼過去把一堆垃圾食物往嘴裡塞，是哪裡有問題？

miss_catherine_gong

1025個讚

공지철 씨,

이 책은 당신의 41 번째 생일을 위한 생일 선물입니다.

생일 축하합니다.　　　　캐서린·공　2019.07.10

插畫illustrator : @LazyDon.2019

#凱薩琳孔 #캐서린공 #CatherineGong #幸福練習 #ORPHIC #單人婚紗 #單身婚紗 #單身精采 #我所走的每一步都是為了更接近你
#我會成為孔太太 #我是凱薩琳孔小姐 #等待加一或者不 #我和她們的單人婚紗故事
#插畫家illustrator : Don Ho #amagzing _ lazydon #lazydon.2019 @LazyDon.2019 @Amagzing.Amag

愛情裡，不可棄守的主場優勢

三十二歲時，我買過一本書《摩羯座的他就是這樣的》。現在回想起來，有點難為情，那好像應該是高中小女生才會躲起來偷偷閱讀的東西。

當時覺得交往的對象好難懂，我根本動輒得咎，不管怎麼努力都得不到胡蘿蔔的獎勵，只有吃不完的棍子懲罰。我是他第二個媽，服侍他做得好是應該，做不好就該被檢討，我很努力想要掙脫不對等的關係，卻不知道該從何做起，只好買了這本早期非常有名的星座專家著作，希望從書裡找到方法，扭轉不公不義的局勢。

這個星座專家眞的好有賺錢頭腦，把每個星座的男生分開來獨立處理，一系列的書就出了十二本。如果妳一路走來情路坎坷，不小心把十二星座的男友集滿了，那麼家裡就會有一整套十二星座男攻略的收藏。

交往後還需要買這種書，其實好可憐。可是對方眞的好難懂，不管怎麼努力，他連基本的尊重都給不起，更別談什麼美好的關係，所以才買書求解惑。

那本星座攻略書就好像旅遊書，我想要快速了解某個國家的風土民情，才可以迅速融入當地的生活環境；我也想要完全遵守當地的習俗和禁忌，才不會一不小心踩了線被遣返回國；我更想快點盤點屬於那裡的名勝古蹟，完成每個經典景點的到此一遊，完整累積屬於彼此的回憶。

而我的最終目的，是可以獲得那個國家核發的永久居留權，成為正式公民。

我用近乎「移民」而不只是「出國」的方式在談戀愛，棄守了自己領土，完全放棄主場優勢，只想著如何到別人的國家定居，過著投其所好的生活，對方自然把我當成未開發國家來對待。

網路上的兩性討論區，常常可以看到一些女生發問：「為什麼他這麼難懂？」，其實他一點都不難懂，他只是沒打算讓妳懂。

如果妳經營了一段關係好久，還是覺得對方好難懂，那就表示這個人根本不適合妳。換一個願意懂妳，妳也不難懂他的人，有時候妳到他的國家過生活，有時候他到妳的國家過日子。不需要依賴任何旅遊書的指引，兩個國家也能無縫連成一個新世界。

兩人關係裡，永遠都不可以棄守屬於妳的主場優勢，不但要保有原則，更不能放棄自己的喜好。不要爲了討好，就重新改寫自己國家的律法；更不能割地賠款，把領土無條件進貢給別人，甘願過著被統治被打壓的共產生活。

如果妳一直持續著單身狀態也沒關係，在妳主導的國家裡，自信自在的自給自足，只要豐饒了自己的世界，自然會吸引氣場相同的旅人入境。無時無刻都要注重國防問題，不能隨意讓門戶大開，通行證只發給値得的人。

那種星座書，說什麼我都不會再買了。不過我還是好想知道，有沒有快速攻略，可以讓我成功潛入「一九七九年七月十日出生，巨蟹座男」的世界？

神啊，請託夢給我吧。

miss_catherine_gong

710個讚

Could we start a relationship from friends when you open the book ?

插畫illustrator : @LazyDon.2019

#凱薩琳孔 #캐서린공 #CatherineGong #幸福練習 #ORPHIC #單人婚紗 #單身婚紗 #單身精采 #我所走的每一步都是為了更接近你
#我會成為孔太太 #我是凱薩琳孔小姐 #等待加一或者不 #我和她們的單人婚紗故事
#插畫家illustrator : Don Ho #amagzing _ lazydon #lazydon.2019 @LazyDon.2019 @Amagzing.Amag

去你的，臺灣大叔

我有一位男性友人K，前些年導過幾部臺灣偶像劇，得過獎，在圈內小有名氣。

他知道我很愛孔劉，而且程度已經超越粉絲對於偶像的單純欣賞。在他眼裡，我根本就是把「追星」當成「追夫」的笨蛋，那股傻勁大概就跟夸父追日一樣，無藥可救。

那天是二〇一八年一月九日，一早醒來，看見他傳給我的訊息，內容很簡單，一個連結，配上「哭哭」兩個字。點開了連結，乍看新聞標題「孔劉爆和《屍速》鄭有美結婚！和宋宋選『同一間飯店辦婚禮』」，我的呼吸暫停了三秒，一邊顫抖，一邊把內文讀完。很快的，我看到了關鍵的句子「雙方經紀公司在第一時間跳出來否認，孔劉和鄭有美的結婚傳聞並不是眞的，他們的關係就像兄弟一樣」。當下我腦中冒出的第一個疑問是：怎麼會是雙方的經紀公司同時跳出來否認，他們兩人明明同一家經紀公司。

正因爲他們隸屬同一家經紀公司，BOSS第一時間就跳出來澄清了，更加肯定這只是一則從網路上竄出來的假新聞。

我當下回了K：「假的啦，不過如果對象是鄭有美，我完全可以接受，也願意祝福，因爲她眞的好美喔。」因爲我的Facebook個人頁面搞得跟孔劉的粉絲頁一樣，常常會轉錄他的照片，再配上一些很少女的文字，某天，K終於受不了，在我的某篇發文下面留言：

「不要一直腦補呀大姊……哪天又蹦來一個消息妳不是又要心碎了？腳踏實地一點找個大叔嫁一嫁啦！」

「是不是有人要來打醒妳，有些事情就是不可能！臺灣男星妳可能連吳慷仁、張孝全都碰不到了，孔先生怎麼可能呢？有夢最美沒錯，但人生有限，做些腳踏實地的夢比較不會浪費生命呀，大姊……」

他同時指正了我的女性朋友們，說我的同溫層很厚，他認爲那些朋友其實都在害我，沒有人願意跟我說眞話。他要她們摸著良心，到底覺得我可以成功接近孔劉的機會有多少。

接下來，我的臉書就是一場多人來回的筆戰。

老實說，面對他的善意我很不開心。

第一，當一個男人在和我們溝通一件事情時，動不動把「大姊」兩個字掛在嘴邊，基本上口氣已經充滿貶抑。

第二，他憑什麼認爲我該被打醒？我的夢想在他的眼裡可能非常的不自量力也不切實際，但是我覺得我的遠大目標好可愛，而且我有實踐的勇氣。既然我不偷不搶，我的人生也不會妨礙到別人的人生，當然不需要得到任何人的認同或理解。

第三，他怎麼可以說出「腳踏實地一點，找個大叔嫁一嫁」這種不負責任的鬼話？就算追孔劉的下場注定一輩子單身，那也是我的選擇，再怎樣都比聽從他的爛建議好。「放下孔劉，隨便抓個臺灣大叔來虛度餘生」這麼喪氣的事，我一輩子做不出來。要是眞的做了，我一輩子也毀了。

我很快地看穿了他的立場，他所有的「我是爲了妳好」，其實都藏了父權對於大齡女性的歧視和偏見在裡面。爲了讓我信服於他的論點，他特別點名了兩個臺灣當紅的男藝人：吳慷仁、張孝全。他說這兩個人我都很難碰到了，何況是遠在天邊的孔劉，他勸我別傻了，眼光還是多看看路人吧。

沒想到，我狠狠打了他的臉。

當年我在Ogilvy Taiwan工作時，負責Kimberly-Clark這個客戶，衛生棉新品TVC的選角，客戶選中了吳慷仁，當時他還只是個剛出道的模特兒，拍攝當天我就在白沙灣和吳慷仁相處了一整天。

張孝全也是，大學時我曾在一家國中補習班當老師，某個星期六下午，張孝全回補習班晃晃，不巧他之前的老師不在。雖然撲了空，他還是留下來和我聊了一會兒。當時他已經出道了，而且小有名氣。

老實說，潛意識裡我很排斥普通版的臺灣單身大叔。他們根本不在意自己能不能看，只在意女人好不好看；自己大齡沒關係，卻對大齡女子充滿敵意和歧視。

他們當中至少有七十%以上的比例，外在形象很相似：喜歡穿高腰褲，褲子下方永遠露出一截泛黃的白襪子、頭髮稀疏、髮線不斷往後退守、剪髮都去毀容院處理、邋遢、衣著沒有品味、凸肚肥腰……

就算臺灣大叔這麼恐怖，K的文字裡我還是讀出了暗示，以我現在的年紀，臺灣大叔願意收留我就偷笑了，孔劉怎麼可能看上我？更何況我只是個 nobody，人家可是高高在上的大明星，孔劉和我之間，不只是天與地的距離，講白一點，一朵鮮花插在牛糞上，而我正是那坨屎。

只是我還是不能認同，他所謂的高攀究竟是哪裡高攀了？在我看來，我和孔劉最大的差異只是「職業」不同，還有「賺錢的速度」不同。他對著鏡頭笑一下就能進帳的收入，我大概要賺上好幾年才可以，但是也不能憑著這些，就認定「他是不平凡的，而我是平凡的」。

就算認定正確，平凡的人，也可以勇敢追求不平凡的際遇；不平凡的人，也可以擁有過著平凡生活的權利。一個有深度的藝人，私底下絕對跟我們一樣都是普通人，而且比誰都想當個平凡人。

我想K永遠不懂，孔劉對我來說，存在了多麼重要的人生意義，那份意義已經遠遠超越了結果到底是成功或失敗。

因爲發現了孔劉的純淨靈魂，所以我想靠近，於是我立下了一個很大很遠的目標，不斷前進：我努力發展和韓國關連的事業，也找了他到臺灣時的御用翻譯學韓文，同時間讓自己成爲比最好還要更好的人。

就算我最後還是沒辦法拉近跟他的距離也沒關係，過程中我已經不停進化，不停成長，那也是另一種獲得。旁人怎麼可以主觀判定我的勝率很小，小到幾乎沒有，就勸我沒志氣的快點放棄？

其實這跟玩樂透彩券是一樣的概念，難道因爲中頭獎的機率很低，就終身不買嗎？大部分人看到頭獎獎金累積數億時，還是會買一下，因爲有買有希望。就算和頭獎無緣，後面還有二獎、三獎……的機會。

這道理套在我身上也適用，要是我看準孔劉眞的很難接近，就直接棄賽，這樣不就便宜了其他競爭者。因爲她們完全不用出手，就直接少了一個有效的競爭對手。

我當然不會這麼沒骨氣，永遠不會自行宣布失敗或退賽。

就算最後開獎，頭獎獎落別人家，雖然會傷心，但是也沒關係。至少我已經把高標準立在那裡，就算孔劉已經不可能了，之後出現的人也會是孔劉之流的好人。

我不是長得頂級漂亮的女生，但是我很努力讓自己活得比別人漂亮。面對別人的評論，我其實不在意，因爲我早已不受世俗框架，選擇快樂活在當下。

誰說大齡女子只能配普通臺版大叔？那不就便宜了大叔，卻糟蹋了自己。

請記得，永遠都不能允許任何一個人的自以爲是，替我們決定屬於我們自己的人生。

不管我們現在幾歲，都不能失去做夢還有追夢的勇氣。每個夢想都很可愛也很偉大，只要努力實踐，天大的不可能都有可能變成可能。

我後來再次狠狠打了K的臉。二〇一八年六月二十五日那天，我在臺灣飛往首爾的大韓航空上，見到孔劉了。

對我來說，只要孔劉還保持單身的一天，我和他的故事就還是開放式結局。

適合外銷的極品女人

這幾年，好幾個知名女藝人，先後很有默契地嫁給了外國人，或是從外國回來的人，而且還嫁得非常好。她們年輕時的情路總是坎坷，每一段關係不得善終就算了，分手多年以後，只要她們的感情狀態一更新，那些過去全都會被拿出來再複習一遍。

因爲條件好，桃花自然不會少；和她們傳過緋聞的對象，就像肉粽一串接一串。不明就裡的人會以爲她們遊戲人間，不然就是性格難搞，才會把每個身邊的男人都嚇跑。

她們一直沒辦法進入婚姻，直到外國男人出現，才總算終結她們四十多年的單身生活。

從她們的感情演進，還有我自己這些年的改變，我有一個驚人的發現：被歸類在某一個象限裡的極品女生，好像只適合外銷到國外去。

這些年，身邊幾個男性長輩時不時對我耳提面命，教導我如何把自己修正成可以被男人接受的女人。

他們總是善意地提醒我：不要太快拒絕別人的追求，第一時間看不對眼沒關係，搞不好看久就順眼了；要適時掩飾自己眞實的想法、不要太直接，說話要含蓄，試著拐彎抹角表達自己的感受；情緒要學會隱藏，最好讓男人猜不透，因爲太好懂的女人會讓男人興趣全失；無時無刻都要保持神祕，這樣男人就會在我的世界迷路，就像走迷宮一樣永遠找不到出口，自然逃不出我的手掌心；欲迎還拒、忽冷忽熱，都是最有效的催情劑，說什麼都不能主動，因爲男人天生就自帶獵捕的獸性，對於自己送上門或是太容易征服的獵物，根本不屑一顧。

他們提供給我的教戰守則還不只上面這些，他們還提點我：「收入」千萬不能老實說，因爲「自卑的好男生」會覺得高攀不起，「卑劣的壞男生」會心生歹念，想靠過來吃軟飯占便宜；「過去的情史」也絕對不能提，因爲當一個男人知道妳跟其他男人的過去，說什麼心裡都會過不去；「名下有不動產」也要等到確定婚期時再坦承，不然就很容易召喚出只想坐享其成的傢伙過來。

那些長輩也像糾察隊一樣，時常即時跳出來告訴我，我的個人 Facebook 上，哪篇文章或是哪張照片不太好。對於什麼樣的文章應該寫，什麼樣的文章不該寫；什麼樣的照片可以發，什麼樣的照片不要發，他們有一套衡量的標準。

他們覺得「演」都要「演」出別人想要的樣子，就算暫時僞裝也好。只要照著他們的建議做，一定可以加快把自己銷出去的速度。

每次聽到這些老男人的建言，明知他們是善意，還是很想發怒。人生已經很難了，爲什麼還要搞得這麼複雜？更何況，這個不能說，那個也不能說，那人跟人之間到底還可以說什麼？

我的主編就對我說過，人的臉書本來就應該自由書寫，就算全是垃圾話也沒關係，不然人生多痛苦。

我很認同他的想法，比起那些假裝有品味、假裝氣質優雅，假裝無時無刻都充滿正能量的人，那些被釋放的眞實，就是比較難得，也比較高尚。

人跟人的相處本來就不該是一場演出，爲了實現把自己嫁掉的心願，刻意把眞實的自我隱藏，努力花心思演出符合他人期待的角色，怎麼看都是「騙婚」。可是騙得了一時，要怎麼騙一輩子？

婚後很快地原形畢露，對方開始疑惑不解：「妳以前不是這樣的，妳怎麼變了？」殊不知，婚後的妳才是眞實的自己。

眞實的自己沒辦法得到對方認同，於是開始大小爭執不斷，婚姻關係最後難逃離婚收場。

這麼愚蠢的「騙婚」套路，我一點都不想參與。再說，那些對於女性的期待是由誰來規範的？那些不合時宜的期待爲什麼不能被打破？

在他們眼中，我就像個妖怪一樣，全身上下沒有一個地方符合他們對於女人的期待；可是他們卻又矛盾地把我歸類成標準的人生勝利組，人生只差一個老公就圓滿。

所以他們好心提供快速把老公補齊的方法，只要乖乖照著做，一定可以招來一堆人來搶親。

我怎麼想都想不透，如果他們覺得我的條件眞的那麼好，爲什麼會一直循循善誘試圖改變我？那麼做的目的，只是爲了幫助我更容易嫁出去？

我明明是珍貴稀有的隱藏限定版，爲什麼偏要把我變成萬國通用版？

不過他們說的也不是全然沒道理，兩性的世界裡，很多時候的確是那樣在運行。當一個女人沒辦法表現出溫良恭儉讓的樣子，男人就會覺得此人非良家婦女；當女人各方面都比男生強大，男人不是敬而遠之，就是不懷好意地刻意靠近；當一個女人不擅長家務，卻在職場上呼風喚雨，男人就會心生畏懼，覺得她在處理感情問題時肯定一樣強勢，而且娶回家後，一定沒辦法做好相夫教子的工作。

上面所有歸因，都太過簡略粗糙，而且偏離眞實很遠。但是卻不能否認，那些正是現在社會衡量一個女生適不適合走進婚姻的標準。

看看我們身邊的朋友，很容易就可以得到驗證，好多單身的大齡女子條件都好到不像話。

「太聰明、太能幹、太會賺錢」，這些形容詞如果聚集在一個男人身上，那麼他根本就是理想對象的首選；但是當「太聰明、太能幹、太會賺錢」這些字眼套在一個女人身上，她就會被當成怪物，只有嫌好日子太多的男人才會把她帶回家。

長相好、學歷好、職業好、收入好的女生，過了一個年紀之後，全部她所擁有的好條件反而變成阻礙，就像一顆顆搬不走的大石頭，阻擋了婚姻之路。她們一定怎麼想也想不到，那些小時候期待擁有的所有好條件，長大後好不容易通通集滿了，怎麼好像變成了一件壞事？

因爲職場上早就已經和男人平起平坐，甚至能力和收入都要高上許多，要她們忍氣吞聲根本不可能，更別提逆來順受。但是這並不代表她們會把男人當下屬來使喚，她們要的不過就是一份互相尊重的關係。硬把她們塞進世俗認同的框架裡，扭曲變形後的樣子，不只失去自我認同，旁人看來還是四不像。

這兩年我恍然發現，我的體質已經完全不適合臺灣男生，已經進化成適合外銷的女人。

一些人總會對我說：「肥水不落外人田，臺灣還是有好男生。」但是我已經完全棄守臺灣市場。因爲過去在臺灣碰到的鬼比人還多，和鬼交手的經驗，多到可以寫聊齋。久了之後也練就出抓鬼大隊的眞實力。在自己的原生地，我經常處於一種「肉眼之所在，渣男之所在」的狀態。

會把自己歸類成適合外銷的狀態，不是沒有依據。至少「高學歷」這一點不會再變成別人攻擊我的武器。和臺灣人交往時，要是對方學歷不如我，當兩人意見分歧時，他就會搬出我的學歷：「妳不要以爲妳的學歷高，就什麼都是對的。」；可是跟外國人交往時，他一輩子不可能指著我的鼻子大罵：「臺大畢業了不起喔。」

「收入」也不用刻意隱瞞，因爲每個國家的生活水平以及物價水準不同，平均收入也不同，很難可以把一個外國人的收入等級歸類；「名下有不動產」只要不特別提起就好，也不需要明明有卻假裝沒有。因爲當感情修成正果時，兩人所面臨的第一個，是該如何把兩邊變一邊，或是在兩邊往返之間，該如何取得平衡。對方不太可能動房子的歪腦筋，也不會有占便宜的心態，認爲反正房貸掛在女生身上，自己只管免費住就好。

至於「講話太直接」這個也有解，我現在的韓文老師，是之前孔劉每次來臺灣的御用翻譯，她大部分都只教我們敬語；而且這幾年年紀大了，腦袋有點退化，單字怎麼背都背不起來，所以基本上，當我轉換成韓語聲道時，我已經失去流利對話的實力，這樣是可以多直接？

今天轉換成其他語系也一樣，我有一個女生朋友，爲愛遠嫁到保加利亞去，每次她跟老公吵架時，因爲她的保加利亞話說得不是太好，所以就算再怎麼吵，也很難搞到不可收拾的程度，兩個人只要當下可以抓到對方在意的點就好，其他的就彼此冷靜後再努力。因爲再難聽的保加利亞話，她也聽不懂，她也說不出來，衝擊自然少很多。

當然，如果今天外銷到其他亞洲社會，根深蒂固的父權體制還是存在，並不會消失。只是奇特的是，我們不需要特別改變什麼，當我們換個環境，把自己置放在異國的時候，原本的那些刺眼光芒或是被國內男人視爲銳利的角度，通通變得圓融。

因爲文化不同，語言也不同，對於文化不同的人，自然會多一點包容；兩個語系不同的人，溝通時當然也多了一些緩衝。

但是外銷也要看看到底是要銷到哪裡去，外銷地一定也要愼選，那種文化差異太大的眞的要小心，前陣子朋友才跟我分享她的慘烈故事。

她和我同年，很喜歡印度文化，所以一直勤跑印度，跑著跑著，桃花也來了，她在街頭遇見一個小她十五歲的男生，兩個人當時並沒有留下太多聯繫的方式。回國後，男生在 Facebook 上頭找到了她，說他對她一見鍾情，想跟她發展穩定的關係，於是兩個人展開了遠距離戀愛。平均一年她會飛到印度去和他碰面五六次，彼此也經常聊到結婚的計畫。

她爲了給小男生更好的生活，拿出好大一筆錢，幫他在鬧區開了一家咖啡廳，說好了結婚後她會飛過去定居，一起好好經營。

某天，那男生失聯了一天，她不以爲意，因爲印度的網路時常斷線。隔天一早，她卻收到晴天霹靂的消息，那個男生告訴她，他要結婚了，因爲前一天他讓一個女生進到他的房間去，兩個人沒發生什麼，卻被其他人撞見，這個行爲違反了印度的傳統文化，所以雙方家長當下決定兩個人必須立刻成親，他現在已經是別人的丈夫。

這種才一天的光景就豬羊變色的故事太不可思議，讓人難以置信，更無法接受。朋友花了一些時間療情傷，也聘請國際律師幫她打跨國官司，拿回當初投入那間咖啡廳的所有資金。

只是故事還沒結束，她好不容易擺平了一個，後面竟然來了一串，那個印度男生身邊的男性友人，開始一個一個對她示好。或許是我把人性想得太貪婪，總覺得他們接近她不是爲了愛，而是另有所圖，希望她也可以幫他們開一家咖啡廳，開著開著，搞不好她就可以成爲印度連鎖咖啡廳的霸主。

她的遭遇有一點值得我們引以爲鑑，我很肯定她是一個有魅力的女生，但是怎麼看來，十五歲都是很驚人的差距，而且還是男小女大。她當初很勇敢，也太天眞，以爲當愛跨越了國界，很多既有的價値觀也可以一起穿越。所以當一個小男生瘋狂愛上了只有一面之緣的大姊姊，一點都不懷疑，因爲異國戀裡，所有不合裡都値得被合理化。

老實說，那樣的想法有點不切實際，也太一廂情願，舉個簡單的例子來說明會更清楚。我很喜歡朴寶劍，我和他之間也有著十五歲的差異，但是今天就算我有機會近距離接近他，我不可能愛上他，他更不可能愛上我，他永遠都不會成爲我理想對象的候選人，理性的我只會希望以後我的孩子可以像他一樣溫暖善良。

如果妳也是大齡的單身極品女生，總覺得自己眞實的狀態很難被身邊的男人接受，妳自己也看不起那些男人的不長進，不要灰心，也不要絕望。找一個妳有感覺的國家，常常去走走。勇敢來一波出走潮，走著走著，一定可以走出另一片蔚藍天空。

寫這篇眞的不是要自爽，更不是要自肥，雖然我是眞的好想可以成功外銷到孔劉的家裡去。

OUL

miss_catherine_gong

7101025個讚

祝福每個妳，都能找到生命中的孔劉。
然後妳一定會看見，比最好還要更好的自己。

我是凱薩琳．孔小姐，
我會努力成為凱薩琳．孔太太。

給未來的戀人，情人節快樂

一直很喜歡電影「藝伎回憶錄」裡頭，章子怡的一句臺詞：「我所走的每一步，都是爲了更接近你。」那是我現在正在做的事情。

二〇一九年二月十四日，情人節，我在首爾，天氣晴。今天溫度很低，遊走在零度邊緣，我已經很習慣這樣的冷空氣。

明天才工作，我特地提前兩天抵達，準備在情人節當天快遞情人節禮物給孔劉。

這兩年來，我已經往返臺北和首爾的天空十幾次。每次來的時候，我都會準備一份禮物、一些親手寫的文字，趁著工作的空擋，親送到孔劉的經紀公司。我總是用我的方式讓他知道：「親愛的，又是我，Catherine又來啦。」

我的「報到」方式不停進階，從一開始請飯店幫我叫計程車，遞交完禮物後，再叫計程車離開；進化到現在可以搭地鐵自由來去。

對於我的堅持和行動力，身邊的女生朋友都很支持，特別是已婚太太們。她們很羨慕我還可以擁有她們已經失去的自由，任性去做我想做的事情；至於男生朋友們，有的表現支持，有的會另找適當時機勸我：「現實一點，趁著妳還有一點姿色，趕緊找個不差的男人結婚嫁了吧。」

其實他們怎麼想或怎麼講，我不是很在意，我的人生不用他們負責，也不歸他們管，更不需要他們多嘴評論。

送的東西有時候是易碎品，出發前爸爸都會主動幫我拿氣泡袋包好，避免行李在托運過程中碰撞破裂。我自己的爸媽都用行動支持我想做的事情了，其他人擔心我追星追到耽誤了婚姻做什麼?

今天任務完成後，我在他經紀公司對面的一間水族館咖啡廳，點了一杯熱拿鐵，打開電腦，開始寫稿。位子前面的落地窗，正對著他公司的正門。

才剛在Instagram上發文，馬上就收到陌生訊息的關切，問我有沒有遇見他本人，迫切想知道這裡的情況。

老實說今天會在咖啡廳落腳，不是想賭看看能不能撞見他。一般的孔太太可能很難理解或相信，情人節的今天，我一點都不想用粉絲的身分，在這樣的情況下遇見他。會駐足是因爲我想用我自己的方式，過一個不一樣的情人節。

我一點都不想去驚擾他，只要他收到我的禮物，它們也被善待，沒有被其他人鯨呑蠶食，我的願望就圓滿達成。

這篇稿寫完之後，我就會收拾包包離開。

我發現當我享受單身之後，我才看見情人節快樂的模樣。以前身邊有人的時候，情人節永遠過得像光棍節，我把快樂的獲得寄託在別人的給予，再小的希望總是落得失望。現在單身，我擁有讓自己快樂的能力，即使一個人，也有魔法把情人節變得耀眼。

我眼前十公尺的地方，就是孔劉幾乎每天都會出沒的地方。遠在天邊的人，其實一點都不遠，距離本來就是拿來縮短靠近。

硬拖著一個人，一起度過有名無實、貌合神離的情人節，難道就比較眞實嗎？說穿了只是自欺欺人而已。

我的情人節，沒有燭光晚餐，也沒有百萬夜景，我用我的方式，和我認定的王子過情人節。別人不以爲然又怎樣，我喜歡我的浪漫無可救藥。

我在卡片書的最後一頁，驕縱地寫下了：「Please keep being single for me before we meet again.」

就算單向的有去無回也好，得不到回應也沒關係，單身的情人節，還是比過去每一次兩個人的情人節，都要更美好。

給未來的戀人，情人節快樂！

在你正式出現之前，今天我先自己好好過。

後記　單人婚紗教我的那些事

寫稿進入倒數階段時，韓劇「她的私生活」上檔了。

本來沒有打算追這部劇，但是看了劇情介紹，是一個關於工作表現出眾的美術館策展人，私底下卻是「宅女迷妹」的故事。簡短的文字裡，我好像看到了我的影子。

看完第一集後，我就入坑了，之後就算再忙，每個禮拜我一定都要抽空追完當週進度才行。寫這篇之前，我硬是先把第八集看完了，才心甘情願坐在電腦前打字。

我不只自己看，也用力推薦女生朋友們一起看，結果身邊瞬間多出了好多瘋狂迷戀金材昱的金太太。其中一個朋友原本已經嫁給蘇志燮快十年了，前陣子宣布正式改嫁給金材昱，蘇志燮已經成爲好多人的前夫。

至於我，我的男朋友也從朴寶劍換成了金材昱，但是老公永遠不會變，說什麼都是孔劉一人獨坐王位。

網路上，「她的私生活」和「金材昱」的討論度很熱烈，我想除了劇情輕鬆有趣、朴敏英眞的超漂亮、金材昱很帥很性感很迷人之外，還有一個關鍵，就是這部戲完全打中了「迷妹」這個生物。

寫這本書的過程中，其實我一度有點擔心，我不太確定看完這本書的人，能不能理解到底是哪裡來的力量，讓我蛻變進化。「她的私生活」適時播出，讓我知道我正在做一件對的事情，一件可以被理解的事情。

可是我從來就不是典型的「迷妹」，我不會每天掛在網路上搜尋孔劉的最新消息，或是看看誰的 Instagram 發文又洩漏了孔劉的行蹤，

我變形成一種隱藏限定版的「迷妹」：我發現了一個本質美好的男人，那男人的職業是電影演員，而我第一次見到他的場合是透過螢幕，如此而已。

我的「追星」也不是鎖定他的行蹤，成天追著他跑，而是努力讓自己變得更好，一步一步縮短和他的距離，讓自己離他越來越近。

「追星」本身，就是一場充滿正能量的戀愛。

謝謝妳，願意花這麼多時間讀到最後一章，這本書的總字數直逼十六萬，是一本誠意十足又很有分量的書。書裡的每一個章節，都是眞實發生的故事，如果看完之後，妳也有相同感觸，或是妳正在經歷某一篇故事的情節，希望妳可以勇敢掙脫，從這一秒開始善待自己。爲了快點嫁掉，把自己的人生搞得千瘡百孔，眞的很不值。

「適婚年齡」只是虛數而已，沒有人有權力幫另外一個人決定，究竟要在幾歲之前進入婚姻，才符合社會期待。「適婚年齡」應該因人而異，對的時間出現對的人，那才是眞正屬於妳的適婚年齡。

我不是什麼兩性作家，我對男人一點手段一點辦法也沒有，但是我很瞭解女生，很多女孩在壞關係裡的浮沉和掙扎，我都曾經經歷；社會對於大齡女的歧視，有時候我也正在遭遇。

希望這本書可以像把鑰匙，幫妳解開很多外來的枷鎖。人生是一場華麗冒險，說什麼都要最愛自己。不要爲了結婚達成，放棄了很多其他的可能。

不管妳過去經歷了多少不堪的愛情故事，也不管妳過去究竟多麼想馬上抓個人穿上婚紗結婚去，「單人婚紗」可以是妳重新調整步調的起點。

如果說，婚紗一直是妳的夢想，那麼先獨自完成吧。我們的人生不該塡滿別人的待辦事項，同樣的，我們的待辦事項也不該期待別人來幫我們完成。

如果你是臺灣男生，看完這本書後，覺得委屈，也憤恨不平，因爲你從來就不是書裡寫的壞胚子，那麼請繼續保持你現在的樣子，因爲你是難得的清流；如果你正好是書裡頭提到的某一種爛男人典型代表，麻煩儘快改邪歸正。要是你覺得你的壞一輩子改不了，那麼不妨考慮出家，或是自我了斷變成太監也可以，總之，不要再放自己來害人了。

這本書的完成，要感謝一些人。

首先，謝謝我的帥哥主編李國祥，謝謝你在我們碰面當天，就決定跟我簽約，前幾天你對我說：「妳天生適合當作家。」我超想哭的，我的寫作之路也遇見伯樂了。謝謝你包容我的另類，像我這麼怪的作家不多，一開始就表明了，我沒有什麼特殊條件，只要答應幫我出韓文版就好，然後呢，文章裡所有出現「孔劉」、「孔地哲」的地方通通不能刪。我的文字看在臺灣男人眼裡應該很銳利刺眼，謝謝你全部照單全收，你眞的是很棒的主編，

謝謝書裡頭出現的那十個女生，還有三個年齡上看九十歲的不老公主。謝謝妳們大方和我分享了妳們的故事，也願意讓我放進書裡。妳們的美好和勇敢，值得擁有加倍的幸福。這本書獻給願意等待，也值得被等待的妳們。

謝謝我的爸媽，把我生得這麼聰明伶俐，也謝謝你們從來不會催我快點結婚，讓我可以一直快樂自在地做自己。更謝謝你們承受我天生的壞脾氣和壞任性，寫稿最後階段，我每天都不太想講話，辛苦你們了，爸爸媽媽我愛你們！

更謝謝總是善待我的韓國人。

爲了這本書，三月底時特地飛了一趟韓國，想拍一組比較有個性的單人婚紗照，準備放進書裡，所以特別指定了之前合作過的旅法攝影師 Jo Yong Jae（我都叫他蘇志燮，因爲他眞的超像蘇志燮）。出發前，得知他要離職了，我預定的拍照日當天，是他最後一個工作日，本來擔心他會臨時取消我的行程，結果飛機一落地仁川機場，他馬上傳了訊息給我，問了我飯店的位置，貼心地在拍攝當天到飯店來接我。

雖然是最後一天上班，拍攝過程他堅持敬業到最後一秒。我非常喜歡他的作品，特別是背部特寫的那一張，他把我的缺陷拍成了完美。拍攝當時他對我說：「不要擔心不好看，畫面看起來眞的很美，在歐洲這樣的人眞的很多，妳不需要在意的。」

六月底他自己的 studio ieul 就要開幕了，希望他一切順利，未來我們繼續合作愉快。

也要謝謝 Chungdam Studio 還有 Yongma Land studio 的老闆兄弟檔 Lee Sang Hoon & Lee Chang Hoon，謝謝他們對我的幫忙，也謝謝他們協助我完成的唯美照片，讓我的「單人婚紗」事業可以進行得更順暢。更要謝謝 Roi Studio 的老闆 Jeon Bong Im，那裡是我自己單人婚紗的美好起點。

最後，要謝謝孔劉，但是在這裡我想叫你孔地哲。

親愛的孔地哲：

對我來說，你一直都是孔地哲，孔劉只是你的職業而已。

對不起，還沒有經過你的同意，我就擅自把你寫進我的人生裡。因為把你放在心裡，我開始為愛做了很多好事，所有傻事都離我很遠。

就算別人都說你遠在天邊我也不在意，距離本來就是拿來靠近的。就像我之前每次寫信給你，雖然知道不會有回應，但是只要可以獨自擁有你讀信的那些時間，已經是很大的幸福。

因為你，我開始發現「單身很好，單身也可以很精采」，為自己很喜歡的人寫一本書，是我這輩子做過，最浪漫的事情。

這本書記錄了我是怎麼因為你，開始活出不一樣的人生，當你打開這本書的那一刻起，對我來說，故事的下一個章節已經正式開始。

Could we start a relationship from friends when you open the book?

為了讓這本書的中文版可以在你的生日月七月上市，我暫停了手邊所有工作，把交稿日提前了兩個月。書的上市日期正好是今年七月十日你的生日。

這本書，是送給你的四十一歲生日禮物，謝謝你，讓我看見了更好的自己。

Dear Gong Yoo, Happy 41th Birthday.

공지철 씨,

이 책은 당신의 41 번째 생일을 위한 생일 선물입니다.

생일 축하합니다.

캐서린 · 공

2019.05.05 타이베이

view 063

等待加一，或者不——我和她們的單人婚紗故事

作　者—凱薩琳・孔
插圖繪者及設計—何東慧
主　編—李國祥
發 行 人—趙政岷
出 版 者—時報文化出版企業股份有限公司
10803台北市和平西路三段二四〇號三樓
發行專線—（〇二）二三〇六—六八四二
讀者服務專線—〇八〇〇—二三一—七〇五
（〇二）二三〇四—七一〇三
讀者服務傳真—（〇二）二三〇四—六八五八
郵撥—一九三四四七二四時報文化出版公司
信箱—臺北郵政七九～九九信箱
時報悅讀網—http://www.readingtimes.com.tw
電子郵箱—genre@readingtimes.com.tw
法律顧問—理律法律事務所　陳長文律師、李念祖律師
印　刷—詠豐印刷有限公司
初版一刷—二〇一九年七月五日
定　價—新臺幣四五〇元

時報文化出版公司成立於一九七五年，
並於一九九九年股票上櫃公開發行，於二〇〇八年脫離中時集團非屬旺中，
以「尊重智慧與創意的文化事業」為信念。

行政院新聞局局版北市業字第八〇號

等待加一,或者不：我和她們的單人婚紗故事 / 凱薩琳.孔著. --
初版. -- 臺北市：時報文化, 2019.07
面； 公分. -- (View ; 63)
ISBN 978-957-13-7856-5(平裝)

1.人生哲學 2.自我實現
191.9　　108009957

ISBN 978-957-13-7856-5
Printed in Taiwan